고종,
근대 지식을
읽다

아시아총서 33

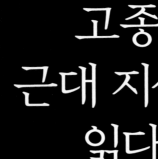

고종, 근대 지식을 읽다

— 윤지양 지음 —

집옥재(集玉齋) 소장
중국 서적 12종 해제

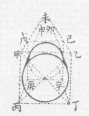

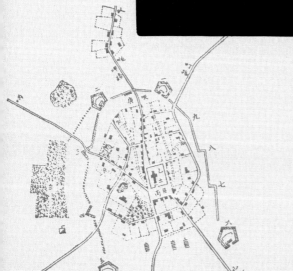

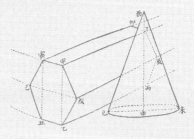

산지니

서문

바다를 건너온 책들

조선 제26대 왕이자 대한제국의 황제 고종(高宗)은 경복궁 안에 집옥
재(集玉齋)를 짓고 서재 겸 집무처로 사용했다. 서재 이름으로 모을 '집
(集)' 자와 구슬 '옥(玉)' 자를 써서 옥을 모아 놓은 집이라 한 것은 책을
옥과 같이 귀하게 여기는 마음을 반영한 것이다. 고종은 선대왕 정조(正
祖)의 유훈을 계승하여 규장각(奎章閣)의 정치적 위상을 높이고 기존의
규장각 소장 서적들을 정리했으며, 새로이 서적들을 사들였다.

고종이 새로 사들인 서적 중에서도 중국 서적은 그 규모가 방대하다.
현재 규장각에 소장되어 있는 중국 서적 가운데 조선 시대에 수집된 것
만을 대상으로 했을 때, 고종이 수집한 것은 총 1,924종(種)으로 전체의
약 30%를 차지하고, 조선 시대에 수집된 것이면서 원 소장자를 알 수
있는 서적 중에서는 약 55%를 차지한다.[1] 정조가 수집한 것을 포함하
여 고종 이전에 수집된 중국 서적을 다 합쳐도 고종이 수집한 것의 절

---

1   이태진, 「奎章閣 中國本圖書와 集玉齋圖書」, 『민족문화논총』 16, 영남대 민족문화연구
    소, 1996, 170~175쪽 참고. 이 논문에 따르면 규장각 소장 중국 서적 중 조선 시대에
    수집된 책의 56%에 해당하는 3,444종에만 장서인이 찍혀 있으며, 이들 중 절반이 넘는
    책이 고종이 수집한 책이다.

반도 되지 않는 셈이다. 이처럼 방대한 규모의 중국 도서를 사 모았다는 것은 새로운 지식을 향한 고종의 열망이 컸음을 잘 보여 준다.

이 책에서는 집옥재 소장 중국 서적 중 12종을 선별해 소개한다. 1부에서 소개할 책들은 광물학, 측량학, 도학(圖學) 등 서양의 근대 지식을 소개한 서적들이고, 2부에서 소개할 책들은 서양의 군사학 및 중국 내외의 전쟁을 다룬 것들이다. 동아시아 근대의 전초 기지였던 상해에서 출판된 이들 서적은 서학동진(西學東進)의 시대 추세와 서양의 정세에 대한 중국의 관심을 말해 주는 물증이며, 이들 서적이 집옥재에 소장되었다는 사실은 근대로의 전환기에 내외적 혼란과 도전에 직면하여 해법을 찾고 있던 고종의 분투를 잘 보여 준다. 3부에서 소개할 책들은 화보(畵譜), 소설, 필기(筆記)류 서적들로서 당시 중국의 선진적 출판 기술을 엿볼 수 있는 삽화가 다량으로 수록되어 있다. 여기에 수록된 삽화를 통해 그 당시 중국의 물정과 유행뿐 아니라 고종의 서적 수집 취향의 한 측면도 파악할 수 있다.

이들 12종의 서적은 전체 집옥재 소장 중국 서적 중 극히 일부에 불과하다. 집옥재 소장본 전체에 대한 소개를 하기에는 서지학자도, 역사학자도 아닌 필자의 역량이 한참 모자란다. 전체는 고사하고 이 책에 담은 12종의 서적에 대해서도 필자는 해당 분야의 전문가가 아니다. 모든 학문이 그렇겠지만 서지학과 역사학은 특히나 정확성이 요구되는 학문 분야여서 필자와 같은 문외한이 접근하기 어렵다. 그럼에도 부끄러움을 무릅쓰고 부족한 책을 내놓게 된 것은 관련 분야 연구자들이 집옥재 소장 중국 서적을 연구 자료로 활용하는 데 조금이나마 보탬이 되길 바라는 마음에서다. 지금까지 연구한 것보다 앞으로 연구할 부분이 더 많은 분야인 만큼 아무쪼록 이 책이 향후 관련 연구의 자료로 활용될 수 있기를 바란다.

집옥재 소장 중국본들을 살펴보면서 고종에 대한 생각이 조금 바뀌었다. 그리고 지금의 생각이 이전의 생각보다는 고종의 실제 모습에 더 다가간 것이라는 믿음이 있다. 돌이켜 보면 1990년대까지만 해도 고종에 대한 부정적 평가가 주류를 이루었다. '망국의 군주', '암약한 군주' 등의 수식어가 그를 따라다녔다. 고종은 흥선대원군과 명성황후의 대립, 수구파와 개화파의 대립에 휘둘리며 절체절명의 국가적 위기에 제대로 대처하지 못한 무능한 군주라는 인식이 보편적이었다. 그러나 이러한 인식은 일본이 조선 침략과 통치를 정당화하기 위해 그를 암군(暗君)으로 폄하한 역사 왜곡을 무비판적으로 받아들인 결과다. 이태진 서울대 명예교수가 자주적 근대 국가 건설을 위해 개화에 앞장섰던 고종의 치적을 선도적으로 알렸고, 최근에는 고종의 근대화 성과에 대한 재평가가 활발히 이루어지고 있다. 이러한 상황에서 고종의 서재를 구경하는 일은 고종이 어떤 사람이었고, 어떤 꿈을 꾸었는지 우리 스스로 탐색해 볼 수 있는 좋은 방법이다.

집옥재 소장 중국 서적을 살펴봄으로써 개화기 중국으로부터의 지식 유입 양상을 살펴볼 수도 있다. 많은 사람들이 중국으로부터의 지식 유입이라고 하면 대부분 유학(儒學) 등 전근대 시기의 사상을 떠올리고, 개화기의 근대 지식은 당연히 서양과 일본으로부터 유입된 것이라고 생각한다. 우리 사회의 근대 형성 과정에 있어서 중국으로부터의 영향을 축소하여 보는 경향이 만연해 있는 것이다. 마치 개화기 국내 지식인들이 입을 모아 이제는 중국책은 그만 보고, 서양책과 일본책만 보기로 결정했다는 듯이 말이다. 그러나 근대 전환기 국내 지식인들이 동시대 중국의 사상과 문화의 영향에서 벗어난 적은 없다. 일례로 청말 사상가 양계초(梁啓超, 1873~1929)의 방대한 저술이 국내에 유입되어 당시 지식인들의 사상 형성에 지대한 영향을 끼쳤고, 최근에는 한국 근대 소설 형성의 중요한 동인을 중국 소설에서 찾는 연구도 이루어져 일본과 서양 소설의 영향만을 중시하는 인식이 편견임을 밝혔다.[2]

특히 중국 서적은 근대 과학지식 등 서양의 문물이 국내에 유입되는 중요한 통로였다. 강남기기제조총국(江南器機製造總局)의 번역서는 국내에 서양의 근대 학문을 소개하는 주요 창구 역할을 했고,[3] 1876년 상해에서 발간된 과학 잡지 『격치휘편(格致彙編)』의 기사는 〈대죠선독립협회회보(大朝鮮獨立協會會報)〉, 〈한성순보(漢城旬報)〉 등 국내 신문에

---

2 강현조(2016)는 "신소설 작품 중 적지 않은 수가 상무인서관(商務印書館)에서 발행한 서양소설의 번역선집인 『설부총서(說部叢書)』와, 『삼언이박(三言二拍)』 및 『금고기관(今古奇觀)』으로 대표되는 명대백화단편소설(明代白話短篇小說)의 번역·번안물에 해당한다는 사실이 확인되고 있다. 이를 토대로 필자는 근대 초기 한국 대중서사의 형성 및 발전 과정에 대해 재고(再考)할 필요가 있다는 생각을 갖게 되었다. 지금까지는 식민 지배를 당했던 한국의 역사적 경험으로 인해 흔히 '서양→일본→한국' 또는 '일본→한국'이라는 경로가 주로 고찰되어 왔고 또 중시(重視)되어 왔지만, '서양→중국→한국' 및 '중국→한국'이라고 하는 경로 또한 전자(前者)에 못지않은 간과할 수 없는 비중을 차지하고 있다고 볼 수 있기 때문이다."라고 하였다. 강현조, 「한국 근대초기 대중서사의 한역(韓譯)과 중역(重譯), 그리고 번안(飜案)의 역사」, 『한중인문학포럼 발표논문집』 11, 한중인문학포럼, 2016, 94~95쪽. 구체적인 사례 연구는 다음을 참조할 수 있다. 강현조, 「한국 근대초기 번역·번안소설의 중국·일본문학 수용 양상 연구: 1908년 및 1912~1913년의 단행본 출판 작품을 중심으로」, 『현대문학의 연구』 46, 한국문학연구학회, 2012; 강현조, 「한국 근대소설 형성 동인으로서의 번역·번안: 근대초기 번역·번안소설의 전개 양상을 중심으로」, 『한국근대문학연구』 26, 한국근대문학회, 2012.

3 장영숙(2012)은 『집옥재서목(集玉齋書目)』(장서각, K2-4667)에 수록된 개화서적을 수집경로에 따라 일본에 파견된 조사시찰단이 들여온 것, 중국에 다녀온 영선사 김윤식(金允植)이 들여온 것, 서양으로부터 박문국(博文局)에 도착한 '신래서적(新來書籍)'으로 구분하고, "일본을 통해 들어온 개화서적은 극소량에 불과하고, 주로 중국이나 서양을 거쳐 들어온 서적이 주종을 이루고 있는 모습도 보인다. 특히 중국을 통해 유입된 서적이 개화서적의 대부분을 차지하는 것으로 보아 당시 중국은 조선에 서양의 근대학문을 소개하고 보급하는 주요 창구역할을 하고 있었음을 알 수 있다."고 했다. 장영숙, 「『集玉齋書目』 분석을 통해 본 고종의 개화서적 수집 실상과 활용」, 『한국 근현대사 연구』, 한국근현대사학회, 2012, 27~28쪽.

꾸준히 수록되며 국내에 서양 과학을 전파했다.[4] 이러한 사실을 보면 근대 전환기 일본과 미국의 영향이 압도적이었고, 중국의 영향은 이전보다 크게 감소되었다고 보는 것은 관련 연구의 부족이 불러온 그릇된 인식일지도 모른다. 노관범(2016)은 근대 전환기 국내 지식인들이 사상 면에서 중국의 영향을 많이 받은 사실이 잊힌 것에 대해 "조선과 중국을 전통에 배치하고 일본과 미국을 근대에 배치하는 근대주의와 오리엔탈리즘의 결합 때문"[5]이라고 했는데 일리가 있다.

우리 사회의 근대화는 일본에 비해 뒤처졌고 그 대가는 참혹했다. 조선 말부터 중국 서적을 통해 다양한 분야의 근대 지식이 유입되었음에도 이를 현실에서 구현할 수 있는 지적 기반과 물질적 토대가 구축되어 있지 않았고, 이미 우세를 점한 서구 열강과 일본의 무력 침략에 대항할 수 있는 정치적·군사적 실력을 기르기에는 그러한 지식의 유입 시점이 너무나도 늦었다. 그 결과 집옥재의 서가에 놓였던, 서양의 근대 지식을 담은 중국 서적들은 이뤄지지 못한 꿈의 무덤이 되고 말았다. 그러나 그럼에도 개화 사업을 위한 노력의 면면을 구체적으로 밝히는 작업

---

4 강미정·김경남, 「근대 계몽기 한국에서의 중국 번역 서학서 수용 양상과 의의」, 『동악어문학』 71, 동악어문학회, 2017, 277~278쪽에 〈대죠션독립협회회보〉에 발췌 수록된 『격치휘편』의 주요 기사가 소개되어 있다.

5 "20세기 한국 사회에서 일본과 미국이 내재화되고 중국이 외재화되면서 근대 중국에 대한 사회적 기억이 희미해진 결과, 그리고 '근대형성사'의 시각에서 한국의 근대국가 수립을 탈중국적인 네이션의 형성으로 독해한 결과, 우리는 전환기 조선사상에 실재했던 근대 중국에 대한 한국 사회의 인식과 감각을 망각해 왔다. (…) 근대 중국과 조선사상의 관계를 적극적으로 주목하지 못했던 것은 20세기 한국 사회의 지배적인 가치가 근대와 민족에 있었고, 이에 따라 연구자들의 연구관심이 근대와 민족에 편중된 데도 원인이 있겠지만, 근원적으로는 조선과 중국을 전통에 배치하고 일본과 미국을 근대에 배치하는 근대주의와 오리엔탈리즘의 결합 때문에 조선사상사 연구에서 '근대 중국' 그 자체가 자유롭게 사고되지 못했던 데도 원인이 있다는 것이 지은이의 생각이다." 노관범, 『기억의 역전: 전환기 조선사상사의 새로운 이해』, 서울: 소명, 2016, 6쪽.

은 반드시 필요하고, 개화사상의 형성과 구체적 실천에 일조했던 집옥재 소장 중국 서적에 대한 연구는 그러한 작업에서 빼뜨릴 수 없다.

이 책에서 소개하는 서적들은 모두 2015년 4월부터 2019년 6월까지 '규장각 소장 보존수리를 위한 회화자료 정리 및 기초조사' 연구 과제에 참여하면서 열람한 것들이다.[6] 서책 열람에 도움을 주신 규장각의 여러 선생님들, 규장각 중국본 해제 작업에 참여할 기회를 주신 고연희 교수님께 깊은 감사를 전한다. 책을 출간할 수 있도록 해 주신 산지니의 강수걸 대표님과 편집부에도 감사를 표하고 싶다. 끝으로 감사와 사랑을 담아 어머니께 이 책을 바친다.

2019년 10월
저자 씀

---

6 연구 과제명과 연구 기간은 다음과 같다. 1차: 규장각 소장 회화자료의 보존수리를 위한 정리 및 기초조사 (2015.4~2016.2), 2차: 규장각 소장 보존수리를 위한 회화자료 정리 및 기초조사 (2016.5~2017.2), 3차: 상동(上同) (2017.5~2018.1), 4차: 상동 (2019.5~2020.2)

차례

일러두기

1. 서적의 제목은 『 』, 장절(章節), 삽도, 논문의 제목은 「 」, 신문, 표, 시(詩), 영화의 제목은 〈 〉로 표시했다.

2. 영 존 알렌(Young John Allen), 자딘 매디슨(Jardine Matheson)은 국립국어원의 외래어 표기법을 따르지 않고 학계에서 통용되는 한글명을 썼다.

3. 중국의 지명과 인명은 한자어 독음을 쓰고 괄호 안에 원문을 쓰는 것을 원칙으로 하되, 지명 중 와이탄[外灘], 푸둥[浦東], 루자주이[陸家嘴]에 대해서만 중국어 발음으로 표기하고 [ ] 안에 원문을 썼다. 현대 중국인 연구자의 이름은 중국어 발음으로 표기했다.

4. 중국어로 된 논저의 서지사항은 번체자(繁體字)로 썼다.

5. 고서의 원문을 인용할 때 구두점은 인용자가 찍은 것이다.

고서를
보기 전에

집옥재 도서가
규장각에 소장되기까지

집옥재 도서의 대부분은 현재 서울대학교 규장각한국학연구원에 소장되어 있는데,[1] 그렇게 되기까지 많은 우여곡절을 겪었다. 본래 경복궁의 집옥재에 소장되어 있던 집옥재 도서는 일제의 식민통치 기간 동안 여러 차례 그 소장·관리 기관이 바뀌었다.

먼저 1908년 9월 일제 통감부(統監府)는 규장각에 도서과(圖書課)를 설치해 규장각, 홍문관(弘文館), 집옥재, 시강원(侍講院), 춘추관(春秋館), 북한산성 행궁 등의 도서들을 합쳐 '제실도서(帝室圖書)'로 분류하고 '제실도서지장(帝室圖書之章)'이라는 장서인을 압인했다. 한일병합 이후 집옥재 도서는 여타 조선 왕실의 도서들과 함께 잠시 이왕직(李王職) 도서실에 보관되었다가 1911년 조선총독부 취조국(取調局)에 강제로 인

---

1 집옥재 도서 중 극히 일부는 이왕직(李王職)을 거쳐 장서각(藏書閣) 도서가 되었다. 현재 한국학중앙연구원 장서각에 소장된 중국본 중 『사서독본(四書讀本)』(C1-180), 『흠정대청회전(欽定大淸會典)』(C2-189), 『서목답문(書目答問)』(C2-336), 『행소당목도서록(行素堂目睹書錄)』(C2-347), 『서청고감(西淸古鑑)』(C3-173) 등 5종에 집옥재 장서인이 찍혀 있다. 이외에 집옥재 장서인이 찍혀 있지 않은 장서각 소장 중국본과 한국본 중 집옥재 소장 서적이 더 있을 것이나 이에 대한 연구는 아직 없다. 이태진, 「奎章閣 中國本圖書와 集玉齋圖書」, 『민족문화논총』 16, 영남대 민족문화연구소, 1996, 182~183쪽 참고.

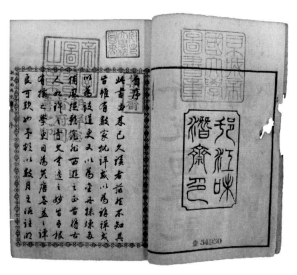

1 규장각 소장 『신설서유기도설(新說西遊記圖說)』 권수에 압인된
5과(顆)의 장서인

수되었다. 1912년 취조국에서는 새로 설치한 참사관실에 도서 관련 사무를 이관했고, 참사관실은 분실을 만들어 도서 정리를 전담했다. 분실에서는 1915년 12월에 그간 인수한 조선 왕실의 도서에 '조선총독부도서지인(朝鮮總督府圖書之印)'이라는 장서인을 압인하고 도서 정리 사업을 시행했다. 이때 도서의 명칭을 '규장각도서'로 정하고 도서번호를 기입했는데, 이 도서번호가 지금까지 사용되고 있다.[2]

규장각도서와 관련한 사업은 1922년 다시 총독부 학무국으로 이관되었다가 이듬해 경성제국대학이 설립되면서 조선총독부는 규장각도서를 경성제국대학 부속도서관으로 이관하기로 결정한다. 그리하여 세 차례(1928년 10월, 1930년 5월과 10월)에 걸쳐 총 161,561책이 경성제국대

---

2 이상의 내용은 이태진, 앞의 글, 170~171쪽 참고.

학으로 옮겨졌다.

규장각이라는 관부는 1910년에 일찌감치 폐지되었고, 규장각 건물들
은 도서 소장처로 기능하다가 이들 도서가 경성제국대학으로 옮겨지면
서 수난을 겪게 된다. 서적을 보관했던 열고관(閱庫觀), 개유와(皆酉窩),
서고(西庫) 등의 부속 건물들은 모두 헐렸고, 이문원(摛文院) 자리에는
일제의 창덕궁 경찰서가 들어섰으며, 대유재(大酉齋)와 소유재(小酉齋)
에는 검도장이 들어섰다.

광복 후 규장각도서는 서울대학교 부속도서관에서 인수해 관리하다
가 다시 1975년 새로 설치된 규장각도서 전담 관리부서인 규장각도서
관리실로 이관했다. 1989년에는 규장각(현재 규장각한국학연구원) 전용
건물이 준공되었고, 1990년 6월 규장각도서들을 이 건물로 옮겼다. 그
리하여 현재는 집옥재에 소장되었던 도서를 서울대학교 내 규장각한국
학연구원에서 열람할 수 있게 된 것이다.[3]

이처럼 소장처가 여러 차례 바뀌다 보니 집옥재 소장 도서를 펼치면
'집옥재'라는 장서인 외에도 '제실도서지장', '조선총독부도서지인', '경
성제국대학도서장(京城帝國大學圖書章)', '서울대학도서(서울大學圖書)'
등 여러 개의 장서인이 압인되어 있는 경우가 종종 있다.(그림 1 참고.)

---

3 이상 세 단락의 내용은 규장각한국학연구원 홈페이지(e-kyujanggak.snu.ac.kr) '연구원
   소개〉연혁〉일제의 규장각 도서 장악' 참고.

고서의 권(卷)과 책(冊)

　고서의 수를 셀 때 '권'과 '책'은 서로 다른 뜻으로 쓰인다.

　규장각 서가에서 『설악전전(說岳全傳)』이라는 책을 꺼내 보자. 이 책은 화려한 무늬로 장식된 포갑(包匣) 안에 들어 있다. 꺼낸 책들을 포갑 옆에 두었는데 모두 아홉 책(冊)이다. 원래 전체 10책으로 되어 있었으나 제5책이 일실되고 아홉 책만 남았다. 여기서 '책'이라는 개념은 현대의 책들을 '한 권, 두 권…' 하고 셀 때의 '권'의 개념과 비슷하다. 이처럼 전체 세트에서 빠진 것이 있을 때 '결질(缺帙)'이라 부르고, 빠진 부분이 더 많을 때는 남아 있는 책을 '영본(零本)'이라 부른다.

2 『설악전전』의 포갑과 안에 들어 있는 책들

『설악전전』의 제1책을 펼치면 목차가 나오는데, 이 목차를 통해 이 책이 전체 20권으로 되어 있음을 알 수 있다. 이 책은 완전한 세트의 경우 전체 10책, 20권으로 되어 있으며, 각 책에 두 권씩 수록되어 있다. 제1책에는 제1권과 제2권이, 제2책에는 제3권과 제4권이, 제3책에는 제5권과 제6권이 수록되어 있는 것이다. 이처럼 고서에서 '책'과 '권'의 개념은 다르다. '책'은 물리적으로 하나의 책으로 묶인 단위고, '권'은 내용적으로 나눈 개념이다. 한 책에 한 권이 수록될 수도, 열 권이 수록될 수

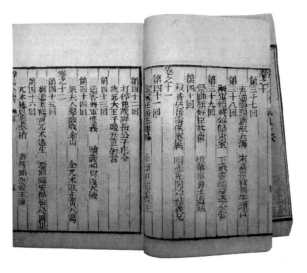

3 『설악전전』의 목록 마지막 부분.
왼쪽 면 끝에서 다섯 번째 행에 "권지이십(卷之二十)"이라 한 것이 보인다.

도 있다. 같은 서적인데도 몇 책으로 출간할 것인가는 출판사에 따라 달라질 수 있지만 몇 권으로 출간할 것인가는 대체로 달라지지 않는다. 『설악전전』의 경우 또 다른 출판사에서는 5책 20권으로 엮거나, 1책 20권으로 엮어서 낼 수 있다. 하지만 다른 저자가 책의 내용을 바꾸는 경우가 아니라면 20권이었던 책이 30권이나 10권으로 바뀌는 일은 없다.

고서의 권수(卷數)와 책수(冊數)는 중요한 정보이기 때문에 고서의 형태사항을 표시할 때 가장 앞에 둔다. 『설악전전』의 경우 '18권 9책(全 20권 10책 중 9, 10권 5책 缺)'이라 표기하면 된다. 그런데 빠져 있는 권수를 확인하지 않고, 단지 '20권 9책(全 10책 중 5책 缺)'과 같이 표기하는 경우가 대부분이다.

전체 책수는 고서의 청구기호를 보고 확인할 수도 있다. 『설악전전』의 청구기호는 奎中 6144-v.1-9인데 'v.1-9'라고 한 것을 통해 전체 9책임을 알 수 있다.

고서의 형태적 측면에서는 책수가 중요한 정보지만, 이는 본질적인 특징이 아니고 편집자에 따라 달라질 수 있는 가변적인 요소이기 때문에 전통 시기에 어떤 책에 대해 언급할 때 보다 중요시한 것은 전체 권수다. 그래서 어떤 고서를 언급할 때 그 제목을 적고 그 뒤에 전체 몇 권으로 되어 있는지 적는 경우가 많다. 예를 들어 '전채(錢彩)는 『설악전전』 20권을 저술했다'와 같이 말이다.

4 규장각에 소장된 2부(部)의 『측지회도』

만약 『설악전전』이 규장각에 두 질(帙, 세트) 있는 경우에는 '『설악전전』이 2부(部) 있다'고 하면 된다. 집옥재에는 같은 책이 2부 이상 소장된 경우가 종종 있었다.

고서의 제목은 어떻게 정할까?

고서의 경우 책 곳곳에 적힌 제목이 서로 다른 경우가 있다. 고서의 제목에는 그것이 적힌 위치에 따라 권수제(卷首題), 권말제(卷末題), 표제(標題), 표제(表題), 이제(裏題), 판심제(版心題), 목록제(目錄題), 포갑제(包匣題), 서근제(書根題), 서발제(序跋題), 난외제(欄外題) 등이 있다. 이들 제목을 모두 갖춘 경우도 있고, 이 중 몇 가지만 갖춘 경우도 있으며, 제목 중 몇 가지가 서로 다르게 적혀 있거나 모두 다른 경우도 있다.

고서의 제목을 정할 때 책의 권수제를 기본 전거로 한다. 권수제란 책의 각 권(卷)의 본문이 시작되는 첫머리에 쓴 제목을 말하며, '권두제(卷頭題)'라고도 하고, 표제(表題)를 '외제(外題)'라 할 경우 외제와 구별하여 '내제(內題)'라고도 한다. 대부분의 경우 권수제에 가장 완전한 제목을 쓴다. 고서에서 제1권은 표지 다음에 바로 수록되는 경우도 있지만, 그렇지 않고 서문과 목차, 경우에 따라서는 삽화를 수록한 다음에 시작되는 경우도 많다. 이런 경우 고서의 제목을 정확히 알기 위해서는 책을 펼쳐 몇 장 넘겨봐야만 한다.

규장각 소장 『원본해공대홍포전』의 경우 서문, 목차, 삽화에 이어 11a면에 이르러서야 제1권이 시작된다. 그림 5를 보면, 왼쪽면의 첫째 행에 "原本海公大紅袍傳卷一(원본해공대홍포전권일)"이라 제목을 썼다. 따라

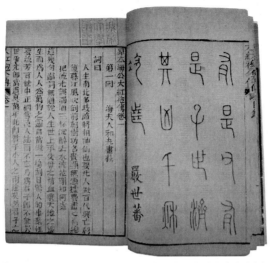

5 『원본해공대홍포전』의 권수제 수록면. 왼쪽 면이 제1권의 첫째 면이다.

서 이 책의 권수제는 '원본해공대홍포전(原本海公大紅袍傳)'이고 책의 공
식 서명도 이를 따른다. 권수제는 극히 드문 예외를 제외하면 제1권뿐
만 아니라 각 권이 시작될 때 모두 같게 쓰기 때문에 전질(全帙) 중에 제
1권이 수록된 책이 일실되더라도 다른 권의 권수제를 참고하면 된다.
권수제가 없다면 각 권의 마지막에 써 넣은 권말제(卷末題)('권미제(卷尾
題)'라 하기도 함)를 참고한다. 그런데 권말제는 쓰지 않는 경우도 많다.

표제(標題)는 책의 표제지(標題紙, 표제면(標題面)이라고도 한다)에 적혀
있는 제목을 가리킨다. 표제지란 본문 앞, 주로 책의 첫째 장(張)의 앞
면이나 뒷면, 혹은 표지 바로 뒷면에 제목, 저자나 편자, 간행년도, 간행
지, 간행자, 판종 등을 인쇄해 넣은 면을 말한다. 이 표제지는 책의 얼굴
에 해당하는 면이기 때문에 황색지를 써서 돋보이게 하거나 서예가에게
제목을 써달라고 해서 인쇄하는 경우도 많다. 표제지는 책의 표지를 넘

기고 나서 가장 첫째 면에 마치 속표지처럼 나오는 경우가 보통이기 때문에 전체 책을 '덮는(封) 면'이라는 의미에서 '봉면(封面)', 혹은 '봉면지(封面紙)'라 하기도 한다.

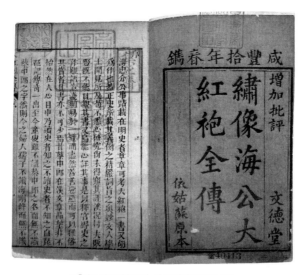

6 『원본해공대홍포전』의 표제지(오른쪽 면)

『원본해공대홍포전』의 표제지는 표지 바로 뒷면이다.(그림 6 참고.) 원래 인쇄할 때부터 표지 바로 뒷면이었을 수도 있으나, 책을 수선하는 과정에서 표지와 표제지를 붙인 것으로 보인다. 이 책의 경우 표제지에 많은 것이 적혀 있다. 위에서부터 시계 방향으로 읽으면 "咸豊拾年春鐫(함풍십년춘전)", "增加批評(증가비평)", "文德堂(문덕당)", "繡像海公大紅袍全傳", "依姑蘇原本(의고소원본)"이라 적혀 있다. 이 중에 "繡像海公大紅袍全傳"이 표제이다. 이 책의 경우 목록제와 표제가 일치한다.

"함풍십년춘전" 등 나머지 사항들은 이 책의 간행과 관련된 정보를 적은 것이다. 이를 통해 이 책이 함풍 10년(1860년)에 문덕당에서 간행되었음을 알 수 있고, 추가적으로 비평을 첨가했다는 점("증가비평")과 판은 고소원본을 썼다는 것("의고소원본")을 알 수 있다. 이 밖에도 작자, 편자, 평자(評者)의 이름이나, 표제를 제자(題字)한 사람의 이름을 적기도 한다.

표제는 제1책에 수록되어 있으므로 제1책이 일실된 경우에는 표제를 확인할 수 없다.

앞서 들었던 모든 제목들을 확인할 수 없다면 책의 겉표지에 적혀 있는 제목인 표제(表題)를 참고한다. 표제는 책의 바깥쪽에 있으므로 '외제(外題)'라 하기도 한다. 지금처럼 책의 표지까지 인쇄하는 시스템이 도입된 것은 나중의 일이고 전통시기에는 제목을 작은 종이나 비단에 따로 인쇄하거나 손으로 써서 표지에 붙이는 경우가 많았다. 혹은 책의 표지에 직접 제목을 써 넣기도 했다. 제목을 인쇄하거나 적은 종이를 '제첨(題簽)', 혹은 '제전(題箋)'이라 하고, 제첨에 적힌 표제는 '제첨제(題簽題)', '제전제(題箋題)', '첨제(簽題)', '전제(箋題)'라 부르기도 한다. 표제를 쓰는 것 역시 서예가에게 맡기는 경우도 있어서 간혹 표제 아래에 서예가의 이름이 적혀 있기도 하다. 표제가 애초부터 없는 경우도 많고, 제첨이 떨어져 나가거나 일부가 훼손되어 확인할 수 없는 경우도 많다. 또한, 표제 대신 표지 겉장의 안쪽에 제목을 적은 경우도 있는데, 이를 '이제(裏題)'라고 하며 표제가 없는 경우 참고할 수 있다.

규장각 소장 『회도월법전서』의 경우 표지에 직접 제목을 써 넣었는데, 여기서는 "安法戰紀(안법전기)"라고 하였다.(그림 7 참고.) 책의 권수제인 '회도월법전서(繪圖越法戰書)'와는 다른 제목이다. "안(安)"은 베트남의 옛 명칭 '안남(安南)'의 첫 글자이다.

그다음으로는 책의 판심(版心)에 적혀 있는 판심제를 참고한다. 고서는 양면 인쇄를 하지 않고, 한 장에 두 면을 좌우로 인쇄한 다음 반을

7 『회도월법전서』의 표지

접는다. 그렇게 하면 양면 인쇄를 하지 않아도 한 번 찍을 때 두 면이 나오게 된다. 이때 한 장에서 오른쪽에 인쇄한 면이 앞면이 되고, 왼쪽에 인쇄한 면이 뒷면이 된다.(고서는 현대의 서적과 반대로 오른쪽으로 책을 펼친다는 점에 주의해야 한다.) 판심은 반으로 접힌 고서 책장(冊張)에서 그 접힌 중앙부를 말한다. 다시 말해, 앞면의 본문 끝과 뒷면의 본문 첫머리 사이 부분에 판심이 있다. 반으로 접힌 책장들을 모아 장정할 때는 접었을 때 막힌 쪽이 아니라 트인

쪽을 실로 묶어서 제본한다. 판심은 책장의 중간에 있기 때문에 접으면서 앞면과 뒷면 각각에 반쪽씩만 보이게 된다. 따라서 판심제를 정확히 확인해 보려면 책장이 접힌 부분을 펼쳐봐야 한다.(그림 8 참고.)

판심의 윗부분에는 제목을, 아랫부분에는 책의 장수(張數)를 표시해 둔 경우가 많다. 제목과 장수의 중간에는 권수(卷數) 등을 표시하기도 하고 장수의 아래에 각공(刻工)의 이름이나 판각한 곳의 이름을 적기도 한다. 또, 판심에 아무것도 적지 않고 그대로 두거나 무늬만 넣는 경우도 많다.

『원본해공대홍포전』의 판심제는 '대홍포전전(大紅袍全傳)'이다. 그림 9에서 왼쪽 면에 판심제의 오른쪽 반쪽이 오른쪽 면에 판심제의 왼쪽 반쪽이 보인다. 권수제인 '원본해공대홍포전'에 비해 제목이 짧아졌다.

8 『설악전전』의 판심제.
맨 위에 판심제 "설악전전(說岳全傳)"이 보이고,
중간에 "권이(卷二)", "제팔회(第八回)", 맨 아래 "삼삼(三三)"이라 하여
권수, 회차(回次), 장수를 적었다.

9 『원본해공대홍포전』의 판심제.
좌우 가장자리에 적힌 반쪽 글자로 확인할 수 있다.

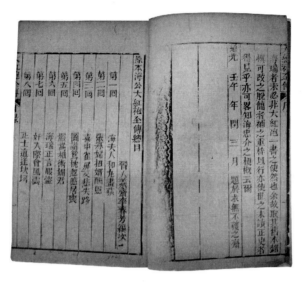

10 『원본해공대홍포전』의 목록

11 『회도월법전서』의 포갑과 책들

판심제를 적을 수 있는 공간은 제한되어 있기 때문에 판심제는 권수제
등 다른 제목보다 간략한 것이 보통이다.

　이 밖에도 목록제, 포갑제, 서근제 등을 참고할 수 있다.

　목록제란 책의 목록(목차) 앞에 적힌 제목으로 '목차제'라고도 한다.

예를 들어, 『원본해공대홍포전』의 목록의 제목은 '원본해공대홍포전전 총목(原本海公大紅袍全傳總目)'이다. 따라서 이 책의 목록제는 '원본해공 대홍포전전(原本海公大紅袍全傳)'으로, 권수제에서 '전(全)' 자가 첨가되 었다.

포갑제는 책을 싸는 포갑에 따로 붙이거나 적어 넣은 제목이다. 『회도월법전서』의 경우에는 포갑제와 표제(表題)가 모두 '안법전기(安法戰紀)'로 일치하고 글자체도 같다.

서근제는 서가에 책을 두었을 때 찾기 편하도록 책의 아래쪽 단면인 서근에 손으로 쓴 제목으로 '근제(根題)'라고도 한다. 근대 이후 출간된 책은 세워서 꽂으므로 서배(書背, 책등)에 제목을 적

12 『소문충시합주(蘇文忠詩合註)』의 서근제

어야 편리하지만, 고서는 책을 눕혀서 보관하므로 서근제를 적어 두면 책을 꺼내지 않고도 제목을 확인할 수 있다.

이 밖에 서문(序文)이나 발문(跋文)[1]의 제목인 서발제, 광곽(匡郭) 밖의 좌우 하단에 적은 난외제 등 다른 제목들을 참고할 수 있다.

---

1 책의 마지막에 본문(本文)의 내용의 대강이나 간행 및 저술의 내력, 내용에 대한 감상, 기타 관계된 사항을 적은 짤막한 글로 저자 및 편집자의 지인이나 후대 사람이 쓰는 경우가 많다. '발(跋)', '발사(跋辭)', '후서(後序)', '후기(後記)' 등으로도 부른다.

석판 인쇄와 삽화

1796년 알로이스 제네펠더(Aloys Senefelder)가 발명한 석판 인쇄 기술
은 구텐베르크의 인쇄술 발명 이후 최초의 진정으로 새로운 인쇄술로
서,[1] 20세기 초반까지 유럽 전역에서 사용되었다.[2] 1771년 보헤미아 왕

---

1 "석판 인쇄는 구텐베르크의 발명 이후 개발된 최초의 진정으로 새로운 텍스트 인쇄
  술이었다.(lithography was the first really new text-printing technology developed after
  Gutenberg's inventions.)" Christopher A. Reed, *Gutenberg in Shanghai: Chinese Print
  Capitalism, 1876-1937*, Vancouver: University of British Columbia Press, 2004, 61쪽.
2 "제네펠더가 석판 인쇄술을 완성하자, 이 새로운 인쇄 기술은 유럽과 영국 전역으로 빠
  르게 퍼져 나갔다. 예를 들어, 프랑스에서는 1838년에 이르러 석판 인쇄가 완전한 국
  가 산업이 되었다. 그 결과, 다음 세기 동안 석판 인쇄술은 활자 인쇄에 대한 가장 중요
  한 대안으로 군림했다.(Once Senefelder perfected lithography, the new printing technique
  spread rapidly throughout Europe and Britain. In france, for example, by 1838, lithography
  was a fully formed national industry. As a result, for the next century, lithography reigned
  as the printer's single most important alternative to setting text in movable type.)"; "그(제
  네펠더)는 1800년 그의 석판 수동 인쇄기를 영국으로 가져갔고, 1801년 6월 발명특허
  를 얻었다. 이와 거의 동시에 이 기술은 프랑스로 전해졌다. 1807년 석판 인쇄소가 로
  마에 설립되었으며, 이후 10년 내에 상트페테르부르크를 비롯한 유럽의 모든 주요 중
  심지에 산업이 퍼져 나갔다. 석판 인쇄술은 1819년 미국에, 1821년 인도와 호주에,
  1823년 칠레에, 1828년 동남아시아에, 그리고 … 1876년 상해에 전해졌다.(He took his
  lithographic hand press to England in 1800, and by June 1801 had secured a patent. The
  technique reached France at approximately the same time. A lithographic printing firm was
  established in Rome in 1807, and, within the next decade, the industry spread to all major
  centres in Europe, including St. Petersburg. Lithography arrived in the United States in

국(Kingdom of Bohemia, 오늘날의 체코)의 프라하(Prague)에서 태어난 제 네펠더는 인쇄업자도, 화학자도 아니었으며 간절한 소망 덕분에 전 세계의 인쇄 문화를 바꾼 엄청난 발명을 하게 된다. 그는 잉골슈타트 (Ingolstadt) 대학에서 법학을 전공했지만 연극배우였던 아버지가 세상 을 떠난 후 연극배우이자 극작가로 활동하기 시작했다. 그는 2년간 몇 몇 연극 무대에 섰으나 성공을 거두지 못했고 곧 작가로서의 운을 시험 해 보기로 한다. 자신의 작품을 부활절 도서전에 출품하려고 했던 그는 출품 날짜에 맞춰 인쇄를 완료하기 위해 인쇄소에서 많은 시간을 보내 게 되고, 그 과정에서 인쇄 공정을 상세히 알게 된다. 이를 계기로 그는 작은 인쇄기를 가지고 자신이 쓴 극본을 직접 출판하고자 하는 소망을 갖게 되지만 당장은 인쇄기를 살 돈이 없었다. 인쇄기 없이 직접 인쇄할 수 있는 방법을 실험하던 그는 어느 날 급히 메모를 남겨야 하는 상황 에서 실험 중이던 석회암 판에 밀랍과 유연(油煙)을 섞은 잉크로 글씨를 썼다가 중요한 아이디어를 얻게 된다. 이 아이디어를 바탕으로 실험과 연구를 거듭한 끝에 그는 마침내 석판 인쇄 기법을 발명해 낸다.[3]

석판 인쇄는 매끄러운 석판을 이용하는 인쇄 기법으로 물과 기름이 섞이지 않는 원리를 이용한다. 먼저 탄산칼슘($CaCO_3$)으로 이루어진 석 회암 석판에 유지(油脂)를 함유한 잉크로 글을 쓰거나 그림을 그린 뒤 그 위에 질산 고무액을 도포한다. 이렇게 하면 질산 고무액과 석판의 석회 성분이 화학 반응을 일으켜 지방산칼슘이 생기고, 이 지방산칼슘 은 기름기가 있는 부분(글을 쓴 부분)에서는 물에 녹지 않고 기름 성분

1819, in India and Australia in 1821, in Chile in 1823, in Southeast Asia in 1828, and … in Shanghai in 1876.)" Christopher A. Reed, 앞의 책, 61; 311쪽. 상해에 석판 인쇄술이 전해 진 것은 1843년이다. 각주 4번 참고.

3 Alois Senefelder, *Senefelder on Lithography: The Classic 1819 Treatise*, Newburyport: Dover Publications, 2013, 1~11쪽 참고.

을 끌어들이고, 기름기가 없는 부분(글을 쓰지 않은 부분)에서는 물을 흡
수하고 기름 성분을 밀어내게 된다. 즉, 글을 쓰거나 그림을 그린 부분
에는 기름 성분이 든 인쇄 잉크가 묻고 다른 부분은 기름을 밀어내므로
잉크가 묻지 않게 된다. 고무액이 건조되고 나면 석판에서 고무액과 잉
크를 제거한 후 판면을 물로 적신 다음 인쇄 잉크를 도포한다. 이렇게
하면 글씨나 그림이 없는 부분은 먼저 물을 흡수했기 때문에 나중에 도
포된 잉크는 수분과 반발하여 그 부분에는 묻지 않게 된다.

석판 인쇄술은 1832년(도광(道光) 12년) 광동(廣東)에, 1843년 상해에
들어왔으며, 1876년(광서 2년) 상해 서가회(徐家汇) 성당의 토산만인서
관(土山灣印書館)에서 석인본 서적을 출간한 것을 기점으로 상해에서 석
인 출판이 전성기를 이루었다.[4]

이 책에서 소개할 『신강승경도』, 『증각홍루몽도영』, 『후요재지이도
설』, 『해상중외청루춘영도설』은 모두 석판 인쇄물이다. 이들 책에는 세
밀한 삽화가 특히 많은데, 여기에는 그럴 만한 이유가 있다. 석인 기술
이 도입되면서 가장 획기적인 변화가 일어난 곳이 바로 삽화 부분이기

---

4 張秀民, 「石印術道光時卽已傳入我國說」, 『文獻』, 1983, 第4期, 237~245쪽; 鄒振環, 「土
山灣印書館與上海印刷出版文化的發展」, 『安徽大學學報(哲學社會科學版)』, 安徽大學,
2010, 第3期, 5~6쪽; 賀聖鼐, 「三十五年來中國之印刷術」, 張靜廬 輯註, 『中國近代出版
史料初編』, 上海: 上雜出版社, 1953, 269~270쪽; Christopher A. Reed, 앞의 책, 62쪽 참
고. 鄒振環, 앞의 글, 5~6쪽에 따르면 이전에도 동남아시아와 중국에서 석인술이 사용
되었으나 파급력이 크지 않았다. 1830년에서 1831년 사이 석인술은 인도네시아 자카
르타(당시 지명은 巴達維亞)에서 사용되기 시작했고, 1832년 영국 선교사 메드허스트
(Walter Henry Medhurst)가 광주(廣州)에 2개의 석인 인쇄소를 세웠으며, 1843년 말 메
드허스트가 상해에 묵해서관(墨海書館)을 설립하여 1844년부터 1846년까지 석인술을
사용해 서적을 출간했다. 그러나 1847년 상해에 회전식 인쇄기가 도입되면서 석인술은
1870년대까지 사용되지 않았다. 한편, 토산만인서관에 석인 인쇄부가 설립된 시기가
1874년이라는 설도 있다.(賀聖鼐, 앞의 글, 285쪽; 張靜廬 輯註, 『中國近現代出版史料
二編』, 上海: 群聯出版社, 1954, 423쪽.)

때문이다. 이전의 목판 인쇄에서는 원본을 보고 목판에 글씨나 그림을 옮기는 작업이 필요했고, 이 과정에서 원본의 정밀함을 그대로 보존할 수 없었다. 또한 활자 인쇄에서는 애초에 그림을 인쇄하기가 어려웠다. 반면, 석판 인쇄에서는 판각이나 조판(組版) 단계를 거치지 않고 석판에 직접 그림을 그리거나 글을 써서 인쇄하기 때문에 그림이나 글씨의 표현에 있어 기술상의 제약을 받지 않게 되었다. 따라서 석판 인쇄는 세밀한 그림의 인쇄에 최적화된 인쇄 기법으로서 정밀한 지도, 악보, 병의 라벨, 연극 포스터 등 그림이 들어가는 인쇄물을 제작하는 데 널리 활용되었다.

또, 목판이나 동판 인쇄는 판면의 요철면이 점차 닳게 되어 인쇄를 거듭할수록 인쇄 품질이 안 좋아지지만, 석판 인쇄는 평평한 면을 이용하는 평판 인쇄이기 때문에 마모에 따른 인쇄 품질 저하의 문제가 없다. 즉 비용을 많이 들이지 않고도 대량 인쇄가 가능한 것이다. 무엇보다도 석판 인쇄는 목판 인쇄에 비해 인쇄 품질이 좋으면서도 비용은 훨씬 적게 들고, 빠른 시간에 많은 부수를 인쇄할 수 있다는 장점이 있다.

이러한 장점은 청말(淸末) 상해 출판계에 꼭 필요한 것이었다. 당시 상해에는 출판할 것들이 많았다. 태평천국 운동으로 훼손된 전통적 문인 문화의 복원을 위한 서적들, 경학(經學) 학습 및 시문(詩文) 창작을 위한 참고서, 자전(字典) 등은 여전히 수요가 높았고, 종교 서적을 비롯해 서구 학문 및 신문물을 담은 서적들과 신문과 잡지라는 새로운 대중 매체도 출간을 기다리고 있었다. 이러한 때 석인 기술이 상해에 들어오자 출판사상 일대 혁신이 일어났다. 출판사들은 석인 기술로 저가의 책들을 쏟아냈고, 마침 상해의 인구가 증가하던 시기였기 때문에 책의 공급과 수요가 맞아 떨어지면서 상해의 출판업은 급격히 성장했다.

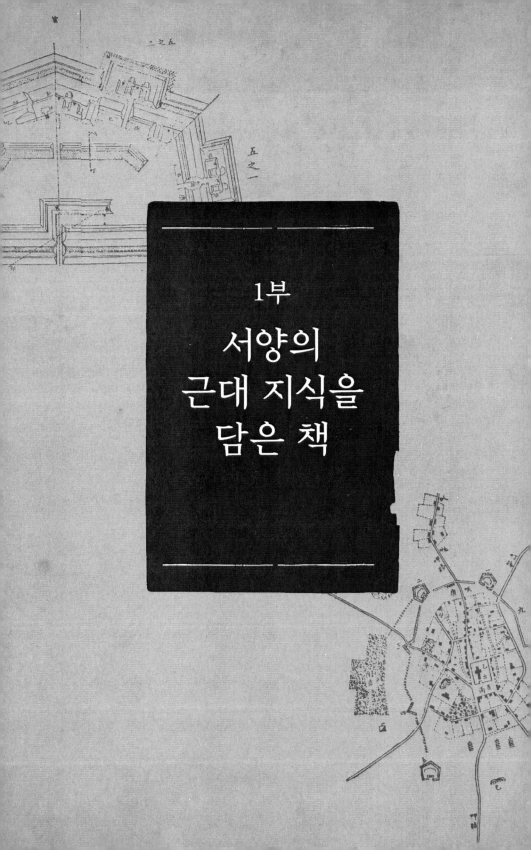

1부

서양의
근대 지식을
담은 책

1. 중국에서 출판된 서학 관련 서적 구입

1875년(고종 12년) 9월 20일 일본 군함 운요호(雲揚號)가 강화도 앞바다에 침입해 조선 수군을 공격했다. 이 사건을 처리하는 과정에서 고종은 조선이 무력으로는 일본의 적수가 되지 못함을 뼈저리게 깨닫고, 이는 그가 전통적 유교 가치관은 지키되 서양의 기술과 기기는 수용하자는 동도서기론(東道西器論)에 입각해 개화 정책을 펼치는 계기가 된다. 이에 1880년 12월에는 개화의 중심 관부인 통리기무아문(統理機務衙門)을 설치하고, 1881년에는 개화를 위한 정보 수집을 위해 중국과 일본에 조사견문단(朝士見聞團) 등 시찰단을 파견했으며, 1883년에는 미국에 보빙사(報聘使)를 파견해 선진 문물을 견학하도록 했다.

이러한 일련의 개화 정책을 펼치는 것과 동시에 고종은 서기(西器) 수용의 한 방식으로서 중국에서 출판된 서학 관련 서적을 적극적으로 구입했다. 왕조가 존폐 기로에 놓인 위기 속에서 이를 지혜롭게 극복하기 위해 세계가 어떻게 돌아가고 있는지 알려주는 중국 서적들을 수집한 것이다. 그 결과 외국 각국의 사정, 국제법과 외교, 군사와 무기, 지리와 항해 등 다방면의 중국 서적들이 집옥재의 서가에 자리 잡았다. 뿐만 아니라 고종은 광업과 농업, 전기학, 의학에서부터 수학, 물리, 화학, 천문학, 역법, 음악에 이르기까지 분야를 가리지 않고 서구 학문의 성과를 담은 학술 서적을 수집했다. 고종은 중국에서 신간이 출간되었다는 소식을 들으면 곧바로 책을 구매할 수 있는지 알아볼 정도로 중국 서적 수집에 열의를 보였고, 서적이 담고 있는 새로운 지식을 실제 정치에 활용하고자 했다. 그리하여 고종이 수집한 이들 서적들은 대한제국 성립 후 광무개혁(光武改革)을 추진하는 데 사상적 밑거름이 되었다.

이태진(1996; 2000)[1], 장영숙(2009; 2010; 2012)[2], 강미정·김경남(2017)[3]의 연구를 통해 고종이 수집한 서학 관련 서적의 전반적 면모와 서적 수집이 갖는 의미를 알 수 있다. 그런데 이태진(1996)의 연구에서 집옥재에 소장되었던 서적들 중 서학 관련 서적 266종을 분야별로 나누어 소개한 이후로,[4] 국제법 및 외교 관련 몇몇 서적들을 제외하고는 개별

---

1 이태진, 「奎章閣 中國本圖書와 集玉齋圖書」, 『민족문화논총』 16, 영남대 민족문화연구소, 1996; 이태진, 「1880년대 고종의 개화를 위한 신도서 구입사업」, 『고종시대의 재조명』, 서울: 태학사, 2000, 279~305쪽.

2 장영숙, 「『內下冊子目錄』을 통해 본 고종의 개화관련 서적 수집 실상과 영향」, 『한국민족운동사연구』 58, 한국민족운동사학회, 2009; 장영숙, 「개화관련 서적의 수집실상과 영향」, 『고종의 정치사상과 정치개혁론』, 서울: 선인, 2010, 159~185쪽; 장영숙, 「『集玉齋書目』 분석을 통해 본 고종의 개화서적 수집 실상과 활용」, 『한국 근현대사 연구』, 한국근현대사학회, 2012.

3 강미정·김경남, 「근대 계몽기 한국에서의 중국 번역 서학서 수용 양상과 의의」, 『동악어문학』 71, 동악어문학회, 2017, 253~288쪽.

4 이태진(1996), 앞의 글, 185~187쪽의 표4 「집옥재서적목록(集玉齋書籍目錄) 중의 서양 관련 서적의 분야별 분류」에서 해당 서적들을 〈천문, 역서〉, 〈지구, 지리〉, 〈항해〉, 〈외국사정〉, 〈어학〉, 〈공법, 외교〉, 〈군사, 전술, 무기〉, 〈수학〉, 〈의학〉, 〈농업, 식물〉, 〈물리〉, 〈화학〉, 〈전기, 증기〉, 〈광업〉, 〈음악〉 등 15개 항목으로 분류했다. 이태진은 표의 제시에 앞서 "이 조사는 『奎章閣圖書中國綜合目錄』의 子部 西學類에 한정한 것이다. 다른 部·類에서도 더 많은 관련서적들이 나올 것으로 기대된다."(185쪽)고 하였다. 이 분류는 목록을 보고 한 것이기 때문에 실제 소장 서적인데도 누락된 경우가 있을 수 있다. 같은 내용이 이태진(2000), 앞의 글, 300~303쪽에도 수록되어 있다.

서적에 대한 연구는 아직 이루어지지 않았다.

여기서는 집옥재 소장 서학 관련 서적들 중 4종의 서적을 상세히 소개함으로써 향후 관련 연구에 작으나마 보탬이 되고자 한다.

국내의 근대 번역 및 지식사 연구는 주로 서구 근대 개념어의 번역 사례 및 번역관(飜譯觀) 분석, 서구 사상의 수용과 변용 양상 연구 등에 집중되어 있고, 문헌학적 측면에 주목한 경우는 많지 않다. 번역 및 지식사 연구도 구체적 문헌에 근거해야 하는데, 지금까지는 주목받는 몇몇 문헌에만 연구가 집중되어 왔다. 윌리엄 마틴(William Alexander Parsons Martin)이 번역한 『만국공법(萬國公法)』(1864), 『공법편람(公法便覽)』(1877), 『공법회통(公法會通)』(1880), 『성초지장(星軺指掌)』(1876)과 위원(魏源)의 『해국도지(海國圖志)』(1842) 등 국제법 및 외교 관련 서적들 및 부란아(傅蘭雅)가 간행한 월간지 『격치휘편(格致彙編)』(1876~1892), 광학회(廣學會)의 월간지 『만국공법(萬國公報)』(1889~1907)을 제외한 여타 서적에 대한 연구는 아직 이루어지지 않았다. 이제는 집옥재 소장 서적을 포함하여 국내의 근대 지식을 형성한 중국 문헌 전반에 대한 서지 연구에 관심을 기울일 때다.

2. 강남기기제조총국(江南機器製造總局)의 번역관(飜譯館)[5]

고종이 중국에서 사들여 온 서학 관련 서적 중 상당수는 강남기기제조총국의 번역관에서 서양 서적을 번역한 서적들이다.

강남기기제조총국은 1865년(동치(同治) 4년) 9월 상해에 설립된 중

---

5 이 절의 내용은 윤지양, 「19세기 말 江南機器製造總局 출간 서적의 국내 유입 양상」, 『인문사회과학연구』 20-3, 부경대학교 인문사회과학연구소, 2019, 34~37쪽에 수록된 바 있다.

국 최초의 근대식 군수 공장으로, 무기 제조에 필요한 기계와 함선, 총포, 탄약, 기선 등을 제조했다. 서양의 문물과 기술을 받아들여 군사적 자강과 경제적 부강을 이루자는 양무운동(洋務運動)의 일환으로 증국번(曾國藩)이 설립을 기획하고, 이홍장(李鴻章)이 실질적인 운영 책임을 맡았다. 당시 중국 최대의 군수 공장이었던 이곳에서는 2천여 명의 노동자가 일했다. 줄여서 '강남제조국(江南製造局)', '상해제조국(上海製造局)' 등으로도 불린다. 이 책에서는 '강남제조국'이라 칭하기로 한다.

강남제조국이 설립된 지 2년 후인 1867년 증국번은 자신의 막료였던 서수(徐壽), 화형방(華蘅芳) 등에게 서양의 근대적 과학기술 관련 서적을 중국어로 번역하도록 지시했고, 서수 등은 증국번에게 번역관을 설립하고 번역을 도와줄 서양인을 초빙할 것을 건의했다. 증국번은 이를 받아들여 1868년 강남제조국 내에 번역관을 설치하고, 존 프라이어(John Fryer), 영 존 알렌(Young John Allen), 카를 트라우고트 크레이어(Carl Traugott Kreyer) 등 외국인을 초빙했다.

강남제조국 부설 번역관은 민간단체인 익지회(益智會), 격치서원(格致書院), 광학회(廣學會)와 더불어 당시 서양서 번역의 핵심 기관으로서 근대 중국의 번역 기관 중 가장 많은 번역서를 출판했다. 번역관에서는 군사학, 정치학, 외교, 외국 사정, 수학, 물리학, 화학, 광물학, 야금학, 기계학, 천문학, 지리학, 동식물학, 농학, 의학 등 다양한 분야에 걸쳐 약 170종의 번역서와 약 30종의 번각서를 출간했다.[6] 이들 번역서는 중국

6 강남제조국에서 출간한 서적의 전체 수량은 연구서마다 다르고, 지금까지 정론(定論) 은 없다. 번역관이 1913년까지 번역 활동을 계속했기 때문에 어느 시기를 기준으로 하는가에 따라 서적의 총수가 달라지며, 서목 및 연구서의 분류 기준에 따라 수량이 달라지기도 한다. 주요 서목에 수록된 서적의 수량은 다음과 같다. ① 1880년 간행된 『격치휘편(格致彙編)』에 수록되어 있는 부란아(傅蘭雅)의 「강남제조총국번역서서사략(江南製造總局翻譯西書事略)」: 156종(간행본 - 98종, 미간행본 - 45종, 번역미완성본 - 13

어를 아는 외국인 번역관과 기본적 과학지식을 갖추고 한문으로 글을
쓸 수 있는 중국인 번역관이 협력해 이중 번역을 했기 때문에 번역의 정
확도가 높았으며,[7] 당시 서양 학문을 중국에 전파하는 데 큰 역할을 수
행했다. 그 방대한 규모와 높은 영향력을 볼 때 강남제조국 번역관에서
출판한 번역서는 서구 개념의 번역과 번역관(飜譯觀), 근대 지식 유통의
양상을 살펴보는 데 있어 빼놓을 수 없는 연구 대상이다. 또, 강남제조
국 번역관에서는 서양서를 번역하는 데 그치지 않고 중국인 학자가 저
술한 근대 학문 관련 서적을 출간했으며, 그 수량 역시 상당하다.

　상해는 당시 동아시아 근대의 전초 기지이자 출판의 중심지였고, 상

종), ② 강남제조국에서 편찬한 『강남기기제조총국서목(江南機器製造總局書目)』 (광서
28년(1902년) 5월에 쓴 識語 수록): 168종(번역서 - 145종, 번각서 - 23종), ③ 1905년
간행된 위윤공(魏允恭)의 『강남제조국기(江南製造局記)』: 175종(번역서 - 154종, 번각
서 - 18종, 비역서(非譯書) - 3종) ④ 1909년 간행된, 번역관의 진수(陳洙) 등이 편찬한
『강남제조국역서제요(江南製造局譯書提要)』: 160종(번역서 - 150종, 번각서 - 10종, 지
도와 표는 포함하지 않음) ⑤ 1912년 이전 강남제조국에서 간행한 『상해제조국역인도
서목록(上海製造局譯印圖書目錄)』: 197종(번역서 - 168종, 번각서 - 29종)
『상해제조국역인도서목록』은 『서약대성약품중서명목표(西藥大成藥品中西名目表)』 중
각본(重刻本)과 『영국정준군약서(英國定准軍藥書)』 초간본에 부록으로 수록되어 있으
며, 비교적 완정한 강남제조국 번역관 역서 서목으로 평가된다. 이상은 上海圖書館 編,
『江南製造局飜譯館圖志』, 上海: 上海科學技術文獻出版社, 2011, 73~76쪽; 王揚宗, 「江
南製造局翻譯書目新考」, 『中國科技史料』, 中國科學院自然科學史研究所, 1995, 第2期,
3~4쪽; 王紅霞, 「傅蘭雅的西書中譯事業」, 復旦大學 박사학위논문, 2006, 28쪽 참고. 왕
양종(王揚宗)은 위 논문에서 강남제조국에서 출간한 서적이 총 193종(번역서 - 183종,
지도 - 2종, 역명표(譯名表) - 4종, 연속출판물 - 4종), 미간행 서적이 총 48종이라고 했
다. 이밖에 선푸웨이(沈福偉)는 번역관의 번역서 총수가 257종이라 했고, 장정이(張增
一)는 200종이라 했다. 沈福偉, 『西方文化與中國(1793-2000)』, 上海: 上海敎育出版社,
2003, 85쪽; 張增一, 「江南製造局的譯書活動」, 『近代史硏究』, 中國社會科學院近代史硏
究所, 1996, 第3期.
7　존 프라이어, 영 존 알렌, 카를 트라우고트 크레이어 등 외국인 번역가가 입으로 번역하
　면, 과학지식을 갖춘 서수, 화형방 등 중국인 번역가가 한문으로 받아 적었다. 이러한
　이중 번역은 17세기 중국에서 활동한 예수회 선교사들이 썼던 방식이다.

해에서 출판된 서적은 일본과 한국으로 유입되어 동아시아에서 서양의 근대 지식이 유통되는 데 핵심적 역할을 수행했다. 상해에서 출판된 강남제조국 출간 서적 역시 상당수가 국내에 유입되어 지식인들이 서양 학문을 받아들이는 데 영향을 끼쳤다. 이들 서적이 국내에 다수 유입되었다는 사실은 내외적 혼란과 도전에 직면하여 해법을 찾고 있던 국내 지식인들의 분투를 잘 보여 준다.

특히 개화 정책을 펼쳤던 고종은 적극적으로 이들 서적을 구입했다. 그는 서기(西器) 수용의 한 방식으로서 중국에서 출판된 다양한 분야의 서양 학문 관련 서적을 적극적으로 수집했으며, 그가 수집한 서적 중에는 강남제조국 출간 서적의 대다수가 포함되어 있다.

규장각, 장서각, 존경각 등 왕실 소장서를 소장하고 있는 기관뿐 아니라 다른 소장 기관에도 해당 서적들이 남아 있는 것을 볼 때, 당시 왕실에서뿐만 아니라 일반 지식인들도 강남제조국 번역관 출간 서적을 구해 보았으리라고 추정할 수 있다. 강남제조국 번역관 출간 서적은 이후 상해의 동문서국(同文書局), 신보관(申報館), 상해서국(上海書局), 문예재(文藝齋), 치수산방(栀秀山房) 등 여러 출판사에서 재차 간행했고 이들 서적은 다양한 경로로 국내에 유입된 것으로 보인다. 상해와 인천을 오가는 기선이 1883년 11월과 12월, 1884년 1월 총 세 차례에 걸쳐서, 그리고 다시 1888년 3월부터 1894년까지 7년간 정기적으로 운항되면서[8] 상해에서 출판된 서적들이 서적상을 통해 다량으로 국내에 들어왔고, 이때 강남제조국 출간 서적 역시 유입되었을 가능성이 높다.

---

8 강진아, 『이주와 유통으로 본 근대 동아시아 경제사』, 서울: 아연출판부, 2018, 43~44쪽 참고.

3. 규장각 소장 강남기기제조총국 출간 서적[9]

규장각 소장 서적 중 80종이 강남제조국 번역관 출간 서적이다. 약 200종에 달하는 강남제조국 출간 서적 중에 대략 5분의 2 정도가 조선의 왕실에 소장되었던 것이다. 한편, 이 가운데 가보위(賈步緯)의 『양법대산(量法代算)』 등 10종은 번역서가 아닌 저서이다.(〈표1〉의 서명 옆에 * 표시.)

규장각 소장 강남제조국 출간 서적의 간행 시기는 1871년에서 1894년 사이이며, 출간 시기가 가장 늦은 것은 『전학강목(電學綱目)』(奎中3050)이다. 현재로서는 이들 서적이 정확히 언제 구입되었는지 밝히기는 어렵다. 다만, 규장각과 집옥재의 장서를 정리한 목록인 『신내하서목(新內下書目)』, 『춘안당서목(春安堂書目)』, 『내하책자목록(內下冊子目錄)』의 일자 표시를 통해 볼 때 왕실에서의 서양 학문 관련 중국 서적 구입은 1875년 운요호 사건을 계기로 본격적으로 추진된 고종의 개화 정책에 발맞추어 1881년부터 전격적으로 이루어졌고, 1883년부터 1887년까지 집중적으로 이루어진 것으로 추정된다.[10] 실제로 집옥재에 소장되었던 강남제조국 번역관 출간 서적들의 간행연도를 살펴보면 대부분 1880년 이전이다.(1880년 간행 서적을 포함해 1880년 이후 출간된 서적은 15건이다.)

이들 서적의 국내 유입은 주로 중국을 왕래했던 관리들이 주체가 되어 이루어졌을 것으로 보인다. 일례로, 김윤식(金允植)은 1882년 1월부터 6월까지 조미수호통상조약(朝美修好通商條約) 체결과 관련하여 이홍장과 교섭하기 위해 청을 방문했을 당시 강남제조국으로부터 『운규약지(運規約指)』 1부 등 총 53종 189책의 서적을 선물 받았고, 1882년 10

---

9 이 절의 내용은 윤지양, 앞의 글, 37~47쪽에 수록된 바 있다.
10 장영숙(2012), 앞의 글, 13쪽.

월에는 『수사장정(水師章程)』 등 19종 74책의 서적을 선물 받았다.[11] 또, 1881년 신사유람단(紳士遊覽團)으로 일본에 파견된 어윤중(魚允中)은 귀국 전 상해로 가서 강남제조국과 초상국(招商局)을 견학했는데,[12] 이 때 무기 제조 공정을 견학했을 뿐 아니라 강남제조국에서 출간한 서적을 열람하거나 구입했을 가능성이 있다.

〈표1〉에 규장각 소장 강남제조국 출간 서적을 내용에 따라 외국 사정, 외교, 병학(兵學), 항해, 광물학, 공예, 물리, 수학, 전학(電學), 화학, 천문·기상, 지학, 의학, 도학(圖學), 토목 등 15 항목으로 분류·정리했다. 병학 서적의 경우 수량이 많아 군사장비 등 세부 항목으로 분류했다. 〈표1〉의 서적 중 강남제조국 번역관 출간 서적이 맞지만 "집옥재(集玉齋)", 혹은 "제실도서지장(帝室圖書之章)"이라는 인기(印記)가 없는 서적으로 『해국도지속집(海國圖志續集)』(古 551.46-M129h), 『대수표설(對數表說)』(奎中 3129), 『기기필이(汽機必以)』(奎中 2724), 『기기신제(汽機新制)』(奎中 3059, 奎中 3060, 奎中 3061), 『화학감원(化學鑑原)』(奎中 2713, 奎中 2714), 『화학분원(化學分原)』(奎中 3078, 奎中 3079, 奎中 3082), 『기상현진(器象顯眞)』(奎中 2975, 奎中 2976, 奎中 2977, 奎中 2978), 『기상현진도(器象顯眞圖)』(奎中 2981) 등이 있다. 이들 서적에는 장서인이 없어 소장

---

11 金允植, 『陰晴史』, 卷下, 高宗十九年壬午四月 二十六日 條; 高宗十九年壬午十月 十四日 條 참고.(魚允中·金允植 著, 國史編纂委員會 編, 『從政年表·陰晴史』, 韓國史料叢書第六, 서울: 探究堂, 1971, 144~145; 205~211쪽.) 김윤식은 두 차례에 걸쳐 모두 72종 263책의 서적을 선물 받았다.(일기에서는 '책(冊)'을 "본(本)"으로 표기했다.) 장영숙(2012)은 첫 번째 방문 때 받은 책이 "53종 205권"이라고 했는데 이는 『음청사』에서 『평원지구도(平圓地球圖)』에 대해 "계십육장(計十六張)"이라고 한 것을 16권으로 잘못 셈한 것이다. 장영숙(2012), 앞의 글, 25쪽. 강미정·김경남의 논문에 첫 번째 방문 때 받은 책의 목록이 수록되어 있다. 강미정·김경남, 앞의 글, 274~275쪽.

12 魚允中, 『從政年表』, 卷二, 高宗十八年辛巳 十二月 十四日 條 참고. 그는 "강남기기제조총국에 가서 대포, 총, 탄약을 제조하는 것을 보았다.(往江南機器製造總局, 觀造礟槍軍火.)"고 했다. 魚允中·金允植 著, 앞의 책, 123쪽.

경위를 파악하기 어렵다. 장서인 압인 시에 누락되었거나 1908년 이후 일제가 구입한 서적일 가능성도 배제할 수 없다.[13]

규장각 소장 강남제조국 출간 서적 중에는 『서국근사휘편(西國近事彙編)』(奎中 4544)과 같이 간행자가 "상해기기제조국(上海機器製造局)"이라고 명시된 경우도 있지만, 대부분 강남제조국 초간본과 달리[14] 간기(刊記)가 누락되어 있어 간행자와 간행연도를 알 수 없으며, 초간본과 달리 권수에 필술자(筆述者)의 성명도 누락되어 있다. 이런 경우 강남제조국에서 간행한 초간본(初刊本)이 아닌 복각본(復刻本)으로 추정된다. 〈표1〉에서는 우선 광서(光緒) 6년(1880년) 5월부터 8월까지 간행된 『격치휘편』에 수록된 부란아의 「강남제조총국번역서서사략(江南製造總局翻譯西書事略)」[15]과 관련 논문[16] 및 각처 소장본의 서지 사항을 참조하여 초간본의 간행연도를 표시해 두었고, 필술자의 성명을 추가해 기입했다. 여기서는 우선 강남제조국 번역관에서 출판한 초간본을 저본으로 추후에 출판된 것으로 추정되는 책들을 모두 넓은 의미에서 강남제조국 출간 서적에 포함시켰다.

---

13 1908년 9월 일제 통감부(統監府)는 규장각에 도서과(圖書課)를 설치해 규장각, 홍문관(弘文館), 집옥재, 시강원(侍講院), 춘추관(春秋館), 북한산성 행궁 등의 도서들을 합쳐 '제실도서(帝室圖書)'로 분류하고 "제실도서지장(帝室圖書之章)"이라는 장서인을 압인했다. 이태진(1996), 앞의 글, 170~171쪽 참고.

14 강남제조국에서 출간한 초간본에는 앞면과 뒷면에 각각 간행연도와 "강남기기제조총국장판(江南機器製造總局藏板)"이라는 문구를 인쇄한 봉면지(封面紙)가 있다.

15 傅蘭雅 輯,「江南製造總局翻譯西書事略」,『格致彙編』光緒六年(1880년) 卷5~卷8(古活字本, 규장각 소장, 청구기호: 奎中 3121)

16 왕양종(王揚宗)의 앞의 글을 주로 참고하고, 부란아가 번역한 서적의 경우 왕홍샤(王紅霞)의 앞의 글을, 병학(兵學) 관련 서적의 경우 閏俊俠,「晚淸西方兵學譯著在中國的傳播(1860~1895)」, 復旦大學 박사학위논문, 2007을 참조했고, 그 밖에 OCLC WorldCat(newfirstsearch.oclc.org) 검색을 통해 각처 소장 기관의 서지사항을 참조했다.

〈표1〉 규장각 소장 강남제조국 출간 서적

분류[17]	서명	저자; 역자	형태사항[18]	간행 연도	청구기호	印記
외국 사정	西國近事彙編	金楷理(美) 口譯; 姚棻(淸)·蔡錫齡(淸) 筆述[19]	木版本; 20冊 25.4× 16.1cm	1873 ~1877	奎中 3924	集玉齋, 帝室 圖書之章
	四裔編年表	李鳳苞(淸) 編[20]	活字本; 4卷 4冊 29×23cm	1874	奎中 5590	集玉齋, 帝室 圖書之章
	西國近事彙編	林樂知(美) 口譯; 蔡錫齡(淸) 筆述[21]; 鍾天緯(淸) 參校	古活字本; 4卷 4冊 25.2× 15.8cm	1878	奎中 4544 奎中 4548 奎中 4549 奎中 4603	集玉齋
	海國圖志續集	麥高爾(英) 輯著; 林樂知(美) 口譯; 瞿昂來(淸) 筆述	石版本; 25卷 2冊 19.8×13cm	1895	古 551.46-M129h	없음
외교[22]	列國歲計政要	麥丁富[23](英) 編纂; 林樂知(美) 口譯; 鄭昌棪(淸) 筆述	木版本; 12卷 6冊 29.5× 17.1cm	1878	奎中 3958 奎中 3959 奎中 3960 奎中 2999	集玉齋, 帝室 圖書之章
	歐洲東方交涉記	麥高爾(英) 輯著; 林樂知(美) 等譯; 瞿昂來(淸) 筆述	木版本; 12卷 2冊 29.1× 17.3cm	1880	奎中 6542	集玉齋
	英俄印度交涉書	馬文(英) 著; 羅亨利(英) 口譯; 瞿昂來(淸) 筆述	木版本; 1冊 29.5×17cm	1887[24]	奎中 5326	集玉齋
兵學 (군사 장비)	製火藥法	利稼孫(英)·華得斯 (英) 輯; 傅蘭雅(英) 口譯; 丁樹棠(淸) 筆述	木版本; 3卷 1冊 29.5× 17.3cm	1871	奎中 3056	帝室圖書之 章
	克虜伯礮彈造法	布國軍政局 編; 金楷理(美) 口譯; 李鳳苞(淸) 筆述	木版本; 2冊 29.6× 17.3cm	1872	奎中 2804 奎中 2805 奎中 3574	帝室圖書 之章(奎中 2804, 奎中 2805), 集 玉齋(奎中 3574)
	克虜伯礮說 克虜伯礮操法[25]	布國軍政局 著; 金楷理(美) 口譯; 李鳳苞(淸) 筆述	木版本; 4卷 1冊 28.6× 16.8cm	1872	奎中 2795 奎中 2796 奎中 3090	集玉齋, 帝室 圖書之章(奎 中 3090), 帝 室圖書之章 (奎中 2795, 奎中 2796)

	克虜伯礮表	布國軍政局 編; 金楷理(美) 口譯; 李鳳苞(淸) 筆述	木版本; 1冊 28.8×17cm	1872	奎中 2799 奎中 2800 奎中 3098	帝室圖書之章
	克虜伯礮彈附圖 餅藥造法[26]	布國軍政局 編; 金楷理(美) 口譯; 李鳳苞(淸) 筆述	木版本; 1冊 29.5× 17.3cm	1872	奎中 2806 奎中 2807	帝室圖書之章
	餅藥造法	軍政局(布) 編; 金楷理(美) 口譯; 李鳳苞(淸) 筆述	木版本; 1冊 29.6× 17.3cm	1872	奎中 3309	帝室圖書之章
	克虜伯礮準心法[27]	布國軍政局 編; 金楷理(美) 口譯; 李鳳苞(淸) 筆述	木版本; 1冊 28.8×17cm	1875	奎中 2801 奎中 3112 奎中 3113 奎中 3114	集玉齋, 帝室圖書之章(奎中 3114) 帝室圖書之章(奎中 2801, 奎中 3112, 奎中 3113)
	攻守礮法	布國軍政局 著; 金楷理(美) 口譯; 李鳳苞(淸) 筆述	木版本; 1冊 29.4× 17.2cm	1875	奎中 2797 奎中 3001 奎中 3002 奎中 3003 奎中 3004	集玉齋(奎中 2797), 帝室圖書之章(奎中 3001~4)
	兵船礮法	美國水師書院 編; 金楷理(美) 口譯; 朱恩錫(淸)·李鳳苞(淸) 筆述	木版本; 6卷 3冊 29.2× 17.2cm	1876	奎中 2793 奎中 2794	集玉齋, 帝室圖書之章(奎中 2793), 帝室圖書之章(奎中 2794)
	爆藥記要	美國水雷局 編; 舒高第(美) 口譯; 趙元益(淸) 筆述	木版本; 6卷 1冊 29×17.3cm	1877	奎中 3057 奎中 3058 奎中 3310	集玉齋, 帝室圖書之章
	水雷秘要	史理孟(英) 纂; 舒高第(美) 口譯; 鄭昌棪(淸) 筆述	木版本; 5卷 6冊 29×17.3cm	1880	奎中 3332	集玉齋, 帝室圖書之章
兵學 (군사 공학)	行軍測繪	連提(英) 撰; 傅蘭雅(英) 口譯; 趙元益(淸) 筆述	木版本; 10卷 2冊 29×17.4cm	1873	奎中 2838 奎中 3103	集玉齋, 帝室圖書之章
	營壘圖說	伯里牙芒(比) 著; 金楷理(美) 口譯; 李鳳苞(淸) 筆述	木版本; 1冊 29.5×17cm	1876	奎中 2835 奎中 2836 奎中 3110	集玉齋, 帝室圖書之章
	營城揭要	儲意比(英) 撰; 傅蘭雅(英) 口譯; 徐建寅(淸) 筆述	木版本; 2冊 29.2× 17.2cm	1876	奎中 2834 奎中 3326	集玉齋, 帝室圖書之章(奎中 2834)

兵學 (군사 관리)	水師章程	水師兵部(英) 編; 林樂知(美) 口譯; 鄭昌棪(淸) 筆述	木版本; 6卷 4冊 29.4× 17.4cm	1879	奎中 2686 奎中 2688 奎中 2811 奎中 2821	集玉齋, 帝室 圖書之章
兵學 (군사 훈련)	水師操練	英國戰船部 編; 傅蘭雅(英) 口譯; 徐建寅(淸) 筆述	木版本; 18 卷, 附錄, 合3 冊 29.5× 17.2cm	1872	奎中 2787	集玉齋, 帝室 圖書之章
	輪船布陣	裴路(英) 著; 傅蘭雅(英) 口譯; 徐建寅(淸) 筆述	木版本; 12 卷, 附錄, 合2 冊 28.7× 17.2cm	1873	奎中 2791 奎中 2792 奎中 3101	集玉齋, 帝室 圖書之章
兵學 (군사 작전)	防海新論	希理哈(布) 撰; 傅蘭雅(英) 口譯; 華衡芳(淸) 筆述	木版本; 18 卷 6冊 29.6× 17.2cm	1871	奎中 2829 奎中 2830	帝室圖書之 章
	臨陣管見	斯拉弗司(布) 撰; 金楷理(美) 口譯; 李鳳苞(淸) 筆述	木版本; 9卷 4冊 29.2× 17.4cm	1873	奎中 2809	集工齋, 帝室 圖書之章
항해	航海簡法	那麗(英) 撰; 金楷理(美) 口譯; 王德均(淸) 筆述	木版本; 4卷 2冊 28.2× 17.4cm	1871	奎中 2710 奎中 2711 奎中 2712	集玉齋 (奎中 2712)
	御風要術[28]	白爾特(英) 撰; 金楷理(美) 口譯; 華衡芳(淸) 筆述	木版本; 3卷 2冊 29.4× 17.2cm	1871	奎中 3027 奎中 3028	集玉齋(奎中 3028)
광물학	開煤要法	士密德(英) 輯; 傅蘭雅(英) 口譯; 王德均(淸) 筆述	木版本; 12卷 2冊 29.2× 17.2cm	1871	奎中 2749 奎中 3045 奎中 3046	集玉齋(奎中 3046)
	冶金錄	阿發滿(美) 撰; 傅蘭雅(英) 口譯; 趙元益(淸) 筆述	木版本; 2冊 29×17.4cm	1873	奎中 3320 奎中 3321 奎中 3322	集玉齋(奎中 3322)
	井礦工程	白爾捺(英) 輯; 傅蘭雅(英) 口譯; 趙元益(淸) 筆述	木版本; 3卷 2冊 29×17.4cm	1879	奎中 3575 奎中 3576	集玉齋
	寶藏興焉	費而奔(英) 著; 傅蘭雅(英) 口譯; 徐壽(淸) 筆述	木版本; 12卷 16冊 29.4×17cm	1880	奎中 2941	集玉齋

	書名	著者/譯者	版本	刊年	所藏	印章
공예	汽機發軔	美以納(英)·白勞那(英) 合撰; 偉烈亞力(英) 口譯; 徐壽(淸) 筆述	木版本; 9卷 4冊 29×17.2cm	1871	奎中 2864 奎中 2865 奎中 2866	集玉齋(奎中 2864)
	汽機必以	蒲而捺(英) 撰; 傅蘭雅(英) 口譯; 徐建寅(淸) 筆述	木版本; 12卷 4冊 30×17.4cm	1872	奎中 2724	없음
	汽機必以附卷[29]	蒲而捺(英) 撰; 傅蘭雅(英) 口譯; 徐建寅(淸) 筆述	木版本; 12卷, 附卷, 合6冊 29.6×17.6cm	1872	奎中 2983 奎中 2984 奎中 2985	集玉齋(奎中 2984)
	汽機新制	白爾格(英) 撰; 傅蘭雅(英) 口譯; 徐建寅(淸) 筆述	木版本; 8卷 2冊 29.6×17.4cm	1873	奎中 3059 奎中 3060 奎中 3061	없음
	歷覽記略*[30]	傅蘭雅(英) 著	古活字本; 1冊 27.4×17.4cm	1881	奎中5413	集玉齋, 帝室圖書之章
	電氣鍍金略法	華特(英) 纂; 傅蘭雅(英) 口譯; 周郇(淸) 筆述	木版本; 1卷 1冊 29.1×17.3cm	1882	奎中 3049	集玉齋
	西藝知新	諾格德(英) 撰; 傅蘭雅(英) 口譯; 徐壽(淸) 筆述	木版本; 22卷 14冊 29.3×17.2cm	1884	奎中 2824	集玉齋, 帝室圖書之章
	電氣鍍鎳	華特(英) 纂; 傅蘭雅(英) 口譯; 徐華封(淸) 筆述	古活字本; 1冊 27.7×17.4cm	1886	奎中 5425	集玉齋
	照像略法	傅蘭雅(英) 譯	重刊古活字本; 1冊 27.5×17.6cm	1887[31]	奎中 5381	集玉齋, 帝室圖書之章
물리[32]	聲學	田大里(英) 著; 傅蘭雅(英) 口譯; 徐建寅(淸) 筆述	木版本; 8卷 2冊 29.6×17cm	1874	奎中 3424	集玉齋, 帝室圖書之章
	光學	田大里(英) 輯; 金楷理(布) 口譯; 趙元益(淸) 筆述	木版本; 2冊 29.4×17.2cm	1876	奎中 3580	集玉齋

	格致啓蒙[33]	羅斯古(英) 纂; 林樂知(美) 口譯; 鄭昌棪(清) 筆述	木版本; 4卷 4冊 29.2× 17.2cm	1880	奎中 2970 奎中 2974	集玉齋(奎中 2970)
	格致小引	赫施賚(英) 著; 羅亨利(英) 口譯; 瞿昂來(英) 筆述	木版本; 1冊 29.2× 17.2cm	1886	奎中 2968	集玉齋
수학	代數術	華里司(英) 輯; 傅蘭雅(英) 口譯; 華衡芳(清) 筆述	木版本; 25 卷 6冊 29.3× 17.3cm	1872	奎中 6547	集玉齋, 帝室 圖書之章
	微積溯源	華里司(英) 輯; 傅蘭雅(英) 口譯; 華衡芳(清) 筆述	木版本; 8卷 6冊 29.2× 17.2cm	1875	奎中 3314	集玉齋, 帝室 圖書之章
	算式集要	合司韋(英) 輯; 傅蘭雅(英) 口譯; 江衡(清) 筆述	木版本; 4卷 2冊 29.4× 17.3cm	1877	奎中 3319	集玉齋, 帝室 圖書之章
	三角數理	海麻士(英) 輯; 傅蘭雅(英) 口譯; 華衡芳(清) 筆述	木版本; 12卷 6冊 29.3× 17.6cm	1878	奎中 2768	帝室圖書之 章
	數學理	棣磨甘(英) 撰; 傅蘭雅(英) 口譯; 趙元益(清) 筆述	木版本; 9卷, 附錄, 合4冊 29.4×17cm	1879	奎中 3510	集玉齋, 帝室 圖書之章
	代數難解法[34]	倫德(英) 編輯; 傅蘭雅(英) 口譯; 華衡芳(清) 筆述	木版本; 16卷 6冊 29.4×17cm	1879	奎中 3421	集玉齋, 帝室 圖書之章
	量法代算*	賈步緯(清) 製	木版本; 1冊 23.6× 12.3cm	1872[35]	奎中 5342	集玉齋, 帝室 圖書之章
	對數表*	賈步緯(清) 校述	古活字本; 4 卷 4冊 26×16.2cm	1873	奎中 4389 奎中 4536	集玉齋, 帝室 圖書之章(奎中 4389), 帝 室圖書之章 (奎中 4536)
	對數表說*	賈步緯(清) 撰	木版本; 1冊 25.4× 16.2cm	미상[36]	奎中 3129	없음
	弦切對數表*	賈步緯(清) 校述	古活字本; 1 冊 25.9× 16.3cm	1873	奎中 3359 奎中 4648	帝室圖書 之章(奎中 3359), 集玉 齋, 帝室圖 書之章(奎中 4648)

	算學開方表*37	賈步緯(淸) 編	木版本; 1冊 29.2×17cm	1874	奎中 3328	集玉齋, 帝室 圖書之章
	八線簡表*	賈步緯(淸) 校述	古活字本; 1 冊 24.8× 15.6cm	1877	奎中 5368	帝室圖書之 章
	八線對數簡表*38	賈步緯(淸) 校述	木版本; 1冊 25.6× 16.6cm	1877	奎中 5367	集玉齋, 帝室 圖書之章
電學	電學	瑙揆德(英) 著; 傅蘭雅(英) 口譯; 徐建寅(淸) 筆述	木版本; 10卷 6冊 29.2× 17.2cm	1879	奎中 2994 奎中 2995	集玉齋
	電學綱目	田大里(英) 輯; 傅蘭雅(英) 口譯; 周郇(淸) 筆述	木版本; 1冊 29.2× 17.2cm	1894	奎中 3050	集玉齋
화학	化學鑑原	韋而司(英) 撰; 傅蘭雅(英) 口譯; 徐壽(淸) 筆述	木版本; 6卷 4冊 29.4× 17.2cm	1871	奎中 2713 奎中 2714	없음
	化學分原	蒲陸山(英) 撰; 傅蘭雅(英) 口譯; 徐建寅(淸) 筆述	木版本; 8卷 2冊 29.5× 17.2cm	1871	奎中 3078 奎中 3079 奎中 3082	없음
	化學鑑原續編	蒲陸山(英) 撰; 傅蘭雅(英) 口譯; 徐壽(淸) 筆述	木版本; 24 卷 6冊 29.2× 17.4cm	1875	奎中 3000	集玉齋
	化學鑑原補編	韋而司(英) 撰; 傅蘭雅(英) 口譯; 徐壽(淸) 筆述	木版本; 6卷, 附錄, 合6冊 29.4×17cm	1879	奎中 2969	集玉齋
	化學考質	富里西尼烏司(獨) 著; 傅蘭雅(英) 口譯; 徐壽(淸)·徐建寅(淸) 筆述	木版本; 8卷 6冊 29.4× 17.4cm	1883	奎中 2863	集玉齋
	化學求數	富里西尼烏司(獨) 著; 傅蘭雅(英) 口譯; 徐壽(淸) 筆述	木版本; 14 卷, 附錄, 合 15冊 29.4×17cm	1883	奎中 3089	集玉齋
천문 기상	測候叢談	金楷理(美) 口譯; 華蘅芳(淸) 筆述	木版本; 4卷 2冊 34.2× 17.2cm	1877	奎中 2822 奎中 2823 奎中 3092	帝室圖書之 章
	談天	侯失勒(英) 著; 偉烈亞力(英) 口譯; 李善蘭(淸)·徐建寅 (淸) 筆述	木版本; 18 卷, 附表, 合4 冊 29×17cm	1879	奎中 3094 奎中 3337	集玉齋, 帝室 圖書之章
	上元甲子恒星表*	賈步緯(淸) 算述	古活字本; 1 冊 25×15.8cm	1871 ~1879	奎中 4647	集玉齋, 帝室 圖書之章

지학	地學淺釋	雷俠兒(英) 撰; 瑪高溫(美) 口譯; 華衡芳(淸) 筆述	木版本; 38 卷 8冊 29.6×17cm	1871	奎中 3476	集玉齋, 帝室 圖書之章
	金石識別[39]	代那(美) 撰; 瑪高溫(美) 口譯; 華衡芳(淸) 筆述	木版本; 12卷 6冊 29.6×17cm	1871	奎中 2940 奎中 2966 奎中 2967	集玉齋(奎中 2940)
의학	儒門醫學	海得蘭(英) 撰; 傅蘭雅(英) 口譯; 趙元益(淸) 筆述	木版本; 3卷 4冊 29.4× 16.8cm	1876	奎中 2895	集玉齋, 帝室 圖書之章
	西藥大成藥品中西 名目表*	江南製造總局(淸) 編	古活字本; 1 冊 29.2× 17.3cm	1887	奎中 5420	集玉齋, 帝室 圖書之章
圖學	運規約指	白起德(英) 輯; 傅蘭雅(英) 口譯; 徐建寅(淸) 筆述	木版本; 3卷 1冊 29.2× 17.3cm	1871	奎中 2826 奎中 2827	集玉齋, 帝室 圖書之章
	器象顯眞	白力蓋(英) 輯; 傅蘭雅(英) 口譯; 徐建寅(淸) 筆述	木版本; 4卷 2冊 29.6× 17.4cm	1872	奎中 2975 奎中 2976 奎中 2977 奎中 2978	없음
	海道圖說	金約翰(英) 輯; 傅蘭雅(英) 口譯; 王德均(淸) 筆述	木版本; 15卷 10冊 29.5×17cm	1874	奎中 3374 奎中 3375 奎中 3376	帝室圖書之 章
	繪地法原	□□(英) 撰[40]; 金楷理(美) 口譯; 王德均(淸) 筆述	木版本; 1冊 29.6× 17.4cm	1875	奎中 3095 奎中 3096 奎中 3097	帝室圖書之 章
	測地繪圖	富路塢(英) 撰; 傅蘭雅(英) 口譯; 徐壽(淸) 筆述	木版本; 11 卷, 附錄, 合4 冊 29.3× 17.4cm	1876	奎中 2776 奎中 3444	集玉齋, 帝室 圖書之章
	器象顯眞圖	白力蓋(英) 輯; 傅蘭雅(英) 口譯; 徐建寅(淸) 筆述	木版本; 1冊 29.2× 17.4cm	1879	奎中 2981	없음
토목	海塘輯要	韋更斯(英) 撰; 傅蘭雅(英) 口譯; 趙元益(淸) 筆述	木版本; 10卷 2冊 29.8× 17.6cm	1873	奎中 2718 奎中 2719 奎中 2861	集玉齋(奎中 2718, 奎中 2719)

17 분류는 『강남제조국역서제요(江南製造局譯書提要)』를 참고했다.(繙譯館 編, 宣統元年
(1909년), 上海 復旦大學 소장본)

18 한 종(種)의 서적이 여러 부(部) 소장되어 있는 경우 저마다 책 크기가 조금씩 다른 경
우가 대부분이다. 여기서는 소장 상황 파악에 목적이 있으므로 대표로 한 부만 골라 책

크기를 표시했다.

19 「강남제조총국번역서서사략(江南製造總局翻譯西書事略)」(이하 '「역서사략」')에는 필술자가 채석령(蔡錫齡)이라고만 되어 있다. 傅蘭雅 輯, 「江南製造總局翻譯西書事略」, 『格致彙編』光緒六年(1880년) 卷7(七月卷), 11a쪽.

20 규장각 소장본은 활자본이고 저자가 "李鳳苞(淸)"로 되어 있다. 「역서사략」과 초간본의 간기에 따르면 이 책의 초간본은 1874년에 간행되었다. 「역서사략」에 따르면 저자는 영국의 박나(博那)이고, 임락지(林樂知)가 구역(口譯)하고, 엄량훈(嚴良勳)과 이봉포(李鳳苞)가 필술한 것이다. 위의 글, 11a쪽. 또, 『강남제조국역서제요』에는 저자는 영국의 박나이고, 임락지가 구역하고, 엄량훈이 필술, 이봉포가 집술(輯述)한 것으로 되어 있다. 繙譯館 編, 앞의 책, 卷1, 3a쪽.

21 「역서사략」에는 필술자에 정창염(鄭昌棪)을 함께 썼고, 참교자(參校者)는 밝히지 않았다. 傅蘭雅 輯, 앞의 글, 11a쪽.

22 『강남제조국역서제요』에서는 『열국세계정요(列國歲計政要)』를 '정치(政治)' 항목에, 『구주동방교섭기(歐洲東方交涉記)』, 『영아인도교섭서(英俄印度交涉書)』를 '교섭(交涉)' 항목에 분류했다. 또, 『歐洲東方交涉記』의 제목이 "東方交涉記"로 되어 있다. 繙譯館 編, 앞의 책, 卷1, 7a~10a쪽 참고.

23 「역서사략」에는 저자명이 "맥정부득력(麥丁富得力)"으로 되어 있다. 傅蘭雅 輯, 앞의 글, 11a쪽.

24 王揚宗, 앞의 글, 6쪽 참고.

25 규장각 소장본은 『극로백포설(克虜伯礮說)』과 『극로백포조법(克虜伯礮操法)』이 합철되어 있다. 『격치휘편』의 목록에 따르면 여기에 『극로백포설』, 『극로백포조법』, 『극로백포표(克虜伯礮表)』 3종을 합철하여 2본(本)으로 만들었던 것으로 보인다. 2본의 가격은 480문(文)이라 되어 있다. 세 책 모두 1872년에 간행되었다. 傅蘭雅 輯, 앞의 글, 11a쪽.

26 규장각 소장본은 『극로백포탄부도(克虜伯礮彈附圖)』와 『병약조법(餠藥造法)』이 합철되어 있다. 이는 강남제조국 초간본의 경우도 같다. 「역서사략」에는 서명이 각각 "극로백포탄(克虜伯礮彈)", "극로백포병약법(克虜伯礮餅藥法)"으로 되어 있다. 위의 글, 11a쪽.

27 「역서사략」에는 서명이 "포준심법(礮準心法)"으로 되어 있다. 위의 글, 11a쪽.

28 『강남제조국역서제요』에서는 이 책을 '선정(船政)' 항목으로 분류하고 "항해필독서(航海必讀書)"라 했다. 繙譯館 編, 앞의 책, 卷1, 54b쪽.

29 규장각 서지사항에는 서명이 "기기필이(汽機必以)"로 되어 있으나 『기기필이(汽機必以)』(奎中 2724)와 구분하기 위해 「역서사략」을 참고해 고쳤다. 傅蘭雅 輯, 앞의 글, 9b쪽.

30 규장각 소장본은 상해의 격치휘편관(格致彙編館, 격치서원(格致書院))에서 1881년에 간행한 고활자본이다. 이는 강남제조국에서 1874년에 간행한 것을 나중에 활자본으로 간행한 것이므로 본고에서는 넓은 의미에서 강남제조국 출간 서적으로 보았다. 이

책은 존 프라이어가 1873년 견문한 영국의 공장들과 그곳에서 생산하는 공작기계들을 다뤘다.

31 규장각 소장본은 강남제조국의 초간본을 활자본으로 다시 출간한 것으로 출간 연도가 1887년으로 되어 있다. 강남제조국 초간본은 1881년에 출간되었다.

32 『강남제조국역서제요』의 분류에는 '물리' 항목은 없다. 『聲學』은 '聲學' 항목에, 『光學』은 '光學' 항목에, 『格致啓蒙』과 『格致小引』은 '格致' 항목에 속해 있다. 繙譯館 編, 앞의 책, 卷2, 28a; 50a; 51a쪽 참고.

33 「역서사략」에는 서명이 "격치계몽화학(格致啓蒙化學)"으로 되어 있다. 傅蘭雅 輯, 앞의 글, 9b쪽.

34 「역서사략」에는 서명이 "대수난제해법(代數難題解法)"이라 되어 있다. 위의 글, 9a쪽.

35 규장각 소장본은 1872년(同治 11년) 주포(周浦) 칙매산방(則梅山房)에서 간행한 것이다. 「역서사략」에 따르면 강남제조국본은 1875년에 출간되었다. 강남제조국에서 이미 나와 있는 책을 재간한 것일 가능성이 있다. 위의 글, 9a쪽.

36 『격치휘편』에는 해당 서명이 없다. OCLC WorldCat 검색 결과 유일하게 미국 스탠포드대학교에 강남제조국본이 1건 소장되어 있는데 서지사항에는 간행연도가 광서연간(光緒年間, 1975~1909)이라고만 되어 있다. 간행 시기는 빨라도 『대수표(對數表)』가 간행된 1873년 이후일 것이다.

37 「역서사략」에는 제목이 "개방표(開方表)"라 되어 있다. 傅蘭雅 輯, 앞의 글, 9a쪽.

38 「역서사략」에는 제목이 "팔선대수간표수리정온(八線對數簡表數理精蘊)"이라 되어 있다. 위의 글, 9b쪽.

39 『강남제조국역서제요』에서는 이 책을 '지학(地學)' 항목으로 분류했다. 繙譯館 編, 앞의 책, 卷2, 57a쪽.

40 영국인이라는 것 외에 저자 미상이다. 「역서사략」에서는 두 번째 글자가 '書'로 보이나 분명치 않다. 傅蘭雅 輯, 앞의 글, 9b쪽. 왕양종(王揚宗)은 "譯自Mathematical Geography by Hughes"라 하여 원저자가 Hughes라 했다. 王揚宗, 앞의 글, 9쪽. 『강남제조국역서제요』에서는 원저자를 밝히지 않았다. 繙譯館 編, 앞의 책, 卷2, 75a쪽.

한편, 규장각 소장 『방해신론초(防海新論鈔)』(필사본; 1冊, 古 9940-1)는 『방해신론(防海新論)』의 필사본이다. 이를 통해 강남제조국 출간 서적이 왕실에서 필사를 통해서도 유포되었음을 확인할 수 있다.

아래 〈표1-1〉은 〈표1〉의 내용을 좀 더 일목요연하게 정리한 것이다.

〈표1-1〉 규장각 소장 강남제조국 출간 서적 (간략화)

(*"**集玉齋**" 印記 유무는 여러 部 中 한 부라도 있으면 '있음'으로 분류했다.)

분류	서명 (청구기호)	集玉齋 印記 유무
외국 사정	『서국근사휘편(西國近事彙編)』(奎中 3924) 『사예편년표(四裔編年表)』(奎中 5590) 『서국근사휘편(西國近事彙編)』(奎中 4544, 奎中 4548, 奎中 4549, 奎中 4603)	있음
	『해국도지속집(海國圖志續集)』(古 551.46-M129h)	없음
외교	『열국세계정요(列國歲計政要)』(奎中 3958, 奎中 3959, 奎中 3960, 奎中 2999) 『구주동방교섭기(歐洲東方交涉記)』(奎中 6542) 『영아인도교섭서(英俄印度交涉書)』(奎中 5326)	있음
군사	『극로백포탄조법(克虜伯礮彈造法)』(奎中 2804, 奎中 2805, 奎中 3574) 『극로백포설(克虜伯礮說)/극로백포조법(克虜伯礮操法)』(奎中 2795, 奎中 2796, 奎中 3090) 『극로백포준심법(克虜伯礮準心法)』(奎中 2801, 奎中 3112, 奎中 3113, 奎中 3114) 『공수포법(攻守礮法)』(奎中 2797, 奎中 3001, 奎中 3002, 奎中 3003, 奎中 3004) 『병선포법(兵船礮法)』(奎中 2793, 奎中 2794) 『폭약기요(爆藥記要)』(奎中 3057, 奎中 3058, 奎中 3310) 『수뢰비요(水雷秘要)』(奎中 3332) 『행군측회(行軍測繪)』(奎中 2838, 奎中 3103) 『영루도설(營壘圖說)』(奎中 2835, 奎中 2836, 奎中 3110) 『영성게요(營城揭要)』(奎中 2834, 奎中 3326) 『수사장정(水師章程)』(奎中 2686, 奎中 2688, 奎中 2811, 奎中 2821) 『수사조련(水師操練)』(奎中 2787) 『윤선포진(輪船布陣)』(奎中 2791, 奎中 2792, 奎中 3101) 『임진관견(臨陣管見)』(奎中 2809)	있음
	『제화약법(製火藥法)』(奎中 3056) 『극로백포표(克虜伯礮表)』(奎中 2799, 奎中 2800, 奎中 3098) 『극로백포탄부도(克虜伯礮彈附圖)/병약조법(餠藥造法)』(奎中 2806, 奎中 2807) 『병약조법(餠藥造法)』(奎中 3309) 『방해신론(防海新論)』(奎中 2829, 奎中 2830)	없음
항해	『항해간법(航海簡法)』(奎中 2710, 奎中 2711, 奎中 2712) 『어풍요술(御風要術)』(奎中 3027, 奎中 3028)	있음

광물학	『개매요법(開煤要法)』(奎中 2749, 奎中 3045, 奎中 3046) 『야금록(冶金錄)』(奎中 3320, 奎中 3321, 奎中 3322) 『정광공정(井礦工程)』(奎中 3575, 奎中 3576) 『보장흥언(寶藏興焉)』(奎中 2941)	있음
공예	『기기발인(汽機發軔)』(奎中 2864, 奎中 2865, 奎中 2866) 『기기필이부권(汽機必以附卷)』(奎中 2983, 奎中 2984, 奎中 2985) 『역람기략(歷覽記略)』(奎中5413) 『전기도금략법(電氣鍍金略法)』(奎中 3049) 『서예지신(西藝知新)』(奎中 2824) 『전기도얼(電氣鍍鎳)』(奎中 5425) 『조상략법(照像略法)』(奎中 5381)	있음
	『기기필이(汽機必以)』(奎中 2724) 『기기신제(汽機新制)』(奎中 3059, 奎中 3060, 奎中 3061)	없음
물리	『성학(聲學)』(奎中 3424) 『광학(光學)』(奎中 3580) 『격치계몽(格致啓蒙)』(奎中 2970, 奎中 2974) 『격치소인(格致小引)』(奎中 2968)	있음
수학	『대수술(代數術)』(奎中 6547) 『미적소원(微積溯源)』(奎中 3314) 『산식집요(算式集要)』(奎中 3319) 『수학리(數學理)』(奎中 3510) 『대수난해법(代數難解法)』(奎中 3421) 『양법대산(量法代算)』(奎中 5342) 『대수표(對數表)』(奎中 4389, 奎中 4536) 『현절대수표(弦切對數表)』(奎中 3359, 奎中 4648) 『산학개방표(算學開方表)』(奎中 3328) 『팔선대수간표(八線對數簡表)』(奎中 5367)	있음
	『삼각수리(三角數理)』(奎中 2768) 『대수표설(對數表說)』(奎中 3129) 『팔선간표(八線簡表)』(奎中 5368)	없음
電學	『전학(電學)』(奎中 2994, 奎中 2995) 『전학강목(電學綱目)』(奎中 3050)	있음

화학	『화학감원속편(化學鑑原續編)』(奎中 3000) 『화학감원보편(化學鑑原補編)』(奎中 2969) 『화학고질(化學考質)』(奎中 2863) 『화학구수(化學求數)』(奎中 3089)	있음
	『화학감원(化學鑑原)』(奎中 2713, 奎中 2714) 『화학분원(化學分原)』(奎中 3078, 奎中 3079, 奎中 3082)	없음
천문 기상	『담천(談天)』(奎中 3094, 奎中 3337) 『상원갑자항성표(上元甲子恒星表)』(奎中 4647)	있음
	『측후총담(測候叢談)』(奎中 2822, 奎中 2823, 奎中 3092)	없음
지학	『지학천석(地學淺釋)』(奎中 3476)	있음
	『금석식별(金石識別)』(奎中 2940, 奎中 2966, 奎中 2967)	
의학	『유문의학(儒門醫學)』(奎中 2895) 『서약대성약품중서명목표(西藥大成藥品中西名目表)』(奎中 5420)	있음
圖學	『운규약지(運規約指)』(奎中 2826, 奎中 2827) 『측지회도(測地繪圖)』(奎中 2776, 奎中 3444)	있음
	『기상현진(器象顯眞)』(奎中 2975, 奎中 2976, 奎中 2977, 奎中 2978) 『해도도설(海道圖說)』(奎中 3374, 奎中 3375, 奎中 3376) 『회지법원(繪地法原)』(奎中 3095, 奎中 3096, 奎中 3097) 『기상현진도(器象顯眞圖)』(奎中 2981)	없음
토목	『해당집요(海塘輯要)』(奎中 2718, 奎中 2719, 奎中 2861)	있음

1
서학 西學

광석도설

광물학으로의 첫걸음

━━━━━━━━━━━━━━━━━━━━━━━━━━━━━━━━

1. 광물에 대한 관심의 증가와 광물학 입문서의 등장

『광석도설』은 광물학 입문서로서 광물의 분류와 종류별 형태 및 특징을 그림을 곁들여 간결하게 설명한 책이다. 이 책은 중국에서 번역가로 활동한 영국인 존 프라이어(John Fryer, 중문명: 부란아(傅蘭雅))가 집필했으며 1884년(광서(光緒) 10년) 상해에서 전체 12종(種)의 초등 교과서 시리즈 『격물도설(格物圖說)』(Hand-book Series) 중 하나로 출판되었다.[1]

중국에서는 근대 이전까지 광물에 대한 과학적 연구가 거의 이루어

---

1 『격물도설』은 중국에서 활동하던 서양 선교사들을 중심으로 설립한 문화 전파 기구인 익지서회(益智書會)에서 찬조하여 완성한 자연과학 교재로, 초등학교 교과서로 활용하기에 적합했다. 시리즈를 구성하는 책의 대부분이 영국 에든버러(Edinburgh)의 존스턴(Johnston) 출판사에서 출판한 학교 수업용 괘도(掛圖)를 개편하고 유럽과 미국의 서적을 편역해 만든 것이다. 익지서회 위원회에서는 1887년 4월 8일 『격물도설』을 중국의 교회 부속 학교에서 교과서로 사용하기로 결정했다. 1885년에 『화형도설(畫形圖說)』, 『중학도설(重學圖說)』, 『체성도설(體性圖說)』이, 1887년에 『전학도설(电學圖說)』이, 1890년에 『광학도설(光學圖說)』, 『열학도설(熱學圖說)』, 『수학도설(水學圖說)』, 『화학위생론(化學衛生論)』이, 1894년에 『식물도설(植物圖說)』, 『기기도설(汽機圖說)』이 출간되었다.

지지 않았다. 명대 이시진(李時珍)의 『본초강목(本草綱目)』 등 중국의 고대 문헌에서 광물에 대한 서술을 찾아볼 수 있으나, 광물의 결정이나 화학 성분에 대한 체계적 분석은 보이지 않는다.[2] 반면, 서양에서는 자연과학이 발전하면서 지질을 이루고 있는 광물에 대한 연구가 활발하게 이루어졌고, 18세기 말 프랑스의 르네 쥐스트 아위(René Just Haüy, 1743~1822)가 결정학을 창시하면서 광물학이 체계적으로 발전했다. 특히 철, 철강, 석탄 및 채굴 기술에 대한 연구는 영국의 산업 혁명을 일으키는 뒷받침이 되었다. 이처럼 광물과 채굴 기술에 대한 지식이 요긴했던 만큼 광업 기술자를 양성하는 광산 학교도 각지에 설립되었다.

고종은 서양 과학에 큰 관심을 갖고 있었고, 자연히 이전에는 들어보지 못한 광물학이라는 학문에 대해서도 알고 싶었을 것이다. 그리하여 『광석도설』 외에도 강남기기제조총국(江南機器製造總局)에서 번역한 『보장흥언(寶藏興焉)』(12권)이라는 전문적인 광물학 서적과 더불어 『정광공정(井礦工程)』, 『야금록(冶金錄)』, 『은양정론(銀洋精論)』 등 광물학 관련 서적을 다수 사들였다. 『은양정론』을 제외하고는 모두 존 프라이어가 서양 서적을 번역한 것이다.

그런데 만약 고종이 당시 제국주의 열강들이 조선에 개항과 통상을 요구하는 속셈 중에는 조선의 지하자원을 개발해 이윤을 챙기려는 야욕이 숨어 있음을 간파했다면, 그가 단순히 학문적 호기심에서만 광물

---

2 중국의 과학 문명을 탐구한 조지프 니덤(Joseph Needham)은 "광물학 분야에서 유럽은 인도나 중국의 광물학과 비슷하거나 훨씬 앞섰다."(356쪽)고 하면서도 중국에서 806년경에 나온 『석약이아(石藥爾雅)』, 1596년에 나온 『본초강목(本草綱目)』 등의 저술에서 광물에 대해 자세히 설명했고, 1048년에 나온 『연사(硯史)』, 1133년에 나온 『운림석보(雲林石譜)』 등에서 비록 미학적 관점이 강하긴 하나 다양한 암석을 분석적으로 다루었다고 했다. 조셉 니덤; 콜린 로넌(Colin Ronan) 축약, 이면우 옮김, 『중국의 과학과 문명: 수학, 하늘과 땅의 과학, 물리학』, 서울: 까치글방, 2000, 355~377쪽.(서지사항에는 번역서의 표기를 따라 '조지프' 대신 '조셉'이라 썼다. 이하 이와 같다.)

학 관련 서적을 사들인 것은 아닐 것이다.

조선이 개항할 무렵 서양의 무역 상사들은 동아시아의 탄광과 금광에 큰 관심을 갖고 있었다. 1882년(고종 19년) 조미수호통상조약이 체결되고, 1년 후에 조선에 온 영국의 자딘매디슨 사(Jardine, Matheson & Co., 중문명: 이화양행(怡和洋行))는 탄광 개발, 쇠가죽 무역, 항로 개설 등 다방면으로 사업 가능성을 타진했고, 금광 개발에 승산이 있어 보이자 조선 정부의 협조 아래 조선 각지를 탐사했다. 자딘매디슨 사에 이어 조선에 온 독일의 마이어 상사(H. C. E. Meyer & Co., 중문명: 세창양행(世昌洋行))는 조선 정부로부터 금광 개발권과 항로 개설 사업을 위탁받았다.[3] 이러한 상황에서 고종은 탄광 개발이 어느 정도의 가치이기에 그들이 그토록 열망하는지, 어떻게 하면 우리 땅에 있는 광물을 약탈당하지 않고 스스로 연구하고 활용할 수 있을지 알고자 했을 것이다. 집옥재에 소장되었던 광물학 서적들은 어쩌면 고종의 이러한 열망을 보여 주는 것일지도 모른다.

2. 결정의 모양과 광석의 굳기

『광석도설』의 첫째 장에는 다음과 같은 「총론(總論)」이 수록되어 있다. 여기에서 프라이어는 광석의 정의와 특징을 개론적으로 서술했는데, 그 내용은 기초적인 수준이다. 이는 초등학생들의 수준에 맞추어 서술했기 때문이다.

광(礦)과 석(石)은 천연적으로 변하여 이루어진 물체다. 따라서 내부

---

3 강진아, 『이주와 유통으로 본 근대 동아시아 경제사』, 서울: 아연출판부, 2018, 106쪽 참고.

에 근육이나 힘줄, 피와 호르몬이 없기 때문에 양육할 수도, 움직일 수도 없고, 지각이 없고 후손을 낳을 수도 없으며, 또한 성장하지도 않는다. 공기나 습기를 만나지 않으면 외형이 침식되거나 깎이지 않지만, 바람이나 비를 맞아 점차 문드러지고 흩어지면 다른 새로운 물질이 된다.

이런 식으로 이해하여 여러 사물에 널리 적용해 보면 물 역시 광석의 한 종류가 될 수 있다. 그러나 광물학자는 물을 광석에 포함시키지 않는다. 그리고 조개껍데기, 동물의 뼈, 식물의 형적(形跡) 등 화석 역시 광석에 포함시키지 않는다. 이에 대해서는 책의 마지막 부분에 간략히 논하여 대략적으로 설명했다.

광석의 부류는 크게 두 가지로 나뉜다. 하나는 성질이 균일한 것이고, 다른 하나는 균일하지 않은 것이다. 균일하지 않은 것을 '석(石)' 혹은 '토석류(土石類)'라 하며, 토석의 형태와 성질을 연구하고 아울러 지구의 지질을 탐구하는 것을 '지학(地學)'이라 한다. 성질이 균일한 것을 '광(礦)'이라 하고, 그 종류를 분별하고 성질을 판별하는 것을 '광학(礦學)'이라 한다. 땅속의 식물의 형체와 동물의 뼈를 전문적으로 연구하는 것은 '화석학'이라 한다.[4]

이어지는 본론에서는 광석의 형상과 성질 및 화학적 특성, 광석의 종류별 특징을 12개의 절(節)로 구분하여 설명했다. 첫 번째 글은 「광석의 형성과 화학성(礦石形成及化學性)」으로, 광석의 형상과 성질 및 화학

---

4 "礦與石類爲天然化成之體, 內無筋絡汁液, 故不能滋養, 不能行動, 無知覺, 不種傳, 且不生長. 非遇空氣濕氣, 外形不見侵剝, 若經風吹雨淋, 漸爛而散, 則能另成新物. 按此以解, 擴而充之, 則水亦可爲礦石之類, 然礦石家, 不列於中, 至於蛤螺殼類, 禽獸骨骼, 草木形踪, 等殭石, 亦不列於礦中. 玆僅畧論編末, 以顯梗概而已. / 凡礦石類, 畧分兩端, 一爲質均者, 一爲不均者. 不均者謂之石, 或土石類, 考求土石形性, 并參地體脈理, 斯謂之地學. 質均者爲之礦, 別其形類, 辨其質體, 斯謂之礦學. 而專考地中植物形踪, 動物骨骼者, 則謂之殭石學." 『광석도설』, 1ab쪽. 원문에서 행을 나눈 곳은 '/'로 표시함.

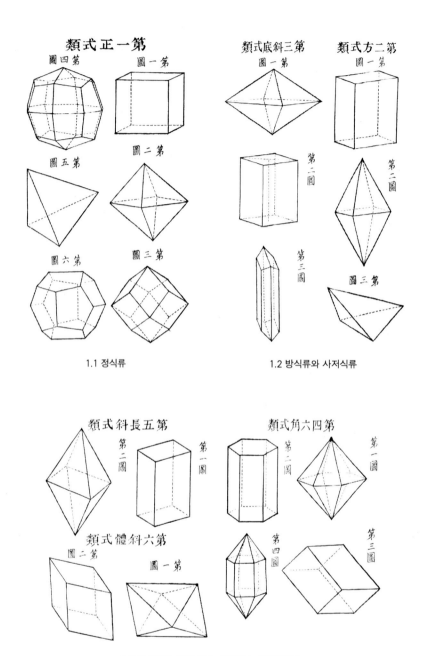

第一正式類

第四圖　第一圖

第五圖　第二圖

第六圖　第三圖

1.1 정식류

第三斜底式類

第一圖

第二圖

第三圖

第二方式類

第一圖

第二圖

圖三第

1.2 방식류와 사저식류

第五長斜式類

第二圖　第一圖

第四六角式類

第二圖　第一圖

第六斜體式類

第二圖　第一圖

第四圖

第三圖

1.3 육각식류, 장사식류, 사체식류, 쌍형합형류

적 특성을 설명했다. 먼저, 광석을 결정의 형태에 따라 정식류(正式類), 방식류(方式類), 사저식류(斜底式類), 육각식류(六角式類), 장사식류(長斜式類), 사체식류(斜體式類), 쌍형합형류(雙形合形類) 등 일곱 가지로 분류하고 그림을 수록하여 이해를 도왔다. 책 제목에 "도설(圖說)"이라 한 것은 이 그림들을 수록했기 때문이다.

이어서 10종의 광석을 굳기(경도) 순서대로 나열하고 광석의 굳기를 설명했다.

"一 비조석(肥皂石), 二 석염(石鹽), 三 개양광석(鈣養光石), 四 개불석(鈣弗石), 五 아파태득(阿巴台得), 六 비근사파이(非勤司巴耳), 七 석영(石英), 八 토파사석(吐巴司石), 九 살비이(撒非耳), 十 금강석(金剛石)"이라 했는데, 이들은 순서대로 활석, 석고, 방해석, 형석, 인회석, 정장석, 석영, 황옥, 강옥, 금강석이며, 모스경도(Mohs Hardness)[5]의 순서와 일치한다. 아파태득은 영어 '아파타이트(apatite: 인회석)'를, 비근사파이는 영어 '펠드스파(feldspar: 장석)'를, 토파사는 영어 '토파스(topaz: 황옥)'를, 살비이는 영어 '사파이어(sapphire: 강옥)'를

1.4 10종의 광석을 경도 순으로 나열했다.

---

5 1820년에 독일의 광물학자 카를 프리드리히 크리스티안 모스(Carl Friedrich Christian Mohs, 1773~1839)가 고안한 경도의 표준이다. 경도를 1~10으로 분류한다. 1은 활석, 2는 석고, 3은 방해석, 4는 형석, 5는 인회석, 6은 장석, 7은 석영, 8은 황옥, 9는 강옥, 10은 금강석이다. 경도를 알 수 없는 물체의 표면을 표준광물로 긁어 상처가 나면 표준 광물보다 약한 것으로 판정하며, 보다 약한 표준광물과 비교한다. 최근 15종류의 광물을 사용한 신(新) 모스경도도 제정되었다.

1부 서양의 근대 지식을 담은 책 65

음역한 것이다. 개불석(鈣弗石)에서 '개(鈣)'는 칼슘이라는 뜻으로 당시 중국에서 새로 만든 말이고, 불석(弗石)은 영어 '플로라이트(fluorite: 형석)'에서 첫 발음 '플로(fluo)'를 따와서 만든 말이다. 외래어를 음역하기 전에 이들 광물의 명칭이 없었다는 사실은 중국에서 당시까지 이들 광물의 존재를 몰랐거나, 존재는 알고 있었으나 아직 이들을 개발해 사용하기 전이었음을 말해 준다.

두 번째 글은 「광석분류(鑛石分類)」로, 광석을 12종으로 나누고 각 종류별 특성을 설명했다. 12종의 명칭은 석영류(石英類), 광석류(光石類), 사염석류(似鹽石類), 금염류광(金鹽類礦), 사비륵사파이류석(似非勒司巴耳類石), 화강석형광류(花剛石形礦類), 광색광류(光色礦類), 번광류(繁礦類), 함양식류광(含養食類礦), 자연금류광(自然金類礦), 함유금류광(含硫金類礦), 소료류광(燒料類礦)이다.

3. 화석 이야기

이 책에 수록된 마지막 글은 「부론강석류(附論殭石類)」다. '강(殭)'은 주검이 썩지 않고 굳는다는 뜻이고, '강석(殭石)'은 화석을 뜻한다. 앞서 총론에서 "조개껍데기, 동물의 뼈, 식물의 형적 등 화석 역시 광석에 포함시키지 않는다. 이에 대해서는 책의 마지막 부분에 간략히 논하여 대략적으로 설명했다."라고 했는데, 바로 이 부록을 언급한 것이다.

서유럽에서는 산업 혁명에 따라 대량의 석탄이 필요해지면서 탄광 개발이 가속화되었고 연관 학문인 지질학이 발전했으며, 이는 화석학과 고생물학 발전의 토대가 되었다. 반면 중국에서는 이러한 과정을 겪지

않았기 때문에 화석학이 비교적 늦게 발전했다.[6]

이 글은 먼저 "생물이 땅으로 들어가 변하여 만들어진 돌 중 여전히 그 형태와 흔적이 드러나는 것을 화석이라고 한다."[7]라 하여 화석의 정의를 제시한 다음, 식물 화석과 동물 화석으로 나누어 설명했다.

먼저, '식물적강석(植物跡殭石)' 절에서는 해초(海草) 화석, 고사리 화석인 봉미엽(鳳尾葉), 나뭇가지와 잎사귀 화석, 솔방울 화석 등 열 가지 식물 화석에 대해 각각 어떤 암석에 새겨져 있는지, 어느 지역에서 발견되었는지, 어느 시대 화석인지 소개했다. 예를 들어, 첫 번째 해초 화석에 대해 "첫 번째 그림은 해초의 흔적이다. 단석(端石) 안에 있고, 쥐라기층에서 발견되며, 중생대에 속한다."[8]라고 소개했고, 두 번째 해초 화석에 대해 "두 번째 그림은 해초의 흔적이다. 해조의 일종으로 사암 안에 있으며, 북아메리카에서 나왔다. 실루리아층에서 발견되며, 중생대에 속한다."[9]라고 소개했다. '쥐라기'를 '여랍석(如拉錫)'으로, '실루리아'를 '석려리안(昔慮里安)'으로 표기했다.

다음으로 '동물적강석(動物跡殭石)' 절에서는 해조류의 일종인 해용(海茸) 화석, 산호 화석, 성개와 유사한 해위(海蝟) 화석, 화석조개의 일종인 석사(石蛇) 화석, 화살 모양의 검은 물고기(箭形黑魚) 등 여러 물고

---

6 중국에서 화석학이 고생물학의 하위 학문으로서 다루어진 것은 서양보다 늦었지만, 서양보다 이른 시기부터 화석에 대한 인식이 있었다. 조지프 니덤은 "근대적 정의를 쓴다고 해도 중국인들의 화석에 대한 인식은 유럽이나 이슬람보다 훨씬 앞선 것은 분명하다."(345쪽)라고 하면서, 3세기 문헌에서 소나무의 석화에 관한 지식이, 5세기 말의 문헌에서 동물 화석인 돌제비에 대한 언급이 발견되는 등 고대 중국 문헌에서 식물 화석과 동물 화석을 다룬 내용을 찾을 수 있다고 했다.(조셉 니덤, 앞의 책, 344~349쪽.) 그러나 이들 문헌에서 화석을 과학적 분석의 대상으로 연구한 것은 아니다.

7 "生物入地, 變成之石, 而仍現其形跡者, 謂之殭石." 『광석도설』, 35a쪽.

8 "一圖曰海草跡, 在端石內, 遇之於如拉錫層, 屬於中時." 『광석도설』, 35b쪽.

9 "二圖曰海草跡, 卽海藻之類, 在砂石內, 産北亞美利加, 遇之於昔慮里安層, 屬於中時." 『광석도설』, 35b쪽.

기 화석, 암모나이트 등 여러 조개껍데기 화석, 공룡 화석 등 23가지 동물 화석을 소개했다.

가장 흥미로운 부분은 공룡을 소개한 부분이다. 공룡 화석을 "뱀 모양의 악어 뼈의 흔적(蛇形鼉骨跡)"이라고 했고, "머리는 작고, 목은 길며, 꼬리는 약간 짧다. 전체 길이가 37척(尺)(약 12미터)이다. 영국의 쥐라기층에서 발견된다."[10]라고 소개했다. 익룡 화석에 대해서는 "나는 악어 뼈의 흔적(飛鼉骨跡)"이라고 했고, "형태는 박쥐 같고 크기는 고니만 하며, 그 날개를 펼치면 너비가 두 장(丈)(약 6.6미터)이다. 동물학자들은 이 동물을 곤충과 새의 중간에 있는 동물로 여긴다. 쥐라기층에서 발견되며, 중생대에 속한다."[11]고 했다.

거대 물고기 화석에 대한 소개도 흥미롭다. 이 화석을 "물고기 모양의 악어 뼈의 흔적(魚形鼉骨跡)"이라고 하고, 다음과 같이 소개했다. "모양은 악어 같은데 매우 크다. 머리에서 꼬리까지 전체 길이가 30척(약 10미터)이다. 고대 바다의 거대 생물체로 지금은 이미 멸종했다. 쥐라기층에서 발견된다."[12] "모양이 악어 같다"고 한 것에서 힌트를 얻자면, 이 거대 물고기 화석은 플리오사우르스류에 속하는 해양 파충류의 화석으로 보인다. '바다 괴물'이라는 별명을 가진 플리오사우르스는 중생대 쥐라기 후기 유럽 지역에 서식한 장경룡으로, 거대한 공룡의 머리에 짧고 굵은 목을 가졌다.

그런데 이 책은 모든 광물과 화석에 대해 그림을 언급하면서 설명하고 있는데 아쉽게도 해당 그림이 수록되어 있지 않다. 본래 삽도가 수

---

10 "頭小頸長, 身尾略短, 通長有三十七尺, 遇之於英國如拉錫層."『광석도설』, 38a쪽.

11 "形似蝙蝠, 大若鴻鵠, 其翅展開, 寬有二丈, 動物學家, 以此物爲昆蟲與飛鳥之間之物, 遇之於如拉錫層, 屬於中時."『광석도설』, 38a쪽.

12 "狀似鱷魚而甚大, 首尾通長有三十尺, 乃古昔海中之巨物, 今已絶種, 遇之於如拉錫層."『광석도설』, 38a쪽.

록된 제2책이 있었으나 일실되었을 가능성이 있고, 본래 삽도가 수록된 제2책을 간행하거나 책의 권수에 화석 삽도를 추가로 수록할 계획이었으나 실행하지 못했을 수도 있다.

4. 서지사항

규장각 소장본의 권수제(卷首題), 표제(標題), 판심제(版心題), 표제(表題), 포갑제(包匣題)는 모두 "광석도설(礦石圖說)"이고, 서문이나 발문은 없다. 표지의 뒷면은 붉은 종이의 표제면으로 "광서십년신전/광석도설/영국부란아저(光緒十年新鐫/礦石圖說/英國傅蘭雅著)"라 하였다. 저자인 부란아에 대해서는 뒤의 「존 프라이어의 생애」에서 상세히 다룰 것이므로 여기서는 생략한다.

이 책은 1885년(광서 11년) 역시 『격물도설』 시리즈의 일부로 간행된 『화형도설(畵形圖說)』과 판식이 같다. 『화형도설』 역시 『광석도설』과 똑

1.5 표제면과 「총론」이 수록된 첫째 면

같이 붉은 종이로 된 표제면에 "광서십일년신전/화형도설/영국부란아
저(光緒十一年新鐫/畵形圖說/英國傅蘭雅著)"라 했는데, 그 형식이 『광석도
설』과 일치한다.

청구기호	奎中 5090
편저자	영국 부란아(傅蘭雅) 저(著)
간행연도	1884년(광서(光緒) 10년)
간행지	미상
형태사항	木版本. 1冊: 揷圖, 上下單邊 左右雙邊 半廓 18.6×13.7cm, 有界, 10行 22字, 上下細黑口 上下黑魚尾; 25.9×15.5cm
인장	集玉齋, 京城帝國大學圖書章

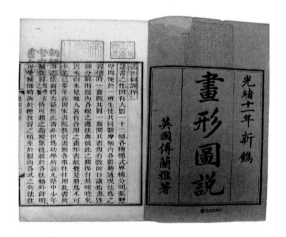

1.6 『화형도설』과 『광석도설』은 책의 판식과 표제면의 형식이 동일하다.

측지회도

지도를 만드는 두 가지 기술

1. 땅을 측량한다는 것의 의미

『측지회도』는 중국 최초로 서양의 삼각측량과 사진 연판 인쇄(Photo-zincography)를 소개한 번역서다. 삼각측량은 1617년 네덜란드의 천문학자이자 수학자인 빌레브로르트 스넬리우스(Willebrord Snellius, 1580~1626)가 창안한 지리 측량 방법으로 유럽의 지도 제작에 널리 활용되었다. 사진 연판 인쇄술은 1850년대에 영국 육군 소장 헨리 제임스(Sir. Henry James, 1803~1877)가 발명한 인쇄 기술로 정교한 삽화, 필사본, 동판화, 지도를 복제하는 데 쓰였다.

삼각측량은 지리측량에서 삼각형 한 변의 길이와 그 양쪽의 각을 알면 남은 변의 길이를 구할 수 있는 삼각법을 이용해 각 지점 간의 위치를 정확하게 계산하는 측량법이다. 먼저 측량할 수 있는 기선(基線)을 정하고, 경위의(經緯儀)를 가지고 이 기선의 양 끝에서 특정 지점까지 이은 선과 기선이 이루는 내각을 측정하면, 기선에서 그 지점까지 거리를 계산할 수 있다. 이런 방식으로 측량 가능한 지점을 꼭짓점으로 하

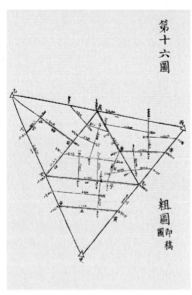

1.7 삼각망이 설명된 『측지회도』의 제16도

는 여러 개의 삼각형을 연쇄적으로 만들어 나가면, 측량할 수 없는 지점의 거리와 각도를 계산으로 얻을 수 있다.

중국에도 삼각측량이 있었다. 위진(魏晉) 시대의 명신이자 중국 고대 지도 제작학의 개척자인 배수(裴秀, 224~271)는 『우공지역도(禹貢地域圖)』(약 268~271년)에서 정확한 지도를 만들기 위한 여섯 가지 원칙인 '제도육체(制圖六體)'를 제시했는데, 그중 다섯 번째 원칙인 '방사(方邪)'는 경사의 각도 측정에 관한 것으로 삼각측량과 같은 원리다. 그가 제시한 제도법은 명 말에 서양의 지도 투영법이 도입되기까지 중국의 지도 제작에 두루 영향을 끼쳤다. 이 밖에 위진 시대 수학자 류휘(劉徽, 225?~295?)의 『해도산경(海島算經)』(263년)에서는 측량할 수 있는 장소의 거리와 각도를 활용해 접근 불가능한 장소의 고도를 측정하는 방법을 제시했는데, 이 역시 삼각측량과 같은 원리다.[1] 이러한 제도 및 수학 이론은 그 기본 원리에 있어서는 삼각측량과 같다. 그러나 유럽에서 발달한 삼각측량은 여러 개의 삼각형들로 만들어진 삼각망(三角網)을 활용해

---

1 고대 중국에도 삼각측량법이 있었다는 논의는 조셉 니덤, 앞의 책, 321~322쪽 참고. 니덤은 류휘의 『해도산경』에 대해 "이 기록은 3세기에 이미 삼각측량과 같은 측량법이 어느 정도 퍼져 있었는지를 알려주는 자료이기 때문에 아주 흥미롭다."(321~322쪽)라고 했다.

광대한 지역을 측량한다는 점에서 중국의 것보다 한발 더 나아간 것이라 할 수 있다.

서양에서 삼각측량은 18세기에 지도 제작이 유행하면서 보다 정교해지기 시작했다. 이탈리아에서 태어나 프랑스로 귀화한 천문학자 조반니 도메니코 카시니(Giovanni Domenico Cassini, 1625~1712)와 그의 자손들이 4대에 걸쳐 완성한 182장의 프랑스 전도(1745년 출간)는 삼각측량을 통해 만들어진 최초의 지도였다.[2]

이후 삼각측량을 통한 지도 제작 기술은 대영 제국의 식민지 측량 사업과 함께 더욱 발전한다. 영국은 식민지를 얻게 되면 여러 명의 측량사를 파견해 정확한 지도를 제작하는 데 공을 들였다. 측량을 지휘한 감독관이 대개 장군이었다는 것은 지리 측량이 곧 침략과 연관되어 있음을 보여 주며, 에베레스트산을 비롯해 인도와 호주 등 영국 식민지였던 국가의 지명에 측량 사업에 참여한 영국인의 이름이 들어 있는 것 역시 그러한 측량이 단순한 수치 측정이 아니라 침탈과 관계되어 있었음을 말해 준다. 대영 제국 측량 사업의 대표적인 성과는 1802년부터 60여 년에 걸쳐 완성된 인도 삼각측량 사업이다.[3] 그 과정에서 삼각측량의 다양한 실례가 축적되고, 경위의와 측륜(測輪) 등 측량 기구들이 더욱 정교해졌다.

삼각측량은 우리의 아픈 역사 속에서도 일정한 역할을 수행했다. 일

---

2 이에 대해 제리 브로턴(Jerry Brotton)은 "바빌로니아인들과 그리스인들은 원을 숭배했고, 중국인들은 정사각형을 찬미했으며, 프랑스인들은 이제 삼각형의 응용이 궁극적으로 지구를 지배하리라는 것을 보여 주었다."라고 평했다. 제리 브로턴, 이창신 옮김, 『욕망하는 지도: 12개의 지도로 읽는 세계사』, 서울: 알에이치코리아, 2014, 449쪽.

3 사이먼 가필드(Simon Garfield)의 『지도 위의 인문학: 지도 위에 그려진 인류 문명의 유쾌한 탐험』(김명남 옮김, 파주: 다산북스, 2015.)의 제10장 「영국 육지측량부에 얽힌 여섯 가지 이야기: 지도 제작은 결코 끝나지 않는다」(228~251쪽)에서 대영 제국의 지도 제작과 관련한 내용을 찾아볼 수 있다.

본은 조선 침략을 준비하는 과정에서 이미 해안선과 토지측량에 공을 들였다. 일본 육군이 측량과 지도 제작의 주도권을 장악하고 육군참모총장 직속의 독립 조직인 육지측량부(陸地測量部)를 만든 것이 1889년(고종 26년)의 일이다. 1894년에는 조선 지도 제작을 위한 임시측도부(臨時測圖部)를 조직했고, 1911년에 이미 조선 전역을 담은 1:50000 축척의 지형도 〈조선약도(朝鮮略圖)〉를 간행했다. 일본 해군은 군함을 동원해 1878년에는 부산 연안을, 1879년에는 서해안 일대와 강화도를 측량했고, 1894년에 조선 연안의 항만, 항로, 부속 도서(島嶼)를 측량한 『조선수로지(朝鮮水路誌)』를 간행했다. 그리고 1899년부터 1910년까지 본격적으로 비밀리에 조선 연안을 측량했다. 당시 그들이 사용한 측량법이 독일에서 배워 온 삼각측량법이다.

조선이 식민지로 전락하기 직전 고종이 삼각측량을 다룬 책을 사들인 것을 어떻게 받아들여야 할까? 일본이 삼각측량으로 조선 땅을 제멋대로 측량하고 있을 때, 고종이 삼각측량을 설명하는 책을 읽고 있는 모습을 상상하는 것은 아무래도 괴로운 일이다.

2. 번역의 저본과 저자

『측지회도』의 권1부터 권11까지의 번역 저본은 영국 장군 에드워드 찰스 프롬(Edward Charles Frome, 1802~1890)의 『삼각측량 수행 방법 요강』[4]

---

4 이 한글 제목은 필자가 편의상 붙인 것이다. 원서 제목은 *Outline of the Method of Conducting a Trigonometrical Survey, for the Formation of Geographical and topographical maps and plans; military reconnaissance, levelling, etc.; with the most useful problems in geodesy and pratical astronomy, and formulae and tables for facilitating their calcualation* (by Captain Edward Charles Frome, Royal Engineers, F.R.A.S. and Assoc.Inst.C.E. Late Surveyor-General of South Australia (London: John Weale, 59, High Holborn, 1862))이다.

제3판이고,[5] 부록으로 수록된 「조인법(照印法)」의 번역 저본은 1863년에 출간된 헨리 제임스의 『사진 연판 인쇄에 관하여』[6] 제2판이다.[7]

『삼각측량 수행 방법 요강』은 1840년에 제1판이, 1850년에 제2판이, 1862년에 제3판이, 1873년에 제4판이 출간되었다. 30여 년 동안 4판까지 출간되었음은 이 책이 갖는 중요성을 잘 보여 준다. 이 책은 삼각측량을 통해 지도를 제작하는 데 필요한 이론적 기초와 다양한 실례를 체계적으로 설명했다는 점에서 의미를 지닌다. 현대에도 미국의 미시간대 도서관(University of Michigan Library), 비블리오 바자르(Biblio Bazaar), 나부 프레스(Nabu Press), 제너럴 북스 LLC(General Books LLC) 등에서 이 책을 재출간했다.

에드워드 찰스 프롬은 저명한 영국군 장교다. 왕립 기술자였던 그는 당시 영국의 식민지였던 캐나다에서 1827년부터 1832년까지 리도 운하(Rideau Canal) 건설에 참여했다. 1839년에는 영국의 식민지였던 호주 사우스오스트레일리아주(South Australia)의 공유지 감독관(Surveyor General)으로 임명되었고, 그곳에서 그는 영국 이민자들의 정착을 위해 넓은 지역을 측량했다. 그 과정에서 1843년에 최초로 프롬호(Lake Frome)의 정

---

5 이러한 사실을 밝힌 연구로는 David Wright, "Careers in Western Science in Nineteenth
   - Century China: Xu Shou and Xu Jianyin", in *Journal of the Royal Asiatic Society*, Vol 5,
   Cambridge University Press, 1995; 鄒振環, 『晚淸西方地理學在中國』, 上海: 上海古籍出版
   社, 2000; (美) 戴吉禮(Dagenais, Ferdinand) 主編, 『傅蘭雅檔案(The John Fryer Papers)』,
   桂林: 廣西師大學出版社, 2010 등이 있다.

6 이 한글 제목은 필자가 편의상 붙인 것이다. 원서 제목은 *On Photo-zincography and*
   Other Photographic Processes Employed at the Ordnance Survey Office, Southampton (by
   Captain Alexander De Courcy Scott, R.E. under the direction of Colonel Sir Henry James,
   R.E., F.R.S., &c. (London: Longman, Green, Longman, Roberts, & Green, 1863))이다.

7 이 부록 부분은 앞의 『삼각측량 수행 방법 요강』에 대한 번역 뒤에 덧붙이지 않고, 그
   중간인 제8장과 제9장 사이에 끼워 넣었다. 『삼각측량 수행 방법 요강』의 제9장 이하의
   내용보다 『사진 연판 인쇄에 관하여』의 내용이 더 중요하다고 판단한 듯하다.

확한 지도를 만들었는데, 이 프롬호와 사우스오스트레일리아주 남동부의 프롬호는 모두 그의 이름에서 따온 것이며, 프롬강(Frome River)과 프롬가(Frome Road) 역시 그의 이름에서 따온 것이다. 1877년에 장성으로 은퇴하기까지 그는 아프리카 동부의 모리셔스, 스코틀랜드, 스페인 남단의 지브롤터 등 영국 식민지에서 근무했다.

『사진 연판 인쇄에 관하여』는 영국의 육지측량부(Ordnance Survey)에서 수행한 지리 측량의 일환으로 저자 헨리 제임스가 잉글랜드 사우샘프턴(Southampton)의 지도를 인쇄하는 과정에서 사용한 사진 연판 인쇄술을 소개한 책이다.

사진 연판 인쇄는 헨리 제임스가 1850년대에 개발한 인쇄술로 역시 지도 제작과 관련이 깊다. 그는 에드워드 프롬과 마찬가지로 왕립 기술자였고, 1854년에서 1875년까지 영국의 육지측량부 부장을 맡았다. 그는 이곳에서 영국의 지도를 제작하면서 보다 정확하고 빠르게 지도를 인쇄하기 위해 이 인쇄술을 개발했다. 그전까지는 지도 원본의 축척을 줄여서 복제하는 데 수동 제도기(製圖器)인 팬토그래프(Pantograph)를 사용했는데, 원본의 선을 하나하나 따라 그려야 하기 때문에 시간이 많이 들고 부정확했다. 헨리 제임스의 아이디어는 축척 변환에 사진술을 활용하는 것이었다. 사진이 이미지를 왜곡할 것이라는 우려가 있었지만 1855년 그는 육지측량부에 사진부를 설치했고, 4년 후 새로운 인쇄술 개발에 성공했다. 사진 연판 인쇄는 아연판을 활용한다는 점에서도 기존의 인쇄술과 달랐다. 이전에 사용된 석판에 비해 아연판은 가벼워서 운송이 쉬웠고 잘 부서지지 않아 하나의 판으로 더 많이 인쇄할 수 있다는 장점이 있었다. 헨리 제임스는 과학 발전에 기여한 공로로 1861년 기사 작위를 받았다.

『측지회도』에서는 원저자인 에드워드 프롬을 "부로마(富路瑪)"로, 헨리 제임스를 "절밀사(浙蜜斯)"로 표기했다. 이러한 고유 명사뿐 아니라 이전에 중국에서 쓰인 적이 없던 여러 가지 기술 용어와 단위를 중국어로 번역하기란 결코 쉬운 일이 아니었을 것이다. 측량 단위에 있어서는 책 서두 「총론(總論)」에서 영국의 것을 그대로 따르겠다고 쓰고 있다. 영국의 단위를 리(里), 척(尺) 등 중국 단위로 변환할 경우 책의 예시에 나온 숫자가 정수로 떨어지지 않아 번잡해진다는 것이 그 이유였다. 지리 측량의 오랜 경험이 축적된 실용적인 지식을 그러한 경험이 많지 않은 문화권으로 번역하면서 번역자들은 두 문화권 사이의 간극을 깊이 체감했을 것이다.

『측지회도』의 마지막에 부록으로 수록된 「천문해제(天文解題)」 부분은 서양서 저본 없이 누군가 저술한 것으로 보이나, 저자가 누구인지 확인할 수 없다. 내용은 지구의 경도와 위도, 시각을 구하는 방법을 설명한 것으로 이 책의 번역자인 존 프라이어(John Fryer)나 중국인 학자 서수(徐壽)가 자신들이 알고 있는 천문학 지식을 바탕으로 저술한 것이 아닌가 싶다.

3. 번역자

이 책의 번역은 이중의 과정을 거쳤다. 먼저 존 프라이어가 원서를 읽고 입으로 번역하면 중국인 학자 서수와 강형(江衡)이 이를 받아 적었다.

존 프라이어에 대해서는 뒤의 「존 프라이어의 생애」에서 상세히 다룰 것이므로 여기서는 생략한다.

서수는 청말(淸末)의 과학자로, 중국 근대 화학 이론의 선구자다. 그의 자는 생원(生元)이고, 호는 설촌(雪村)으로 강소(江蘇) 무석(無錫) 사람이다. 서양의 자연과학을 널리 공부하여 1860년대에 근대 화학의 기초 지식을 중국에 소개하는 데 중요한 공헌을 했다. 젊었을 때 과거시험에서 낙방한 경험이 있는 그는 팔고문(八股文)이 실용성이 없다는 것을 깨닫고 과거시험을 통해 관리가 되겠다는 생각을 버렸다. 대신 천문, 역법, 산수 등의 서적을 널리 섭렵하여 과학기술을 공부한 그는 동치(同治) 연간에 증국번(曾國藩)의 막부에 있으면서 안경(安慶)과 강녕(江寧)의 기기국(機器局)에서 근무했다. 그는 공정제조(工程製造)에 정통하여 화형방(華蘅芳)과 함께 목재 윤선(輪船)인 황곡호(黃鵠號)를 시험 제작하는 데 참여하기도 했다.

그는 1867년(동치 6년)부터 상해의 강남제조국에 들어가 서양의 과학기술 관련 서적의 번역을 맡게 되었다. 그런데 과학지식을 갖추고 있더라도 영어를 번역하는 것은 어려운 일이었고, 존 프라이어 등 중국어를 할 수 있는 외국인에게 번역이나 서양 서적 구입을 부탁하는 일이 종종 있었다. 결국 그는 동료들과 함께 증국번에게 번역관을 설립하고 서양인을 초빙하자고 건의했고, 증국번은 이를 승인하여 1867년 강남제조국 내부에 번역관을 설립했다. 이 번역관에서 서수는 존 프라이어 등과 함께 서양 과학 서적을 번역했다. 1874년에는 존 프라이어와 함께 상해에 격치서원(格致書院)을 설립해 주관(主管)으로 활동하면서 서양 과학지식의 소개에 힘썼다. 그는 1884년(광서 10년) 9월 24일 격치서원에서 병으로 숨졌고, 그의 직무는 왕도(王韜)가 이어받았다. 서수가 번역한 책으로『측지회도』외에『화학감원(化學鑒原)』,『서예신지(西藝新知)』,『기기발인(汽機發軔)』등이 있다.『화학감원』역시 존 프라이어와 공동 번역한 것으로 서양의 화학을 가장 완정하게 소개한 책으로 평가받는다.

강형의 생애에 대해서는 알려진 바가 많지 않다. 그는 강소 원화(元和, 지금의 강소성(江蘇省) 소주(蘇州)) 사람으로, 서수와 마찬가지로 강남제조국의 번역관에서 근무하면서 서양인이 구술로 번역한 것을 한문으로 필술하는 역할을 맡았다. 『측지회도』 이외에도 존 프라이어와 함께 『산식집요(算式集要)』(4권)(1887), 『측후기설(測候器說)』(1880)을 번역했다. 이 밖에도 『방해신론(防海新論)』(1873), 『야금록(冶金錄)』(1873), 『수학리(數學理)』(1879), 『화학분원(化學分原)』(1871)을 교열했다.

4. 서지사항

『측지회도』는 1876년(광서 2년) 강남제조국에서 간행했다. 『강남제조국역인도서목록(江南製造局譯印圖書目錄)』[8]에 따르면 이때 두 종의 장정본(裝訂本)을 만든 것으로 보인다. 20년 뒤인 1896년(광서 22년) 상해의 해형당(海衡堂)에서 석인본으로 재간했다. 1901년에는 『부강재총서속전집(富强齋叢書續全集)』에 이 책의 영인본이 수록되었으며, 이후 출간된 수많은 서학 서목에 이 책이 보인다.

규장각 소장본의 권수제(卷首題), 표제(表題), 포갑제(包匣題)는 모두 "측지회도(測地繪圖)"이고, 판심제(版心題)는 "측지(測地)"다. 규장각 소장본의 간행처와 간행 시기는 미상이고, 1876년 강남제조국에서 간행한 판본이 아님은 분명하다. 강남제조국본의 경우 간기(刊記)에 "강남제조총국침판(江南製造總局鋟板)"이라 되어 있고, 표제면(標題面)에 "측지회도(測地繪圖)"라 했는데, 규장각 소장본에는 이러한 부분이 빠져 있고, 강남제조국본에는 번역자 중에 강형의 이름이 있는 반면, 규장각 소장본에는 없다.

규장각에는 『측지회도』 두 부(部)가 있는데(奎中 2776, 奎中 3444), 둘

---

8 이 책의 간행연도는 정확히 밝혀져 있지 않으나, 대체로 1912년 이전에 출간된 것으로 추정하고 있다.

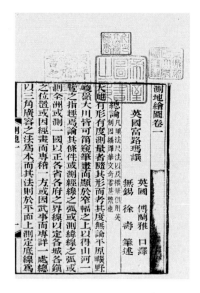

1.8 책의 첫 번째 면

은 인쇄 상태에 미세한 차이가 있기는 하나 동일한 판본이다.

책은 전체 4책으로, 11권 및 부록 1권으로 되어 있다. 제1책에 권1부터 권4까지, 제2책에 권5부터 권7까지, 제3책에 권8부터 권11까지와 권8의 부록, 제4책에 부권(附卷)을 수록했다. 수록 내용을 보면, 권1에 「총론(總論)」, 권2에 「측량저선(測量底線)」, 권3에 「분지면위원삼각형(分地面爲原三角形)」, 권4에 「도내전보중물(圖內填補衆物)」, 권5에 「행군제요(行軍提要)」, 권6에 「준평선이정고선(准平線以定高線)」, 권7에 「증험고저제기(證驗高低諸器)」, 권8에 「임모전각제법(臨摹鐫刻諸法)」, 권8 부록에 「조인법(照印法)」, 권9에 「경화신강속지(經畫新疆屬地)」, 권10에 「구형상관지사(球形相關之事)」, 권11에 「천문상관지사(天文相關之事)」, 부권(附卷)에 「천문해제(天文解題)」를 수록했다. 「천문해제」는 전체 여섯 장(章)으로 구성된다. 제1장은 「구항성시변위평시우반구지(求恒星時變爲平時又反求之)」, 제2장은 「구제요고도지각차수즉기차지심차일월반경차목고차병의기지수차지각수(求諸曜高度之各差數卽氣差地心差日月半徑差目高差幷儀器指數差之各數)」, 제3장은 「구위도(求緯度)」, 제4장은 「구시각(求時刻)」, 제5장은 「구경도(求經度)」, 제6장은 「정경선지방향병지남침지편차(定經線之方向幷指南針之偏差)」다.

『측지회도』의 권1부터 권11까지의 내용은 원서인 『삼각측량 수행 방

법 요강』 제3판의 챕터1부터 챕터 11까지의 내용과 완전히 일치한다.[9]

제1책에 표제면은 없고 1a면부터 바로 본문이 시작된다. 1a면의 첫 행에 "측지회도권일(測地繪圖卷一)"이라 하였고, 두 번째 행과 세 번째 행을 합쳐 위에는 "영국부로마찬(英國富路瑪譔)"이라 하였고, 아래에는 두 행에 걸쳐 "영국 부란아 구역(英國 傅蘭雅 口譯)", "무석 서수 필술(無錫 徐壽 筆述)"이라 하였다. 세 번째 행부터

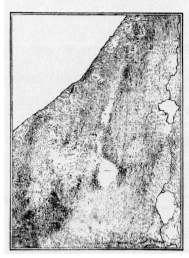

1.9 등고선이 표현된 제37도

"총론(總論)"이라 하여 본문이 시작된다. 이러한 형식은 각 권이 시작될 때마다 반복적으로 따랐다.

제1책부터 제4책까지 전체 115폭의 삽도를 수록했다. '제일도(第一圖)'와 같이 번호를 매긴 삽화가 99폭 있고, 여기에 더하여 번호를 매기지 않은 작은 삽화가 16폭 있다. 서양의 등고선 이론을 받아들여 몇몇 지형도에 등고선이 나타난다는 점이 눈여겨볼 만하다.

---

9 원서의 구성은 다음과 같다. Chapter 1 "General Outline of the System of Carrying on a Trigonometrical Survey", Chapter 2 "Measurement of a Base Line", Chapter 3 "Triangulation", Chapter 4 "Interior Filling‑in of Survey, either Entirely or Partially, by Measurement", Chapter 5 "Military Reconnaissance and Hints on Sketching Ground", Chapter 6 "Levelling", Chapter 7 "Levelling Continued", Chapter 8 "Copying, Reducing, Shading, and Engraving Topographical Plans", Chapter 9 "Colonial Surveying", Chapter 10 "Geodesical Operation Connected with a Trigonometrical Survey", Chapter 11 "Practical Astronomy"

규장각 소장 『측지회도』는 역시 강남제조국 번역관에서 번역된 서양 과학기술 서적인 『영루도설(營壘圖說)』(규장각 소장, 奎中 2835, 奎中 2836, 奎中 3110)과 같은 곳에서 간행된 것으로 보인다. 두 책의 형태 사항과 인쇄 상태, 지질이 거의 일치한다.[10]

청구기호	奎中 2776−v.1−4, 奎中 3444−v.1−4
편저자	영국 부로마(富路瑪) 찬(撰), 영국 부란아(傅蘭雅) 구역(口譯), 무석(無錫) 서수(徐壽) 필술(筆述)
간행연도	미상(1876년(광서(光緖) 2년) 이후)
간행지	미상
형태사항	木版本. 11卷 4冊: 揷圖, 上下單邊 左右雙邊 半廓 18.1×13.4cm, 有界, 10行 22字, 上下細黑口 上下黑魚尾; 29.0×17.0cm
인장	集玉齋, 帝室圖書之章

---

10 『영루도설』의 형태사항은 다음과 같다. 木版本. 不分卷 1冊: 揷圖, 上下單邊 左右雙邊 半廓 18.1×13.3cm, 有界, 10行 22字, 上下細黑口, 上下黑魚尾; 29.3×16.8cm.

2

도학 圖學

────────── 畫形圖說 ──────────

화형도설[1]

세상을 보는 새로운 눈

1. 서화동점(西畫東漸)과 원근법[2]의 도입

서양화가 중국에 소개된 것은 명대(明代) 후기다. 이탈리아 예수회 선
교사인 미켈레 루지에리(Michele Ruggieri)와 마테오 리치(Matteo Ricci)가
각각 1579년과 1582년 중국에 올 때 「그리스도 상」, 「성모자 상」 등 유
럽의 성상화(聖像畫)를 가져온 것을 시작으로 서양화와 서양 화법이 중
국에 소개되었다. 그 후 청대 중엽에 이탈리아 선교사 주세페 카스틸리

---

1 이 글은 윤지양, 「淸末 上海에서 출판된 西洋畫法 교재 『論畫淺說』과 『畫形圖說』 연
   구」, 『중국어문논총』 89, 중국어문연구회, 2018, 379~408쪽에서 『화형도설』을 다룬 부
   분을 수정 · 보완한 것이다.
2 원근법은 삼차원의 입체나 공간을 이차원의 평면에 표현하기 위해 창안된 회화 기법
   으로, 르네상스 시대의 건축가 필리포 브루넬레스키(Filippo Brunelleschi, 1377~1446)
   가 1410년대 초에 발명했다. 그 후 레오나르도 다 빈치(Leonardo da Vinci, 1452~1519)
   등 여러 화가와 건축가가 원근법을 더욱 정교하게 발전시켰다. 원근법에는 선 원근법
   (linear perspective), 대기(공기) 원근법(aerial perspective), 소실원근법 등이 있는데, 보통
   '원근법'이라고 하면 선 원근법을 말하는 것이다. 선 원근법은 기하학적 작도의 기초 위
   에 과학적 방법으로 체계화된 일종의 공식이라고 할 수 있다.

84 고종, 근대 지식을 읽다

오네(Giuseppe Castiglione)는 강희제(康熙帝), 옹정제(雍正帝), 건륭제(乾隆帝) 3대에 걸쳐 궁정화가로 활동하면서 사실적이고 정밀한 서양 화법을 선보였고, 다른 궁정화가들에게 서양 화법을 가르치기도 했다.

그러나 당시까지는 서양화와 서양 화법이 미치는 영향력의 범위가 제한적이었다. 뿐만 아니라 문인들 사이에서는 서양화의 사실적 표현 기법을 신기한 기예에 지나지 않는 것으로 보고 중국의 전통화가 더 높은 수준에 있다는 인식이 주류를 이루었다.

그러다가 청말(淸末) 서세동점(西勢東漸)의 국제 정세 속에서 중국인들은 차차 서양 문물에 관심을 갖게 되었고, 서양화와 서양 화법도 비로소 학습의 대상으로 여겨지게 되었다. 이렇게 중국인들이 서양 화법에 관심을 갖게 된 데는 당시 중국으로 들어온 서양 서적에 수록된 삽화가 중요한 역할을 했다. 서양에서는 지식을 전달하는 보조 수단으로서 삽화를 활용하는 것이 일반적이었고, 당시 출간된 서학 관련 서적은 삽화를 수록한 경우가 많았다. 이들 삽화는 사물을 실제에 가깝게 표현한 것으로 중국의 전통화와는 화법이 달랐다. 중국의 독자들은 이러한 삽화를 접하면서 삽화가 갖고 있는, 실재하는 사물을 대신하여 정보를 전달하는 기능에 눈을 떴다. 이에 따라 사물을 사실에 가깝게 표현하고, 정보를 정확하게 전달한다는 데 서양 화법의 가치가 있다는 인식이 형성되었다.

동양의 전통 화법에 길들여진 이들에게 서양 화법은 새로운 것이었고, 이를 이해하기 위해서는 학습이 필요했다. 움직이지 않는 객체를 평면에 객관적으로 묘사하기 위해 고안된 원근법은 서양에서 배태된 문화적 관습의 산물로서 단번에 그 핵심을 파악하기 어려웠다. 따라서 원근법에 따라 그림을 그리는 방법을 설명하기 위해서는 체계적인 교과과정과 이에 맞는 교재가 필요했다.

원근법을 통해 세상을 본다는 것은 시각 주체를 세상의 중심에 놓고 그 주위에 펼쳐진 대상을 주체와 떨어뜨려 객관적으로 정확하게 파악하는 것이다. 이는 동양화와는 뿌리를 달리하는 미학적 입장이다. 동양의 산수화, 중국 전통 목판화에서 중요한 인물은 멀리 있어도 크게 그린다. 어쩌면 실제로 우리가 세상을 보는 방식은 이와 더 가까울 수도 있다. 우리는 물체의 크기를 주관적으로 왜곡해서 바라보기도 하고 선택적으로 한 부분만 집중하고 나머지는 무시하기도 한다. 그렇다면 원근법은 주관적 시각 경험을 과학과 수학을 동원해 객관적인 것으로 바꾸는 방법이라고 할 수 있다.

동양화에서는 주체와 객체의 혼융을 중시하고, 다시점(多視點)이 허용되며, 사물의 배후에 있는 정수를 전달하는 전신(傳神)을 추구한다. 따라서 동양 화법에 익숙한 이들에게는 원근법을 배운다는 것이 단순히 그림을 그리는 기술을 습득하는 데 그치는 것이 아니라 세상을 보는 새로운 방법을 배운다는 것을 의미한다.

중국에서 일반인을 대상으로 서양 화법의 교육이 이루어진 것은 19세기 말엽에 이르러서다. 당시 서양 선교사들이 광동(廣東), 상해, 천진(天津) 등 조계지에서 선교활동을 펼치면서 수업과 서적 출판을 통해 서양 화법을 전파하기 시작했다. 중국 최초의 서양화 교습소로 알려져 있는 토산만화관(土山灣畫館)에서는 고아들을 대상으로 회화, 조각, 판화 등을 가르쳐 중국 전역의 성당에서 사용할 종교 예술품을 제작했다.

청 정부에서 법령을 통해 초등소학과 중등소학에 도화(圖畵) 수업을 도입한 것은 1904년에 이르러서다. 1906년에는 남경(南京)의 양강우급사범학당(兩江優級師範學堂)에서 중국 최초로 미술 교사 양성을 위해 도화수공과(圖畵手工科)를 개설하고 근대식 미술 교육을 시행했고, 1907

년에 설립된 상해의 포경화전습소(布景畵傳習所)에서는 보다 전문적인 수업을 개설해 미술 인재를 배출했다.

이처럼 중국에 서양 화법과 근대 미술 교육이 유입됨에 따라 관련 서적 역시 활발히 출간되었다. 그리고 이 시기에 출간된 서양 화법 교재 중 이 책에서 소개할 『화형도설』과 『논화천설(論畵淺說)』이 집옥재에 소장되었다.

고종은 상해에서 출간된 화보(畵譜)에 관심이 많았다. 집옥재에 소장되어 있던 『상해서장각종서적도첩서목(上海書莊各種書籍圖帖書目)』(장서각, 藏 4650)을 통해 상해에서 출간된 다양한 화보가 거의 모두 집옥재에 유입되었음을 확인할 수 있다.[3] 그런데 당시 상해에서는 서양의 원근법의 영향을 받은 화풍이 유행했다. 따라서 상해 화보를 좋아했던 고종도 자연히 서양 화법에 관심을 갖게 되었을 것이다.

2. 원근법과 입체 도형 그리기

『화형도설』은 정육면체, 원통, 원뿔 등 입체 도형을 그리는 방법을 예시 그림을 따라 그리면서 익힐 수 있도록 설명한 교재이다. 제목의 "화형(畵形)"은 '형체를 그린다'라는 뜻이고, "도설(圖說)"은 이 책이 그림을 덧붙여 해설을 보완하는 방식으로 되어 있음을 말해 준다.

『화형도설』의 본론에서는 원근법의 기본 원리를 설명한 후 실습을 안내하는 구성을 취했다. 먼저, 개론에 해당하는 「화형도설(畵形圖說)」에서 통시지법(通視之法)의 대강을 설명했다. '통시지법'이란 오늘날의 원근법에 해당하는 개념이다. 당시에는 '원근법'을 '통시지법', '통시법(通

---

3   최경현, 「19세기 후반 上海에서 발간된 畵譜들과 韓國 畵壇」, 『한국근현대미술사학』 19, 한국근현대미술사학회, 2008, 21~22쪽 참고.

1.10 『화형도설』의 표지와 표제면

視法)', '시학법(視學法)'이라고 불렀다. 먼저 「화형도설」의 앞부분을 살펴본다.

　무릇 물체의 형태를 그릴 때는 모두 '통시법(通視法)'(즉, 앞으로 쭉 바라보는 것으로 '시학법(視學法)'이라고도 한다.)을 따른다. 따라서 열두 폭의 그림과 설명에 앞서 통시(通視)의 화법에 대해 간략히 논할 필요가 있다. 대개 물체의 참된 형식은 그 본래의 형상을 드러내기 쉽다. 그것을 그림으로 그리고자 할 때, 각 방향에서 그것을 바라보는데, 그 형식에 각기 다른 부분이 있다. 예를 들어 눈에서 가까운 변은 크고 눈에서 멀리 있는 변은 작은 것이 그런 경우이다.
　통시법의 첫 번째 요점은 무릇 전체 물체나 결합된 물체의 계선은 사람의 눈에서 멀어질수록 더욱 작게 보인다는 것이다. 예를 들어 긴 도로 하나를 이쪽 끝에서 앞을 향해 쭉 바라보면 양 옆의 집들의 문과 창문,

조명의 기둥(즉, 가로등 기둥)과 사람 등이 멀리 있을수록 작아진다. 「제일소도(第一小圖)」를 예로 들면, 갑(甲) 쪽의 각 선이 가장 크고, 을(乙) 쪽으로 갈수록 선이 점점 작아진다.

이 그림 안에서 또 한 가지 우선 분명히 알아야 할 것이 있으니, 보이는 담장의 상단 묘신선(卯申線)은 아래쪽으로 기울어져 있고, 갑을(甲乙) 길은 묘신선을 향해 위쪽으로 기울어져 있다는 것이다. 이것이 통시법의 두 번째 요점이다. 즉 사람 눈보다 위에 있는 선은 아래쪽으로 기울어진 것 같고, 사람 눈보다 아래에 있는 선은 위쪽으로 기울어진 것 같다. 그림을 그림에 있어 이 원칙을 주의해야 하며, 그렇게 하지 않으면 원리에 맞게 그리기 어렵다.[4]

여기서 원근법의 두 가지 요점을 설명했다. 첫째, 전체 물체나 결합된 물체의 계선은 사람의 눈에서 멀어질수록 더 작게 보인다. 둘째, 사람 눈보다 위에 있는 선은 아래쪽으로 기울어진 것처럼, 사람 눈보다 아래에 있는 선은 위쪽으로 기울어진 것처럼 보인다.

이론적 설명에 이어 다시 문이 시각 주체 쪽으로 열려 있는 그림(「제삼소도(第三小圖)」)과 문이 시각 주체보다 먼 쪽으로 열려 있는 그림(「제사소도(第四小圖)」)에 대한 해설을 통해 원근법의 원리를 더 쉽게 이해할

---

4 "凡畵物體形者, 皆靠通視之法, (卽通前直望或作視學法), 故於十二幅圖說之前, 應略論通視之畵法. 蓋凡體之眞式, 易顯其本來形象. 惟欲畵之於圖, 則從各方向視之, 其形式各有不同之處, 如近目之邊則大, 遠目之邊則小是也. / 通視法第一要說, 乃凡全體, 幷體之界線, 愈離人目, 則視之愈小. 假如長街一條, 自此端通前直望則兩旁屋宇之門窓燈柱(卽路燈之托柱), 與人等, 愈遠則愈小. 如第一小圖, 甲端各線, 最大, 愈向乙端, 則線愈小. 在此圖內, 又有一事, 須先明之, 卽所看牆垣之上端卯申線, 爲向下斜, 而甲乙路, 乃向卯申線而上斜, 此爲通視法之第二要理. 卽凡在人目以上之線, 似向下斜, 凡在人目以下之線, 似向上斜也. 畵圖事內, 務愼此理, 否則失之平線, 難於合法." 『화형도설』, 5ab쪽. 원문에서 작은 글씨로 되어 있는 부분은 괄호 안에 넣었다.

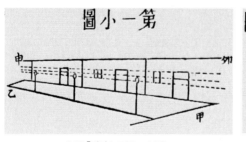

1.11 「제일소도(第一小圖)」

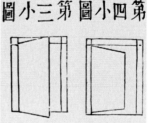

1.12 「제삼소도(第三小圖)」와
「제사소도(第四小圖)」

수 있도록 했다.

앞에서 각 물체를 시선을 따라 쭉 볼 때 그 위아래의 선이 눈에서 더 멀수록 더 짧고, 눈에서 더 가까울수록 더 길다고 했다. 이 이치에 따라 문의 형상을 그려 보자. 「제삼소도(第三小圖)」와 같이 문이 사람의 눈을 향해 열려 있으면 경첩 혹은 지도리로부터 가장 먼 변이 바로 사람의 눈과 가장 가까운 변이며, 경첩과 이어져 있는 변보다 더 길다는 것을 알 수 있다. 반대로 「제사소도(第四小圖)」에서와 같이 만약 문이 사람의 눈으로부터 먼 방향으로 열려 있으면 경첩에 이어져 있는 변이 사람의 눈과 가깝게 되어 그 반대 변보다 길다. 상자 덮개를 그리거나 혹 같은 유형의 다른 물체의 형태를 그려 보면 그 이치는 역시 같다. 결론적으로 물체 위에서 이동하면서 움직일 수 있는 물건은 그 그림을 그릴 때 눈에서 가까운 변이 반드시 먼 변보다 길다.

이로부터 모든 선이 눈에서 멀어지거나 혹은 사람의 눈이 선과 더욱 멀수록 더욱 작게 보인다는 공리를 얻을 수 있다. 만약 사람이 높은 탑이나 망루에 오르는 것을 보면 성인의 몸이 지상에서 옆에 있는 어린아이보다 작게 보이니, 이 역시 눈에서 더 멀리 떨어져 있기 때문이다.[5]

---

5 "前言通視各體, 其上下之線, 愈離目則愈短, 愈近目則愈長. 依此理畵一門之形. 門向人

「화형도설」에 이어서 수록된 본론은 실습을 위한 상세한 설명으로, 「제일폭도설(第一幅圖說)」에서 「제십이폭도설(第十二幅圖說)」까지 모두 12장(章)으로 되어 있다. 각각의 글은 책의 권수에 수록된 삽화를 보면서 삽화와 똑같이 따라 그리는 방법을 설명했다. 삽화는 다양한 입체 도형의 투시도다. 이러한 그림을 연습하는 것은 물론 소묘나 풍경화를 그리는 데 도움이 되겠지만, 주요 목적은 설계도면 등의 제도에 있다.

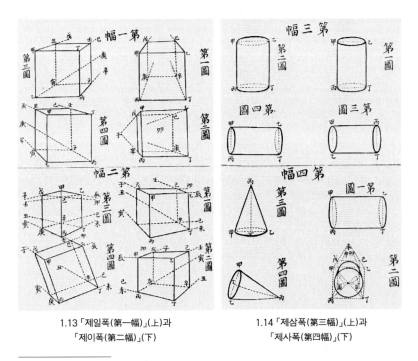

1.13 「제일폭(第一幅)」(上)과
「제이폭(第二幅)」(下)

1.14 「제삼폭(第三幅)」(上)과
「제사폭(第四幅)」(下)

目而開, 如第三小圖, 可見離鉸鏈或樞最遠之邊, 即與人目最近之邊, 比聯於鉸鏈之邊更長. 反之, 若門離人目而開, 如第四小圖, 則聯於鉸鏈之邊, 爲近人目者, 乃大於其對邊. 如試畫箱蓋, 或別種同類體之形, 其理亦同. 總之, 凡移動其體上能活動之件, 而畫其圖則近目之邊, 必大於遠邊也. / 從此可得公理曰, 凡線與目愈相離, 或人目與線愈相離, 則視之愈小. 如看人登高塔, 或望樓, 見其大人之體, 不及地面身旁小兒之大, 此亦離目更遠之故也.』『화형도설』, 6b~7a쪽. 원문에서 행을 나눈 곳은 '/'로 표시함.

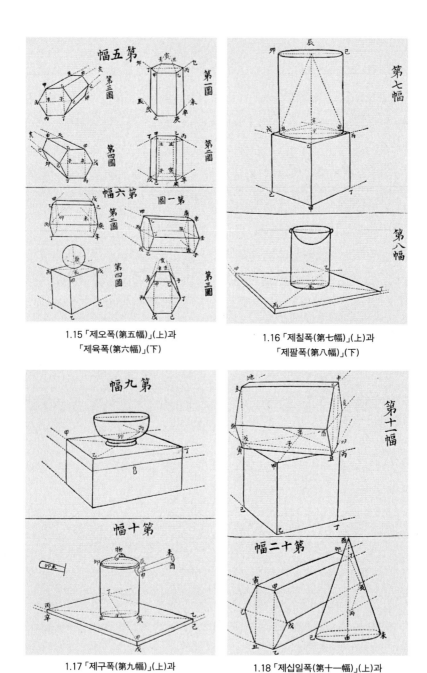

1.15 「제오폭(第五幅)」(上)과 　　　　1.16 「제칠폭(第七幅)」(上)과
　　「제육폭(第六幅)」(下) 　　　　　　　「제팔폭(第八幅)」(下)

1.17 「제구폭(第九幅)」(上)과 　　　　1.18 「제십일폭(第十一幅)」(上)과
　　「제십폭(第十幅)」(下) 　　　　　　 「제십이폭(第十二幅)」(下)

3. 서지사항

규장각 소장본의 권수제(卷首題), 표제(標題), 판심제(版心題), 표제(表題), 포갑제(包匣題)는 모두 "화형도설(畫形圖說)"이다. 표지의 뒷면은 붉은 종이의 표제면으로 "광서십일년신전/화형도설/영국부란아저(光緒十一年新鐫/畫形圖說/英國傅蘭雅著)"라 했다.[6] 광서 11년은 1885년이다.

『화형도설』은 앞서 소개한 『광석도설』과 마찬가지로, 전체 12종(種)의 초등 교과서 시리즈 『격물도설(格物圖說)』(Hand-book Series)의 일부로 출판되었다.[7]

책의 1a~1b면에는 1880년 영국인 화가 리찰삼(里察森)이 쓴 서문이 수록되어 있다. 리찰삼은 영문명 '리차드슨(Richardson)'의 중국식 이름일 것으로 짐작되나 분명하지 않고 그가 누구인지는 알 수 없다. 서문 마지막에 "영국 화가 리찰삼 지음(英國畫師里察森撰)"이라고 한 것을 통해 그가 영국의 화가라는 것만 알 수 있을 뿐이다. 그는 이 책의 저본이 된, 영어로 된 원서를 저술한 사람일 것이다. 그가 서문에서 "이 일을 한 지 이미 수년이 되어 국가 서원에서 도화(圖畫)와 관련한 여러 내용을 가르쳤다."고 한 것을 볼 때 그가 영국의 국립 학교에서 미술 교사로 오랜 기간 일한 인물일 것으로 짐작된다. 또한, 서문을 통해 『화형도설』의 저본이 본래 학교의 미술 수업용 교과서로 제작되었음을 알 수 있다. 서문의 전문은 다음과 같다.

이 책을 지으면서 큰 그림 열두 폭을 수록하여 각각 형식을 그렸다. 경계선이 분명하니, 벽에 펼쳐서 걸면 한 반의 생도들이 함께 서로 보고

---

6 부란아에 대해서는 「존 프라이어의 생애」 참고.

7 『격물도설』에 대해서는 「광물학의 첫걸음 『광석도설(鑛石圖說)』」의 각주 1번 내용 참조.

배우는 데 편리하다. 각 그림은 통시법에 따라 그린 것으로, 배울 때 한편으로는 그림을 보고 한편으로는 책을 읽으며, 이에 더하여 교사가 강의하면서 그림을 가리키며 차례대로 상세히 해설하면 그림 속 각 선의 화법과 선들 간의 관계가 잘 이해될 것이다.

근래에 다른 사람의 저작 가운데 아직 쓸 만한 회화 교재를 보지 못했기 때문에 이 책이 없어서는 안 된다고 생각하게 되었다. 이 일을 한 지도 이미 수년이 되어 국가 서원에서 도화와 관련한 각 내용을 가르치면서 종종 이 책에서 논한 화법을 사용하여 큰 도움을 받았다. 그러나 이 책은 비단 학동들을 위해서만 만든 것이 아니라 학당의 젊은 보조교사(즉, 학장의 부류)도 모두 이 책에 따라 여러 생도를 가르칠 수 있으므로, 각 화법에 대해 각별히 상세하고 분명하게 하여 보조교사가 수시로 교사에게 물어보는 번거로움을 면할 수 있다. 그림 안의 각 형식의 화법에 있어서는 생도로 하여금 물체를 볼 때 어느 방향에서 그것을 보든지 간에 모두 그 당시의 형태를 그릴 수 있게 하고자 했기 때문에, 보조 교사가 이 책을 상세히 읽고 이를 가지고 그림 그리기를 가르친다면, 각 단계의 작업에 대해 반드시 화법을 알게 되고, 배우는 사람도 역시 쉽게 진보가 있을 것이다.

무릇 각 그림을 사용하여 교습을 할 때 반드시 실물을 곁에 두고 준거로 삼아야지, 단지 도식만 베껴 그리고 실물에 대해서는 몰라서는 안 된다. 사용하는 실물은 각 도형의 형식에 따라 굵은 철사나 나무 등으로 제작하면 되고 혹은 서양의 이미 만들어져 있는 세트를 구입해도 된다.

영국 화가 리차드슨 지음[8]

---

8 "是書之作, 因有大圖一十二幅, 各繪體式, 界線分明, 張懸壁閒, 便於一班生徒, 共同觀摩. 幅內各圖, 藉通視法爲之, 習學時, 一面觀其圖, 一面閱其書, 復有敎師口講指畵, 逐細

서문에 이어 책의 2a~4b면까지는 한 면에 두 폭씩 모두 12폭의 삽도를 수록했다. 모두 투시법을 설명하기 위한 삽도로, 기초적인 도형에 점선을 이용해 도형의 안쪽을 투시할 수 있도록 했다.

　7a면부터는 권수에 수록된 12폭의 삽도에 대한 해설을 수록했다. 7a~8b면에 「제일폭도설(第一幅圖說)」, 8b~10a면에 「제이폭도설(第二幅圖說)」, 10a~11a면에 「제삼폭도설(第三幅圖說)」, 11a~12b면에 「제사폭도설(第四幅圖說)」, 12b~15a면에 「제오폭도설(第五幅圖說)」, 15a~16a면에 「제육폭도설(第六幅圖說)」을 수록했다. 16a면에는 "이하는 여러 물체가 합쳐진 그림이다.(此下爲數體相幷之圖)"라 했다. 16b면에 「제칠폭도설(第七幅圖說)」과 「제팔폭도설(第八幅圖說)」, 17a면에 「제구폭도설(第九幅圖說)」과 「제십폭도설(第十幅圖說)」, 17b면에 「제십일폭도설(第十一幅圖說)」, 18a면에 「제십이폭도설(第十二幅圖說)」을 수록했다. 19a~19b면에는 앞의 설명을 총괄하는 결론 성격의 글을 수록했다.

分解, 則圖內各線之畫法, 與彼此之關涉, 自亦暢曉矣. / 近來尙未見他人著有合用之畫形書, 故覺是冊, 爲不可少. 業已多年, 在國家書院, 敎習畫圖各事, 往往用此書所論之法, 而得大益. 然此書非但爲幼學所設, 凡塾中少年輔敎習, (卽學長之類), 皆可藉之指授衆徒, 故於各法格外詳明, 可免輔師時詢於總敎習之煩. 至於圖內各式之列法, 欲使生徒見體時, 無論何向觀之, 皆得畫其當時之形, 故凡輔師, 詳閱此書, 以之指點畫圖, 每步之工, 則必爲得法, 而學者亦易有進步矣. / 凡用此各圖敎習時, 必將其眞體, 置於身旁, 以爲準驗, 不可但抄摩圖式, 而盲於眞體也. 所用之體, 可照各圖形式, 以粗鐵絲或木等, 製之, 或購西國現成之副亦可. / 英國畫師里察森撰『화형도설』, 1ab쪽. 원문에서 행을 나눈 곳은 '/'로 표시함. 원문에서 작은 글씨로 되어 있는 부분은 괄호 안에 넣었다.

청구기호	奎中 5390
편저자	영국 부란아(傅蘭雅) 저(著)
간행연도	1885년(광서(光緒) 11년)
간행지	미상
형태사항	木版本. 1冊: 揷圖, 上下單邊 左右雙邊 半廓 18.4×13.3cm, 有界, 10行 22字, 細黑口 上下黑魚尾; 25.8×15.1cm
인장	集玉齋, 帝室圖書之章

논화천설[1]

어린이용 미술 교재

1. 서양화에 대한 관심의 증가와 미술 교재의 등장

『논화천설』은 어린이들을 대상으로 한 미술 교재로, 주로 연필이나 펜을 사용해 정물화나 풍경화를 사실적으로 그릴 수 있도록 지도하는 것을 목적으로 하고 있다. 다양한 예시 그림을 수록하고 쉽게 설명한 것이 특징이다. 모두 17장(章)으로 된 본문에서 기초적인 것에서 복잡한 것으로 나아가면서 원근법, 색칠 방법, 그림자 표현 방법 등을 다뤘다.

이 책에 수록된 봉상씨(鳳翔氏)의 서문을 보면 당시 중국인들이 서양화의 가치를 인정하게 된 중요한 계기 중 하나가 서양책에 수록된 삽화를 접한 것임을 알 수 있다. 이 글의 서두는 다음과 같다.

---

[1] 이 글은 윤지양, 「淸末 上海에서 출판된 西洋畫法 교재 『論畫淺說』과 『畫形圖說』 연구」, 『중국어문논총』 89, 중국어문연구회, 2018, 379~408쪽에서 『논화천설』을 다룬 부분을 수정·보완한 것이다.

지금 성교(聲敎)가 서쪽으로 전파되어 서양의 각국에서 산 넘고 바다 건너 중국에 이른 자가 수십 명 이상이다. 그들이 저술한 서적을 보면 말로 설명하기 어려운 곳은 반드시 그림과 도형으로 표현했는데, 그 그림은 구성이 적절하고 측량이 정확하나 안타깝게도 그러한 그림에 입문할 수가 없었다.[2]

당시 서양 서적들 중 물리학, 천문학, 지질학, 생물학, 화학, 의학 등 과학 서적에는 상당히 많은 삽도가 수록되어 있었고, 이들 삽도는 사물을 있는 그대로 사실적으로 묘사하는 데 중점을 둔 것들이었다. 객관적 사실 그대로 그리는 '사실(寫實)'의 추구는 주관적인 정취(情趣)를 표현하는 '사의(寫意)'에 익숙했던 중국인들에게 신선한 자극을 주었다. 특히 그들이 감탄했던 것은 서양 삽도가 "구성이 적절하고 측량이 정확하다"는 점이었다. 그런데 이 글에서 보다시피 많은 중국인들이 "안타깝게도 그러한 그림에 입문할 수가 없었다." 이처럼 아직 서양 화법에 입문하기 쉽지 않았던 당시에『논화천설』과 같이 대중적이고 쉬운 입문서가 등장했던 것이다.

화보(畫譜) 보기를 즐겼던 고종 역시 그림에 관심을 갖고 있었고, 그런 만큼 서양 서적에 수록된 삽화를 눈여겨보았을 것이다.『논화천설』이 어린이용 미술 교재임에도 서양 화법을 잘 모르는 중국인들의 관심을 끌었듯이 고종의 흥미를 일으켰던 것이다. 그는 붓이 아닌 연필로 사물을 정확하게 그리는 방법을 설명한 이 책을 보면서 서양의 문물과 시각에 조금씩 눈과 귀를 열었을 것이다.

---

2 "今者聲敎西播, 泰西各國, 梯山航海而至者, 不下數十. 觀其所著書籍, 於言語不能達之處, 必繪圖以形之, 其圖結構得宜, 準繩悉配, 苦無門以入之."『논화천설』, 1b쪽.

2. 선긋기에서 원근법까지

『논화천설』의 내용은 선긋기에서부터 시작한다. 1장에서는 자를 대

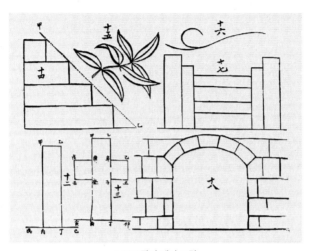

1.19 3장의 예시 그림

고 한 점에서 다른 한 점까지 직선 그리기, 2장에서는 곡선과 직선을 섞어 그리기, 3장에서는 선긋기를 응용해 좀 더 복잡한 형태를 그리는 방법을 설명했다.

그런데 1장의 도입부가 음미심장하다. 그 내용은 다음과 같다.

그림을 그릴 때는 자와 곱자를 대고 그려야 한다. 맹자(孟子)는 '자와 곱자에 의지하지 않으면 사각형과 원을 그릴 수 없다'고 했거니와, 사각형과 원뿐만이 아니라 가로선 하나, 세로선 하나를 그리더라도 자와 곱

자를 대고 그려야지 절대 마음대로 마구 그어서는 안 된다.[3]

자를 대고 그리는 것은 한 치의 오차도 없이 정확하게 그리겠다는 것이고, 이는 미술보다는 제도에 가깝다. 이 첫 문장에서 이 책에서 설명하는 그림 그리기는 사물을 최대한 사실에 가깝게 그리는 것을 목표로 한다는 것을 알 수 있다. 동양화는 자를 대고 그리지 않는다. 중국에서 자를 대고 선을 긋는 사람은 화가가 아니라 장인(匠人)이었고, 사물을 보이는 그대로 그리는 것은 예술이 아니라 기술의 영역이었다.

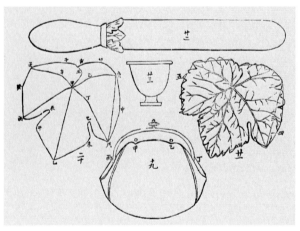

1.20 4장의 예시 그림

이어서 4장에서는 3장까지의 내용을 응용하여 다양한 사물의 형태를 표현하는 것을 연습하도록 했다. 비교적 단순한 형태인 지갑과 복잡한 형태의 포도 잎사귀 그리는 방법을 차근차근 설명하고 나서 "이 방법을

---

3 "作畵須要依着規矩, 孟子說, 不依規矩不能成方圓, 不但方圓要依着規矩, 就是一橫一直也, 要依着規矩而行, 切不可隨着意思塗抹."『논화천설』, 2a쪽.

따라서 22도(圖)나 23도를 그릴 수 있으면 어떤 사물이든 다 그릴 수 있다."고 용기를 주면서도 "단, 너무 빨리 해서는 안 되니, 빨리하면 정묘하지 않게 된다. 천천히 그려야 하고, 그림자 역시 꼭 넣을 필요는 없다."[4]라고 했다.

5장부터는 내용이 조금 어려워진다. 원근법을 설명하고 있기 때문이다. 이 책은 다양한 내용을 다루고 있으나 분량을 따져볼 때 원근법을 설명한 내용이 5장부터 12장까지로, 책 전체의 중심이다.

먼저 5장과 6장에서는 원근법을 이해하기 위한 기초 개념인 기지(基址), 평선(平線), 정점(定點), 취점(聚點) 등의 개념을 소개하고, 이를 활용해 구도를 잡는 방법을 설명했다. '기지'란 화면의 가장 아래에 긋는 기준이 되는 선이고, '평선'은 눈의 높이와 같은 높이에 있는 선이며, '정점'은 평선 위에서 시야를 고정하는 점이다. 설명은 다음과 같다.

그림을 그리려면 아랫면에 반드시 먼저 하나의 기지를 정해야 하는데, 마치 집을 지을 때 먼저 기지를 세운 연후에 사람을 그 위에 둘 수 있는 것과 같다. 또 위쪽에는 평선이라고 하는 가로선을 하나 긋는데, 이 평선은 눈과 같은 높이로, 예를 들어 24도에서 '자(子)'가 평선이고, '축(丑)'이 기지다. 또 반드시 정점이라고 하는 눈에 보이는 점을 하나 찍는다. 단 이 점은 항상 같은 곳에 있을 수 없고 눈이 어떤 곳을 보느냐에 따라 그곳을 정점으로 삼는 것으로, '인(寅)', '묘(卯)'와 같다. 이 그림 위에는 몇 권의 책 모양이 있는데, 예를 들어 갑(甲) 책의 정점은 '인(寅)'에 있고, 을(乙) 책의 정점 역시 '인'에 있으니, 갑 책과 을 책이 모두 나란히 수평으로 놓여 있기 때문이다. 또한 병(丙) 책의 정점은

---

4 "若照此法可畵十二, 或十三圖, 不拘何物皆可. 但不可太快, 快則不精, 須緩緩而行, 影亦不必加." 『논화천설』, 3b쪽.

'묘'에 있고, 정(丁) 책의 정점 역시 '묘'에 있으니, 병 책과 정 책이 모두 나란히 기울여져 놓여 있기 때문이다.[5]

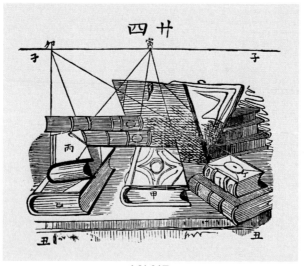

1.21 24도

6장에서는 기지, 평선, 정점 개념을 다시 정리하고, 새로이 취점(聚點)을 소개했다. 취점은 물체의 선을 연장할 때 선들이 만나는 점으로 소실점과 같은 개념이다. 취점에 대한 설명 역시 이론적으로 접근하기보다 계단, 상자, 창틀과 문틀, 처마 등 일상에서 찾기 쉬운 대상을 활용해 설명했다.

---

5 "欲作畵, 下面必先定一基址, 如造屋之先立基址, 然後可安放人物於其上. 又從上面作一橫線, 名平線, 此平線乃是同眼睛一般高的, 如卄四圖上的子是平線, 丑是基址. 又必須作一眼睛所看到之點, 名定點, 但此點不能常在一處, 隨眼睛看那里, 就以那里爲定點, 如寅如卯. 此圖上是幾部書籍樣子, 如甲書的定點在寅, 乙書的定點亦在寅, 因甲書與乙書俱幷行平放者也. 又如丙書之定點在卯, 而丁書之定點亦在卯, 因丙書與丁書, 俱幷行斜放者也." 『논화천설』, 4b쪽.

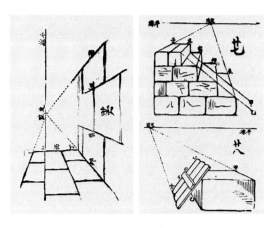

1.22 26도(左), 27도와 28도(右)

이제 몇 가지 이치를 분명히 설명하겠다. 하나는 24도의 '병(丙)', '무 (戊)', '정(丁)', '을(乙)' 선과 같이 나로부터 시작하여 나란히 그어진 선 을 쭉 그리면 반드시 한 점에 모인다는 것이다. 또한 26도의 담장 꼭대 기의 '갑(甲)' 선과 담장 틈새의 '을'과 '병', 담장 바닥의 '정' 선 역시 눈 과 같은 높이의 평선 위에 모인다. 가로변의 이치를 분명히 이해하고자 한다면 방 안의 양 옆의 창틀과 문틀, 거리의 양 옆 건물 처마가 모두 정 점 위에서 모이는 것을 보면 된다. 27도는 돌계단을 윗면에서 아래로 본 모양으로, '자(子)', '축(丑)', '인(寅)', '묘(卯)', '진(辰)'은 모두 나란히 그어 멀어지는 선으로 정점에서 모이게 되며, '갑', '을' 두 선은 계단의 너비가 얼마인지 가로로 잰 길이다. 28도는 뚜껑을 연 상자를 옆에서 본 모양으로, '갑', '을', '병', '정', '무', '기(己)'의 선 역시 정점 위에서 모 여야 한다.[6]

---

6 "如今要幾條理能說明白. 一是離開我竝行的線, 如二十四圖丙戊丁乙四條線劃上去, 一定 要歸到聚擺的地方, 又如二十六圖, 墻頭的甲線與墻縫的乙丙及墻脚的丁線, 亦要歸到眼 睛一般高的平線上. 若要明白橫邊的理, 可看房內兩傍窓欄門檻, 及街上兩邊之屋簷, 俱要

이어서 7장에서 12장까지는 지금까지 설명한 개념을 응용해 실제 그림에 적용하는 내용이다. 뒤로 갈수록 고급 수준의 그림을 제시했다. 예를 들어, 중급 수준인 7장의 그림에서는 성곽의 사각형 출입구를 그리는 방법을, 고급 수준인 12장에서는 성곽의 아치형 출입구를 음영까지 곁들여 그리는 방법을 설명했다.

1.23 7장의 삽도, 12장의 삽도

다음으로 13장과 14장에서는 사물의 음영을 표현하는 방법을 상세히 설명했다. 동양화에는 사람이나 사물의 그림자가 없다. 종이에 그린 회화나 책 속에 수록한 삽화나 모두 마찬가지다. 반면 서양에서는 빛의 각도에 따라 달라지는 음영을 정확하게 표현했다. 그림자까지 묘사할 대상의 일부라고 본 것이다.

이 책에서는 음영법의 원리만 알려주고 끝나는 것이 아니라 차근차

聚到定點上. 二十七圖是一石踏步上面看下之形, 子丑寅卯辰, 俱是竝行離開的線, 聚到定點上, 甲乙兩線是橫量如何闊狹之尺寸. 二十八圖是一開了盖的箱子橫看之形, 甲乙丙丁戊己之線, 亦要聚到定點上.『논화천설』, 5b쪽.

근 다양한 예시를 들어 설명했다. 먼저 13장에서는 계단같이 평평하지 않은 면에 생긴 그림자를 표현하는 방법을, 14장에서는 태양의 위치에 따라 길이와 방향이 달라지는 막대의 그림자를 표현하는 방법을 설명했다.

선을 통한 음영 표현을 연습하는 데 있어 가장 좋은 물체는 구(球)다. 연필로 구와 구의 그림자를 그리다 보면 빛과 그림자를 표현하는 방법을 익힐 수 있다. 15장에서는 구면이나 요철이 있는 표면을 묘사하는 방법, 선을 교차하여 표현하는 방법, 선의 굵기를 다양하게 표현하는 방법을 설명했다. 16장에서는 15장의 내용을 응용하여 다양한 선으로 구와 그림자를 표현하는 방법을 설명했다.

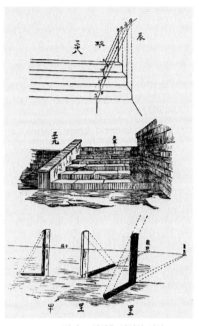

1.24 그림자 표현법을 설명한 삽화

마지막 장인 17장에서는 이 책에서 설명한 이론을 종합한 최종 과정으로서 나무 그리는 방법을 설명했다. 여기에서 저자는 나름의 체계를 갖고 나무줄기와 가지를 그리는 방법과 나뭇잎 그리는 방법을 나누어 설명했다. 먼저, 다음과 같이 그림 그리기에 앞서 나무가 어떻게 생겼는지 자세히 관찰해야 한다고 했다.

대개 사람들은 모두 나무에 나뭇잎이 없는 때를 싫어하지만, 화가는 이때가 요긴하다. 가장귀가 어떻게 생겼는지, 어떻게 굽었는지, 얼마나

1.25 구(球) 표현법을 설명한 삽화

굵은지, 어떻게 자리 잡았는지 등 나무의 골격을 분명하게 볼 수 있기 때문이다. 오동나무의 가지는 양쪽으로 곧게 나고, 석류나무의 가지는 위를 향하고, 버드나무의 가지는 아래로 드리워진 것처럼 나무마다 모양이 각기 다르고 종에 따라 같지 않은데, 가장 절묘한 것은 겨울이니, 배우는 자는 여러 나무의 모양을 주의 깊게 세밀히 관찰하면서 그림을 그릴 수 있다.[7]

그는 '잘 그리기 위해서는 잘 관찰해야 한다.'고 말한다. 자연에 대한 세밀한 관찰은 근대 자연과학의 핵심이기도 하다. 서양에서 화법을 익힐 때 그려야 할 실제 대상을 직접 보고 그림을 그리는 것이 보편적이었던 반면, 동양에서는 화보나 기존의 작품을 보면서 임모(臨模)하는

---

7 "大低人俱不喜歡看樹木無枝葉的時候, 必過畵家算爲此時是要緊, 可分明樹木的骨格, 有怎樣的丫枝, 怎樣的彎曲, 如何粗細, 如何位置. 像梧桐之枝, 兩傍直出, 石榴之枝向上, 楊柳之枝下垂, 各樹各樣, 種種不同, 最妙在冬天時候, 學者可留心細看各樹的樣子而做." 『논화천설』, 11b쪽. 여기서는 "必過"의 "必"을 '不'의 오식으로 보고 번역했다. 책의 구두가 잘못된 것으로 보고 "必過"를 앞 구절에 붙여 번역해도 된다.

것이 보편적이었다. 따라서 저자
는 자신의 책에 나온 그림을 보
면서가 아니라 실제로 나무의 모
양을 주의 깊게 세밀히 관찰하면
서 그림을 그리도록 함으로써 중
국의 독자들에게 새로운 학습법
을 제시하고 있는 셈이다.

1.26 58도 겨울나무

저자는 여기서 "앞에서 설명한
방법을 따라서 한 점 한 점 그린
다면, 점점 성공할 것"[8]이라며 의
욕을 북돋는다. 또, "그림을 그리
는 사람은 빛과 어둠을 분명하게
해야 한다. 단지 밝은 면만 있고
어두운 면이 없다면 선명할 수 없
다. 어두운 면이 있어야 밝은 면
이 드러나게 된다."[9]라고 하여 음
영법의 핵심도 놓치지 않는다.

1.27 59도 여름나무

이 책의 마지막에는 앙상한 가
지만 남은 겨울나무와 울창함을
뽐내고 있는 여름 나무의 그림이
각각 한 면씩 담겨 있다. 저자는 "저것은 겨울의 모습이고, 이것은 여름

---

8 "要依着從前所講的法子, 做一點一點, 漸漸成功." 『논화천설』, 11b쪽.

9 "畫者應該將光暗分明, 祗有陽面而無陰面, 不能顯明, 有了陰面, 陽面就托出了." 『논화천
설』, 12b쪽.

의 모습이다. 배우는 자는 이 그림을 따라서 그려 봐야 한다."[10]라고 하면서 끝을 맺는다.

3. 서지사항

규장각 소장 『논화천설』의 포갑제(包匣題), 판심제(版心題), 표제(標題)는 모두 "논화천설(論畵淺說)"이고, 표제(表題)는 없으며, 표제면(標題面)에 "세차기묘/논화천설/신강청심서원간(歲次己卯/論畵淺說/申江淸心書院刊)"이라 했다. 청심서원은 1860년(함풍(咸豊) 10년) 2월 6일 상해조계에 창립된 미국인 북장로회 예배당 상해장로회제일회당(上海長老會第一會堂)의 부속학교이다. 이 책의 뒤표지에 인쇄된 내용에 따르면 이 책이 1880년(광서(光緒) 6년)에 간행되었다고 되어 있는데, 표제면에서는 기묘년(己卯年)에 간행한 것으로 되어 있다. 1880년은 양력을 기준으로 한 것이고, 1879년으로 추정되는 기묘년은 음력을 기준으로 한 것이 아닐까 싶다. 그렇다면 이 책은 1880년 초에 간행되었으리라 짐작할 수 있다.

이 책에서 특이한 점은 책의 뒤표지에 영어로 제목, 저자명, 출판지, 출판 연도를 인쇄했다는 점이다. 첫 행에는 "First Lessons In Drawing"이라는 제목을 썼고, 그 아래에는 저자명을 "Rev. J. M. W. FARNHAM, D.D."라 밝혔다. 맨 앞의 "Rev."는 'reverendo'의 약어로 '사제'라는 뜻이고, "D.D."는 'Doctor of Divinity'의 약어로 '신학 박사'라는 뜻이다. 그 아래 세 행에 걸쳐 "Shanghai:/office of the child's paper./1880"이라 하여 출판지, 출판사, 출간연도를 밝혔다. 이는 서양식 출판 사항 표기

---

10 "那是冬天, 這是夏天, 學者宜倚此而行." 『논화천설』, 12b쪽.

법을 따른 것이다.

이 책의 저자는 존 파넘(John Marshall Willoughby Farnham)이다. 그는 미국 북장로회 선교사로 중국에 와서 상해에서 활동했으며, 중국 최초의 근대 아동용 화보(畵報)인 〈소해월보(小孩月報)〉(The Child's Paper)의 편집장이었다.[11] 〈소해월보〉를 창간한 사람은 미국 선교사이자 의사인 존 글래스고 커(John Glasgow Kerr)다. 커가 1874년 2월 광주(廣州)에서 〈소해월보〉를 창간했고, 파넘은 다음 해인 1875년 상해판 〈소해월보〉를 인수받아 어린이날인 5월 5일에 청심서원 부속 출판사인 청심서국(淸心書局)에서 제1호를 출간했다.

이 책은 〈소해월보〉에 약 3년간(1876년 9월에 나온 제17호 제1기부터 1879년에 나온 제12기까지) '논화천설'이라는 제목으로 연재했던 글들을 모아 1880년에 출판한 것이다. 〈소해월보〉는 아동용 화보답게 그림을 많이 수록했다. 이 그림들은 당시 아동들뿐만 아니라 성인들에게도 영향을 끼쳐 중국의 근대 시각 계몽의 서막을 열었다고 평가된다. 상해의 유명 신문인 〈신보(申報)〉에 기고된 글에서 〈소해월보〉를 "참으로 계몽의 제일가는 신문"[12]이라고 극찬했다.

이 책의 2a면에는 「논화천설서(論畵淺說序)」가 수록되어 있다. 이 글

---

11 존 파넘은 중국 인쇄사에서 석고 인쇄 기술을 발전시키는 데 기여한 인물이기도 하다. 1876년부터 1937년까지의 상해 출판 산업을 연구한 리드(Christopher A. Reed)는 다음과 같이 썼다. "파넘은 석고 인쇄 기술을 수정하여 먼저 요판(凹版) 글자 또는 삽화를 곧바로 평평한 석고 조각으로 잘랐던 것으로 보인다. 그 후 이 음각 요판 주형(鑄型)은 표준 인쇄기에서 사용 가능한 양각 철판(凸版)을 제조하는 데 쓰였다.(Farnham seems to have modified the plaster technique, first cutting intaglio characters or illustrations directly into a flat piece of plaster. This negative intaglio mould was then used to make a positive relief plate that could be used on a standard printing press.)" Christopher A. Reed, *Gutenberg in Shanghai: Chinese Print Capitalism, 1876-1937*, Vancouver: University of British Columbia Press, 2004, 44쪽.

12 "誠啓蒙之第一報也." 〈申報〉, 1879년 1월 9일(戊寅十二月十七日), 3쪽.

1.28 『논화천설』의 표지, 표제면, 뒤표지

은 〈소해월보〉 제17호 제1기에서 '논화천설'란을 만들면서 첫 회에 게
재했던 것을 수정한 것이다.[13] 서문을 통해 저자가 아이들을 포함하는
"초학자"를 대상으로 서양 화법을 설명하기 위해 이 글을 썼다는 것을
알 수 있다. 서문은 다음과 같다.

대개 아이들은 모두 그림 그리는 것을 좋아하여 한가할 때는 곧 붓을
잡고 그림을 그리니, 비록 그림의 격식을 이루지는 못하지만 한두 개쯤
은 취할 만한 것이 있다. 그러나 다만 그림에 대한 뜻만 알 뿐이지 끝내
그림의 이치는 이해하지 못해서 결국에는 쓸 데가 없다.

중국의 그림이 모두 좋지 않은 것은 아니나, 지금의 그림은 고대의
그림을 따라가지 못한다. 고대의 사람이 사물을 그릴 때는 형상만 취하
였으나 지금 사람이 그리는 것은 '사의(寫意)'만 강구할 뿐이어서 대충
비슷하기만 하면 그만이고, 사물의 형상과 닮았는지 안 닮았는지는 논

---

13 〈소해월보〉 1876년 9월 제17호 제1기에 수록되었던 글은 張梅, 「另一種現代性訴求:
1875-1937兒童文學中的圖像敍事」, 山東師範大學 박사학위논문, 2011, 26~27쪽 참고.

하지 않는다. 우연히 지극히 세밀하고 사물과 아주 똑같이 그리는 것을 좋아하는 사람이 있으면, 도리어 그는 그림쟁이의 부류라고 하면서 사람들은 모두 좋아하지 않는다.

서양화는 이렇지 않다. 따로 화원(畫院)도 있고 화가를 중시하며, 또한 시험에서처럼 출중한 사람이 높은 등급의 상을 받으니, 지금의 그림이 고대의 그림보다 낫다. 근래에 중국에서 서학이 크게 유행하여 각 성(省)의 기기여도총국(機器興圖總局)에서는 모두 서양의 화가를 초빙하여 가르치게 하니, 내 생각에 이러한 법이 행해지고 있는 이상 장래에 서양의 그림이 분명 중국의 그림과 함께 유행할 수 있을 것이다. 그러므로 이번에 『논화천설』한 칙(則)을 써서 그림의 법을 설명하고 이후에 매월 이어서 간행할 것이니 초학자에게 이에 따라 실천하게 한다면 작은 보탬이 될 것이다.[14]

서문에서 눈여겨 볼 점은 동양의 현재 그림이 예전만 못한 반면, 서양의 현재 그림은 예전보다 나아졌다고 하고, 서양에는 "따로 화원도 있고 화가를 중시하며, 또한 시험에서처럼 출중한 사람이 높은 등급의 상을 받는다."라고 한 대목이다. 직접적으로 동양화와 서양화의 우열을 비교하는 대신 서양의 화가 양성 과정과 화가에 대한 인식이 중국보다 앞서 있음을 주장한 것이다.

---

14 "大抵孩子都喜歡作畫, 空閒時就執筆描摹, 雖是不成畫的格式, 然而也有一二可取的. 但是只明畫的意思, 終不憧畫的道理, 究竟沒用. 中國的畫, 幷非不好, 但是現今的畫, 不及古時. 古人畫物, 祗取像形, 今人所畫, 只講寫意, 依稀仿佛就是了, 物的像與不像不論的. 偶然有個喜歡作工細極像的畫, 反說他是畫匠一類, 人都不喜歡. 西國畫不是這等. 另有畫院, 考究畫士, 也像考試一般, 頭角的受上賞, 所以現今的畫, 勝於古時. 近來中國西學大行, 各省的機器興圖總局, 都請西國畫師教授, 我想此法旣行, 將來西國的畫, 必定能與中國幷行. 故此作論畫淺說一則, 解明畫的法子, 以後每月續登, 使初學的人依此而行, 不無小補云爾." 『논화천설』, 2a쪽.

또 저자는 "장래에 서양의 그림이 분명 중국의 그림과 함께 유행할 수 있을 것이다."라고 하면서 장기적인 안목을 제시하기도 했는데, 그의 예측은 들어맞았다. 이미 서문에서도 "근래에 중국에서 서학이 크게 유행하여 각 성의 기기여도총국에서는 모두 서양의 화가를 초빙하여 가르치게 한다."라고 했다. 기기여도총국이란 기계 도면과 지도를 제작하기 위해 설치한 기관이다. 이처럼 점차 서양 화법에 대한 관심이 높아지고 있던 상황에서 이 책이 출판된 것이다.

이 서문의 마지막에는 "해상산영거사지(海上山英居士識)"라 했다. 이에 따르면 이 책의 저자는 '산영거사(山英居士)'라는 호를 쓴 사람이다. 또, 저자의 서문 앞에 나오는 봉상씨(鳳翔氏)라는 필명의 작자가 쓴 또 다른 서문의 말미는 다음과 같다.

우연히 산영거사의 책상에서 그가 번역한 『논화천설』이라는 책을 보게 되었는데, 이론이 정밀하고 문장이 잘 통하여 참으로 초학자의 디딤돌이요, 회화의 묘법이어서 이전에 마음속에 걸려 있던 문제들이 이제야 시원하게 해결되었다. 그래서 속히 판각을 부탁하여 세상에 내놓으니 동호인 중에 훌륭한 독자들은 나의 말이 허황하다고 하지 않을 것이다.[15]

이를 통해서도 이 책의 저자가 산영거사임을 알 수 있다. 이 책의 뒤 표지에서 저자를 존 파넘이라 밝혔으므로, 산영거사는 파넘의 호일 가능성이 가장 높다. 혹은 뒤표지에서는 이 책의 출판인이 파넘임을 밝힌

---

[15] "偶於山英居士案頭, 見所譯論畵淺說一書, 理精辭達, 誠爲初學之津梁, 繪事之妙法, 覺前之蘊結於胸者, 於今豁然矣. 亟囑登諸梨棗以公, 同好諒閱者不以余言爲河漢也." 『논화천설』, 1b쪽.

것이고, 산영거사라는 호를 쓰는 저자가 따로 있었을 가능성도 배제할
수는 없다. 그럴 경우 봉상씨는 파넘의 필명이다.

청구기호	奎中 5405
편저자	존 파넘(Rev. J. M. W. Farnham, D.D.)(자서(自序)의 작자는 산영거사(山英居士))
간행연도	1879년(광서(光緒) 5년) 혹은 1880년
간행지	상해(上海) 청심서원(淸心書院)
형태사항	古活字本. 1冊: 揷圖, 四周雙邊 半廓 18.2×12.8㎝, 無界, 行字數不定, 註雙行, 白口 上下向黑魚尾; 24.1×14.7㎝
인장	集玉齋, 帝室圖書之章

존 프라이어의 생애[1]

근대로의 전환기에 번역은 문명과 문명을 잇는 중차대한 시대적 과업이었다. 당시 중국에서 서양서의 번역을 담당한 것은 주로 구미 지역으로 유학을 다녀온 지식인들과 서양인 선교사들이었다. 유학파 지식인 중에서는 엄복(嚴復)이 중요한 인물로 꼽힌다. 그는 영국의 생물학자 토머스 헉슬리(Thomas Henry Huxley)의 논문 「진화와 윤리(Evolution and Ethics)」를 번역한 『천연론(天然論)』을 통해 중국에 사회진화론을 소개해 큰 반향을 일으켰다.

서양인 중에서는 존 프라이어(John Fryer)를 중국 번역사상 중요한 인물로 꼽을 수 있다. 중문 이름 부란아(傅蘭雅)로도 잘 알려

---

1 존 프라이어의 생애에 대해서는 Adrian Arthur Bennett, 「The Early Years: 1839-1868 from English Schoolboy to Translator in Shanghai」, *John Fryer: The Introduction of Western Science and Technology into Nineteenth-Century China*, Harvard East Asian Monographs, no.24, Cambridge, Mass: East Asian Research Center, Harvard University; distributed by Harvard University Press, Cambridge, Mass, 1967, 4~17쪽; 王紅霞, 「傅蘭雅的西書中譯事業」, 復旦大學 박사학위논문, 2006, 16~24쪽; 조너선 스펜스(Jonathan Spence); 김우영 옮김, 『근대중국의 서양인 고문들』, 서울: 이산, 2009, 182~202쪽; (美) 戴吉禮(Ferdinand Dagenais) 主編, 「透視傅蘭雅的一生」(第一章), 『傅蘭雅檔案(The John Fryer Papers)』, 第1卷, 桂林: 廣西師範大學出版社, 2010, 3~22쪽 참고. 강남제조국에서의 번역 활동에 대해서는 Adrian Arthur Bennett, 「Translator for The Chinese Government」, 앞의 책, 18~45쪽; 王紅霞, 앞의 글, 2006, 25~43쪽; 鄒振環, 「傅蘭雅與江南製造局的 譯書」, 『歷史敎學』, 歷史敎學社, 1986, 第10期 참고.

져 있는 그는 만청(晚淸) 시기 중국에서 서양 서적을 가장 많이 번역한 인물이며, 번역 외에도 다양한 활동을 통해 서구 과학기술을 중국에 소개했다.

존 프라이어는 1839년 8월 6일 영국 켄트(Kent)주 하이드(Hythe)의 작은 마을에서 가난한 성공회 사제의 맏이로 태어났다. 어려서부터 중국에 큰 관심을 가졌던 그는 중국 관련 책을 많이 읽었고, 학교에서는 항상 중국에 관한 주제로 글을 썼다. 친구들이 그에게 중국어를 우스꽝스럽게 흉내 낸 별명을 붙여줄 정도였다. 중국에 대한 그의 관심은 중국을 동경했던 부모의 영향을 받은 것이다. 그에 따르면, 그의 부모님은 중국에서 돌아온 선교사와 상인들의 이야기에 감명을 받아 그들에게 가능한 한 많은 돈을 기부했고 어머니는 한동안 주로 쌀밥을 먹었다고 한다.[2] 그는 23세이던 1861년(함풍(咸豊) 11년) 8월 홍콩의 작은 미션스쿨인 성바울대학(St. Paul's College, 중문명: 성보라서원(聖保羅書院))에 원장으로 부임하면서 어렸을 때의 바람대로 중국에 오게 되었고, 그 후 35년 동안 중국에서 살았다.

---

2 "어린 시절 중국에서 돌아온 몇몇 선교사와 상인들이 그의 부모에게 깊은 인상을 주었다고 프라이어는 주장했다. 그 결과 그의 아버지는 최대한 많은 돈을 기부했고, 그의 어머니는 한동안 주로 쌀밥을 드셨다. (…) 소년 시절에 그는 중국에 대한 책을 가능한 한 많이 읽었고, 학교에서는 항상 중국에 관한 주제로 글을 썼다. 실제로 그의 학교 친구들은 그를 '중국인 종 피옹'이라 불렀다.(Fryer claimed that in his youth some returned missionaries and merchants from China impressed his parents. As a result his father subscribed as much as he could while his mother for a time adopted rice as a considerable part of her diet. (…) In his boyhood he read as much as he could on China and in school he always composed themes in China. In fact, his school-fellows nicknamed him 'Chin-chong Fy-ung'.)" Adrian Arthur Bennett, 앞의 책, 4~5쪽.

그는 성바울대학에서 2년 동안 일한 뒤, 1863년(동치(同治) 2
년) 청 정부의 초빙에 응하여 북경의 외국어 학교인 경사동문관
(京師同文館)에서 영어 교사로 일했고, 그곳에서 일한 지 2년이
되었을 때인 1865년, 영국 성공회(聖公會)에서 설립한 상해 영
화서원(英華書院)의 원장으로 부임했다. 그런데 그는 중국인 자
제들에게 영어를 가르치는 것을 따분하고 단조로운 직무라 여
겨 큰 보람을 느끼지 못했으며,[3] 기독교 선교 방식에 대해서도
학교 이사회와 견해가 달라 갈등을 겪었다.[4] 결국 그는 상해 강

---

3 학교 위원회에 보낸 편지에서 프라이어는 이렇게 썼다. "한 교사가 의무감만
   으로 매달 그러한 상황에서, 그리고 오직 중국인들에게만 둘러싸인 채 단조로
   운 일을 계속해 낼 것이라 기대하는 것은 무리다.(It is almost too much to expect
   that a sense of duty alone will enable a teacher month after month to pursue his
   monotonous task under such circumstances and surrounded only by Chinamen.)"
   Adrian Arthur Bennett, 앞의 책, 10~11쪽. 영화서원 시절의 프라이어에 대해 스
   펜스(Jonathan D. Spence)는 다음과 같이 서술했다. "중국인 상인의 자제 약 20명
   에게 지붕이 새는 선교사 양성학교 교실에서 영어의 기초를 가르치는 일은 프라
   이어에게는 결코 매력적인 임무가 아니었다. 프라이어는 자신을 갈 길 바쁜 청년
   으로 생각하고 있었는데, 눈앞의 현실은 다람쥐 쳇바퀴 돌 듯 틀에 박힌 생활이
   었다. 1867년에 그는 '내 운명은 이미 정해져 있고, 그것을 바꾸기에는 너무 늦
   은 것 같다'고 사촌누이 수지에게 편지를 썼다." 조너선 스펜스, 앞의 책, 185쪽.
4 "그는 기독교가 용인되고 인정받기 위해서는 천천히 소개되어야 한다고 믿었
   다. 그는 만일 기독교가 전면에 크게 내세워진다면 '중국인들은 학교 설립에 있
   어 이사회가 품은 의도를 완전히 오해하게 될 것'이라고 생각했다. 프라이어의
   교직 재임 기간을 매우 불안정하게 만든 것은 바로 이러한 선교 방침이었다. 이
   사회와, 아마도 1868년에 학교를 인수한 교회 선교회는 프라이어가 너무 세속
   적이라고 생각했다.(He believed that Christianity had to be introduced slowly for
   it to be tolerated and appreciated. He thought that if Christianity were prominently
   displayed 'the Chinese would be likely to misunderstand entirely the designs which
   the Committee have in view in establishing the school.' It may have been this very
   plan which made Fryer's tenure so insecure. Both the committee and the Church
   Missionary Society, which took over the school probably in 1868, thought that Fryer

남기기제조총국(江南機器製造總局)의 번역관(飜譯館)에서 일할 수 있는 기회가 찾아오자 미련 없이 영화서원을 떠났다.[5] 그는 1868년 5월 번역관에 부임하여 1896년 미국으로 떠나기까지 28년 동안 수많은 과학기술 관련 서적을 번역했다. 그는 번역 저본을 구입하기 위해 세 차례 영국에 다녀올 만큼 자신이 맡은

---

was too secular.)"; "프라이어는 기독교의 가르침에 대한 점진적 접근을 계속 유지했다. (…) 기독교를 중국에 소개하는 이러한 간접적인 방법은 학교의 후원자들에게는 받아들여질 수 없었을지 모르지만, 아마 대부분의 선교사들이 이용하는 보다 직접적인 방법들보다는 중국인들이 훨씬 더 받아들일 수 있는 방법이었을 것이다. (…) 그러나 주교는 프라이어의 기독교 전파 방법을 너무 세속적인 것으로 간주하고 그와 어떤 관계도 맺기를 거부했다.(Fryer continued to maintain his gradual approach to the teaching of Christianity. (…) Although this indirect method of introducing Christianity to China may have been unacceptable to the sponsors of the school, it was probably much more acceptable to the Chinese than the more direct methods utilized by most missionaries. (…) The bishop, however, regarded Fryer's methods of spreading Christianity as too secular and refused to have anything to do with him.)" Adrian Arthur Bennett, 앞의 책, 8~9; 13~14쪽. 인용문 중 ' ' 안의 내용은 1865년 12월 프라이어가 학교 이사인 갬웰(F.R. Gamwell)에게 보낸 보고서(John Fryer, "First Report of the Anglo-Chinese School," to F.R. Gamwell, 1865, Letter Journals, John Fryer Papers, Vol. 1)에서 인용한 것이다. 존 프라이어 문헌(John Fryer Papers)은 현재 미국 캘리포니아대학교 버클리캠퍼스 밴크로프트 도서관(The Bancroft Library of the University of California, Berkeley)에 소장된 프라이어 관련 문헌이다.

5 영화서원을 떠난 직후인 1868년 7월 사촌누이 수지(Susy Johnson)에게 쓴 편지에서 프라이어는 "교사의 단조로운 업무로부터, 특히 훨씬 더 많은 시간과 인내를 원하는 중국 소년들에게 가르치는 일로부터 자유로워진다는 것은 정말 큰 안도감을 준다. (…) 지식을 위한 공간이 없는 좁은 두개골에 지식을 쑤셔 넣는 고된 일에서 그 동안 벗어나기 어려웠다.(It is really a great relief to be free from the full monotonous task of pedagogue and especially to Chinese boys who want so much more time and patience. (…) It has been difficult to get free from the toil of cramming knowledge into narrow skulls where there was no room for it.)"라고 썼다. Adrian Arthur Bennett, 앞의 책, 14쪽.

업무에 열성적이었다.

앞서 언급했듯이 그는 만청 시기 중국에서 서양 서적을 가장 많이 번역한 인물이다. 그는 강남제조국 번역관에서의 번역 작업 외에도 자신이 발행하는 잡지 『격치휘편(格致彙編)』에 싣기 위해 과학 관련 기사를 편역(編譯)했고, 익지서회(益智書會)에서 교회 학교용 교재를 저술하면서 유럽의 교재를 편역하기도 했다. 1869년부터 1911년까지 번역관 내외에서 그가 단독으로 번역, 혹은 편역 및 저술했거나 공동 번역에 참여한 서적은 총 157종에 달한다.[6]

그가 이처럼 서양 서적의 번역에 일생을 바친 까닭은 무엇일까?

---

6 이는 페르디난드 다제나이스(Ferdinand Dagenais)가 제시한 수치다. 157종의 서적 목록은 (美) 戴吉禮 主編, 「傅蘭雅在1869-1911年間的中文飜譯成就」(第八章), 앞의 책, 第2卷, 640~652쪽에 수록되어 있다. 프라이어가 번역관에서 번역한 서적 중에는 출판되지 않은 것들도 있기 때문에 미출간 서적 포함 여부에 따라 그가 번역한 서적의 수량은 달라진다. 王紅霞, 앞의 글, 37~42쪽에는 1871년부터 1911년까지 프라이어가 강남제조국에서 번역·편역한 서적 98종의 목록이 수록되어 있고, 王揚宗, 「上海格致書院的一份譯書淸單」, 『中國科技史雜志』, 中國科學技術史學會·中國科學院自然科學史研究所, 2006, 第1期, 54~60쪽에는 격치서원에서 번역·편역한 서적의 목록이 수록되어 있다. 이 밖에 프라이어가 번역·편역한 서적의 부분적 목록은 Illustrated Catalogue of the Chinese Collection of Exhibits for the International Health Exhibition, London, 1884 (published by order of the Inspector General of Customs, London: William Clowes & Sons, Limited., International Health Exhibition, and 13, Charging Cross, S.W., 1884.), 118~122쪽; Adrian Arthur Bennett, 「A Complete List of John Fryer's Translations」, 앞의 책, 82~102쪽에도 수록되어 있다. 베넷(Adrian Arthur Bennett)이 제시한 프라이어가 번역·편역·저술한 서적 수량은 137종이다. 양계초(梁啓超)의 『서학서목표(西學書目表)』(1896)에도 프라이어의 번역서, 혹은 저서가 포함되어 있다. 이에 따르면 1896년에 출간된 서학 서적 329종 중 119종이, 미출간 서적을 포함하면 전체 417종 중 158종이 프라이어의 번역서, 혹은 저서이다. Adrian Arthur Bennett, 앞의 책, 110~111쪽 참고.

그는 번역관에서 일한 지 12년이 되던 해인 1880년(광서(光緒) 6년) 「강남제조국번역서서사략(江南製造局飜譯西書事略)」을 저술해 번역관의 설립 과정, 번역의 동기와 방식, 출판 서적 목록 등을 소개했다. 이 글을 통해 그가 중국인들이 과학에 눈을 떠서 하루빨리 서양과 같은 수준으로 발전할 수 있기를, 그리고 중국이 제도적으로 과학을 도외시하는 구습에서 벗어날 수 있기를 바랐음을 알 수 있다. 그는 기독교 선교보다도 중국인들에게 서양의 선진 과학기술을 보급해 중국의 발전을 돕는 데 더 큰 소명의식을 가졌던 것이다. 그러나 존 프라이어가 쓴 편지를 바탕으로 그의 생애를 연구한 아드리안 베넷(Adrian Arthur Bennett, 1967)은 프라이어가 번역관에서 열정적으로 서양 서적을 번역한 동기가 높은 관직을 얻는 등 중국에서 영향력을 얻기 위해서였다고 분석했다.[7]

---

7 "프라이어는 강남제조국에서 일을 시작하기 4개월 전인 1868년 1월 10일자 편지에서 그의 새로운 직업이 '중국에서 지위를 놓고 싸우고 있는 사람들 사이에서 나를 두드러지게 할 수 있는 좋은 기회'를 제공할 것이라고 썼다. (…) 1868년 5월 말까지 프라이어는 여전히 자신의 작업을 통해 중국의 필요를 충족시키는 것보다는 자기 자신의 출세를 생각했다. 그는 동생 조지에게 '나는 그것(번역가로서의 새로운 직업)이 중국에서 높은 지위를 얻는 데 디딤돌이 되기를 바란다.'라고 썼다.(In a letter dated January 10, 1868, four months before he began at the arsenal, Fryer wrote that his new job would provide him with 'a fine chance to distinguish myself among those who are struggling for a position in China.' (…) As late as May, 1868, Fryer still thought in terms of his own advancement rather than of serving China's needs through his work. He wrote to his brother George that 'I hope to make it (his new job as translator) a stepping stone to a high position in China.')" Adrian Arthur Bennett, 앞의 책, 21~22쪽. 인용문 중 ' ' 안의 내용은 저자가 각각 프라이어가 부모님과 동생 조지(George Fryer)에게 보낸 편지(Letter Journals, John Fryer Papers, Vol. 2)에서 인용한 것이다. 조너선 스펜스 역시 이렇게 썼다. "그는 중국 관료조직의 요직으로 승진하기를 기대했다."; "(번역관에서의) 그 고된 임무를 실제로 견디게 해준 것은 승진에 대한 희망이었다." 조너선

1876년 그는 상해에 중국 최초의 근대식 학교인 격치서원(格致書院)을 개설하여 학생들에게 과학을 교육하고, 격치서원 박물관에서 공예 기구, 실험 기구, 동식물 표본과 화석 등을 무료로 관람할 수 있도록 하여 중국 민중들에게 서양 과학지식을 소개하는 데 힘썼다. 또한, 그는 1876년부터 1892년까지 사재를 털어 부정기 간행물 『격치휘편』을 출판했다. 내용은 과학기술과 관련한 새로운 소식을 전하고 서양의 최신 과학 서적을 소개하는 것이었다.

1885년에는 격치서실(格致書室)을 설립하여 과학 관련 번역서와 간행물을 출판해 판매했다. 이후 홍콩, 북경(北京), 천진(天津), 한구(漢口), 산두(汕頭), 복주(福州), 심양(沈陽), 연태(烟台), 하문(廈門)에 분점을 열었고, 도서 판매량은 15만 권에 이르렀다. 1911년 상해의 영자 신문 〈상하이 타임즈〉(Shanghai Times)는 격치서실이 "오랜 세월 동안 중국의 젊은 학생들의 메카"[8]였다고 논평했다.

1896년(광서 22년) 그는 캘리포니아대학교 버클리캠퍼스(University of California, Berkeley) 동방언어문학부(Department of Oriental Language and Literature) 최초의 교수로 초빙되어 미국으로 떠났다. 이때 그는 번역관에서 자신이 번역하거나 번역에 참여한 125종의 서적을 가져갔다. 현재 캘리포니아대학교 버클리

스펜스, 앞의 책, 196; 202쪽.

8 "for years the Mecca of the young students of China" Adrian Arthur Bennett, 앞의 책, 66쪽에서 재인용. 1911년 6월 21일자 기사로 미국 캘리포니아대학교 버클리 캠퍼스 밴크로프트 도서관에 소장된 존 프라이어 관련 문헌(John Fryer Papers) 중에 스크랩되어 있다.

캠퍼스에는 번역관 시절 번역서를 포함해 그가 기증한 2천여 부의 책이 소장되어 있다. 그는 미국 중국학 연구의 선구자로 여겨지고 있다.

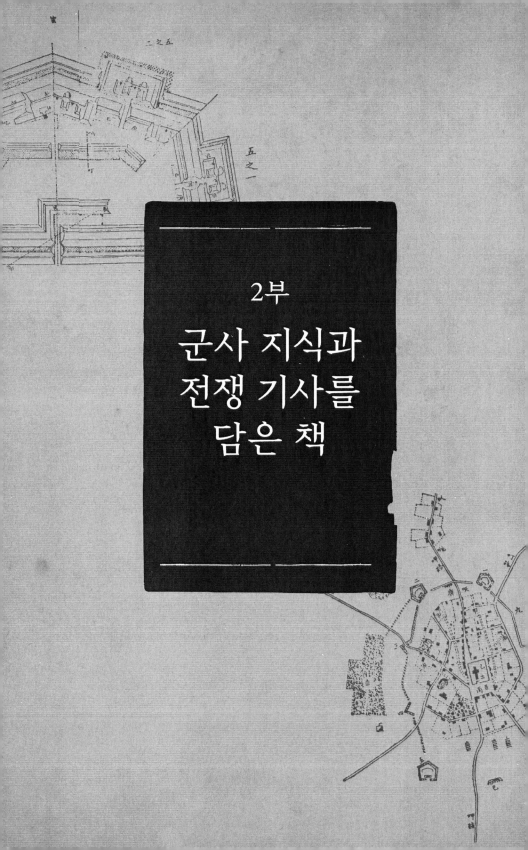

2부

군사 지식과
전쟁 기사를
담은 책

집옥재에 소장되었던 책 중에는 군사학 및 전쟁과 관련한 책들도 적지 않다. 서구 열강이 제국주의 정책을 펼치면서 세계 곳곳에서 식민지 쟁탈전이 벌어지던 당시 고종은 최신 군사 지식을 얻고 외국에서 벌어진 전쟁의 시말을 파악하고자 했다. 비록 이전 시기부터 이어진 '무(武)'에 대한 경시 풍조, 빈약한 국가 재정, 국내외로 혼란한 정치 상황 등으로 강한 군사력을 갖추는 데는 실패했지만, 고종과 개화파 관료들은 신식군대인 별기군(別技軍)을 설치하고, 군제를 개편하는 등 자주적 군사력을 확립하기 위한 일련의 정책을 추진했다. 이 과정에서 중국으로부터 들여온 군사학 및 전쟁 관련 서적들이 참고 자료가 되었을 것이다.

집옥재 소장 군사학 및 전쟁 관련 서적을 표로 정리하면 다음과 같다.[1] 표에서 간행자가 '강남제조국'으로 되어 있는 책들은 간기(刊記)가 없어 간행자와 간행연도를 알 수 없으나, 강남기기제조총국(江南機器製造總局)에서 간행한 판본을 복각하여 출간한 것으로 추정되므로 우선 참고를 위해 초간본(初刊本)의 간행자와 간행연도를 밝혀 둔다.

---

1 분류 기준은 옌쥔샤(閆俊俠)의 논문에 수록된 〈표2-1〉 '1860年後至1895年間兵學譯著一覽表'의 분류 기준을 따랐다. 閆俊俠, 「晚清西方兵學譯著在中國的傳播(1860~1895)」, 復旦大學 박사학위논문, 2007, 55~58쪽.

분류	서명	저역자	간행연도	간행자	청구기호
군사 장비	병선포법 兵船礮法	미국 수사서원(水師書院) 편(編); 금해리(金楷理) 구역, 주은석(朱恩錫) 필술	1872	강남제조국 江南製造局	奎中 2793 奎中 2794
	극로백포탄조법 克虜伯礮彈造法	독일 군정국(軍政國) 저; 금해리 구역; 이봉포(李鳳苞) 필술	1872	상동	奎中 2804 奎中 2805 奎中 3574
	극로백포설 克虜伯礮說	상동	1874	상동	奎中 2795 奎中 2796 奎中 3090
	극로백포준심법 克虜伯礮準心法	상동	1874	상동	奎中 2801 奎中 3112 奎中 3113 奎中 3114
	공수포법 攻守礮法	상동	1875	상동	奎中 2797 奎中 3001 奎中 3002 奎中 3003 奎中 3004
	폭약기요 爆藥記要	미국 수뢰국(水雷局) 편; 서고제(舒高第) 구역; 조원익(趙元益) 필술	1875	상동	奎中 3057 奎中 3058 奎中 3310
	수뢰비요 水雷秘要	영국 사리맹(史理孟, Sleeman) 저; 서고제 구역; 정창염(鄭昌棪) 필술	1880	상동	奎中 3332
	해전용포설 海戰用砲說	금해리 · 고조영(顧祖榮) 역	1885	상동	奎中 3564
	각종포도수 各種砲度數	미상	미상	미상	奎中 2803 奎中 4202 奎中 4203

군사 관리 교육	수사장정 水師章程	영국 수사병부(水師兵部) 편; 임락지(林樂知) 구역	1879	강남제조국	奎中 2688
	양무용군필독 洋務用軍必讀	청(清) 주극경(朱克敬) 집(輯)	1884	상해: 치수산방 上海: 梔秀山房	奎中 4479 奎中 4542
	행군요결 行軍要訣	명(明) 왕명학(王鳴鶴) 편정 (編訂)	1884 재간	상해: 문예재 上海: 文藝齋	奎中 5750
	북양해군장정 北洋海軍章程	청(清) 총리해군아문(總理海軍 衙門) 편	1888	천진: 석인서국 天津: 石印書局	奎中 2831
군사 공학	영루도설 營壘圖說	벨기에 백리아망(伯里牙芒, Alexis Henri Brialmont) 저; 금해리 구역; 이봉포 필술	1876	강남제조국	奎中 2835 奎中 2836 奎中 3110
	영성게요 營城揭要	영국 저의비(儲意比, Jos. E. Portlock) 저; 부란아(傅蘭雅) 구역; 서수(徐壽) 필술	1876	상동	奎中 2834 奎中 3326
군사 훈련	수사조련 水師操練	영국 전선부(戰船部) 편; 부란아 구역; 서건인(徐建寅) 필술	1872	상동	奎中 2787
	윤선포진 輪船布陣	영국 배로(裴路, Pellew) 저; 부란아 구역;	1873	상동	奎中 2791 奎中 2792 奎中 3101
	육조신의 陸操新義	독일 강패(康貝, Julius Johann Wilhelm Campe) 저; 이봉포 역	1884 재간	상해: 동문서국 上海: 同文書局	奎中 5485 奎中 5486
군사 작전	임진관견 臨陣管見	독일 사랍불사(斯拉弗司, Boguslawsky) 저; 금해리 구역; 조원익 필술	1873	강남제조국	奎中 2809
	방해기략 防海紀略	청(清) 왕지춘(王之春) 편	1880	상해: 문예재 上海: 文藝齋	奎中 4350
	정군기략 霆軍紀略	청(清) 진창(陳昌) 편	1881 序	상해: 신보관 上海: 申報館	奎中 6095
군사 지리	행군측회 行軍測繪	영국 연제(連提, Lendy) 저; 부란아 구역; 조원익 필술	1873	강남제조국	奎中 2838 奎中 3103

전쟁사	회도월법전서 繪圖越法戰書	미상	1884	상해	奎中 5751
	화도중법화전곡직기 畵圖中法和戰曲直記	미상	1884	상동	奎中 6339
	상군수륙전기 湘軍水陸戰紀	청(淸) 포숙형(鮑叔衡) 편	1886 序	경도: 동문당 京都: 同文堂	奎中 4766
	보법전기 普法戰紀	청(淸) 왕도(王韜) 찬집(撰輯); 청(淸) 장종량(張宗良) 국역 (國譯)	1886	미상	奎中 5470

이 밖에도 규장각에는 『극로백포표(克虜伯礮表)』(奎中 2799, 奎中 2800, 奎中 3098), 『극로백포탄부도(克虜伯礮彈附圖)』(奎中 2806, 奎中 2807), 『병약조법(餠藥造法)』(奎中 3309), 『제화약법(製火藥法)』(奎中 3056) 등 창 포 및 화약 관련 서적과 『방해신론(防海新論)』(奎中 2829, 奎中 2830) 등 해역 방어 관련 서적이 소장되어 있다. 이들 책에는 "제실도서지장(帝室 圖書之章)"이라는 장서인만 압인되어 있다.

여기서는 집옥재에 소장되었던 군사학 및 전쟁 관련서 중 보루(堡 壘)를 축조하는 방법을 서술한 『영루도설(營壘圖說)』, 독일 크루프 사 (Krupp 社) 대포를 사용하는 방법을 설명한 『극로백포설(克虜伯礮說)』, 청불전쟁(淸佛戰爭) 관련 자료를 엮어 놓은 『회도월법전서(繪圖越法戰 書)』, 보불전쟁(普佛戰爭)과 유럽 정세를 중국에 알린 『보법전기(普法戰 紀)』를 소개한다.

1 병학 兵學

영루도설

야전(野戰)을 위한 보루 쌓기

1. 양무운동과 서양 군사학의 유입

『영루도설』은 보루(堡壘)를 축조하는 방법을 서술한 책으로, 벨기에의 앙리 브리아몽(Henri Alexis Brialmont, 1821~1903)의 저작 『야전 축성(築城)』(La fortification improvisée, 1872)을 중국어로 번역한 것이다.

멀리 떨어진 벨기에에서 출간된 서적이 중국어로 번역된 것은 양무운동(洋務運動)이 있었기에 가능했다. 양무운동은 서양의 문물과 기술을 받아들여 군사적 자강과 경제적 부강을 이루자는 근대화 운동으로, 1861년(함풍(咸豊) 11년)부터 1894년(광서(光緒) 20년)까지 공친왕(恭親王), 증국번(曾國藩), 이홍장(李鴻章), 좌종당(左宗棠) 등이 중심이 되어 진행되었다. 양무운동 초기에는 군수 공업 육성에 중점을 두었다. 1865년 9월 이홍장이 상해에 중국 최대의 군수 공장인 강남기기제조총국(江南機器製造總局, 이하 '강남제조국')을 설립한 것을 시작으로 대포와 화약 제조를 위한 금릉기기제조국(金陵機器製造局), 윤선(輪船) 제작을 위한 복주선정국(福州船政局), 화약과 포탄 제조를 위한 천진기기제조국(天津

機器製造局)이 차례로 설립되었고, 이들 4대 공장을 발판으로 1894년까지 중국 전역에 24개의 군수 공장이 세워졌다.

1870년대 이후에는 광공업이나 교육 등 다른 부문에까지 개혁이 확산되었다. 특히 1867년에는 강남제조국 내에 번역관을 부설해 서양의 근대적 과학기술 서적을 번역했다. 이때 번역한 서적들 중에는 서양의 군사학을 소개한 서적들이 포함되어 있었다. 옌쥔샤(閆俊俠, 2007)에 따르면 1871년부터 1895년까지 강남제조국 번역관에서 번역한 서양 군사학 저서는 모두 44종으로,[1] 당시 서양 군사학 도입에 강남제조국의 역할이 매우 컸다.[2]

『영루도설』 역시 강남제조국 번역관에 소속된 독일인 번역자 카를 트라우고트 크레이어(Carl Traugott Kreyer)가 원서를 구역(口譯)하고, 이를 이봉포(李鳳苞)가 필술(筆述)하여 출판한 것이다.

제목의 "영루(營壘)"는 원제목의 "fortification"에 해당하는 것으로 적의 침입을 막기 위한 구축물인 보루를 뜻한다. 중립국이었던 벨기에는 주변국에 대한 침공보다는 적의 침입에 대비한 요새 건설에 공을 들였다. 1840년(도광(道光) 20년)에 발발한 아편전쟁을 계기로 서양 군대의 위력을 알게 된 청나라 역시 서양 열강의 침략에 대비할 방안을 한창 모색하고 있었고, 유럽에서 영향력이 컸던 요새 건축에 관한 서적은 반드시 읽어야 할 책이었다. 실제로 1894년 10월 4일 광서제(光緒帝)는 현대화된 해군인 북양함대(北洋艦隊)를 이끌던 북양대신(北洋大臣) 이홍장

---

1 閆俊俠, 「晚淸西方兵學譯著在中國的傳播(1860~1895)」, 復旦大學 박사학위논문, 2007, 99~101쪽 참고. 당시 번역한 군사학 서적의 분야도 다양하여 군제(軍制), 전함, 전차, 창포, 화약 등 군사 장비, 군사 관리 및 교육, 군사 건설, 군사 훈련, 군사 작전, 해역 방비, 군사 지리, 전쟁사 등의 영역을 모두 포함했다.
2 1860년부터 1895년까지 중국 전역에서 번역된 서양 군사학 저서는 97종으로, 강남제조국의 번역서가 전체에서 큰 비중을 차지한다. 위의 글, 55~58쪽 참고.

에게 조령을 내려『영루도설』을 각 군영에 배부해 익히도록 했다.[3]

서양 열강의 침략에 대비해야 했던 것은 청나라나 조선이나 마찬가지였다. 1866년(고종 3년)에는 프랑스 함대가 천주교도 학살에 항의하여 강화도에 침범한 병인양요(丙寅洋擾)가, 1871년에는 미국이 제너럴셔먼호 사건을 빌미로 무력 침략한 신미양요(辛未洋擾)가 발생했고, 이 책이 출간되기 바로 전 해인 1875년에는 일본 군함이 강화도 앞바다에 불법으로 침투한 운요호 사건이 발생했다. 고종은 수차례 외세의 침략을 겪으면서 서양의 선진 요새 구축 기술을 배우고자 했을 것이다. 집옥재에는『영루도설』외에도『성보신의(城堡新義)』(1883),『영성게요(營城揭要)』(1876) 등 상해에서 출간된 요새 구축 기술 관련 번역서가 소장되어 있었다.

2. 브리아몽과『야전 축성』[4]

『야전 축성』의 저자인 앙리 브리아몽은 벨기에의 육군 장교로, 19세기 유럽에서 군사 건축가로 이름을 날렸다. 그는 벨기에의 앤트워프(Antwerp), 리에주(Liège), 나무르(Namur) 등의 도시와 루마니아 수도 부

---

3 조령은 다음과 같다. "장지동의 전주에 따르면 각국의 육지전은 오로지 전투지의 병영에 의존한다. 상해에 번역서로『영루도설』등의 책이 있고, 또한『포준심법』,『포법구신』,『공수포법』,『영성게요』등의 책을 모두 상해제조국에서 번역 간행하여 통용하고 있다. (…) 이홍장으로 하여금 즉시 이러한 책을 신속히 각 군영에 교부하고 신속히 훈련하여 실제 전투에 활용하는 데 대비할 수 있도록 하라.(據張之洞電奏, 各國陸戰專恃地營. 上海譯有營壘圖說等書, 又有炮準心法, 炮法求新, 攻守炮法, 營城揭要諸書, 皆滬局譯刊通行. (…) 著李鴻章即將此等書籍迅即發交各營, 趕緊練習, 以資應用.)"
4 앙리 브리아몽의 생애와 업적에 대해서는 Daniel Coetzee and Lee W. Eysturlid, *Philosophers of war: the evolution of history's greatest military thinkers*, Santa Barbara, California: Praeger, 2013, 236~241쪽 참고.

쿠레슈티(București)에 근대화된 요새를 설계하여 국제적 명성을 얻었으며, 당시 프랑스와 독일 등 주변국의 요새 건축가들도 브리아몽의 아이디어를 활용했다. 그는 루이 14세 재위 기간(1643~1715) 중 활약했던 프랑스의 유명한 군사 건축가 세바스티앵 르 프르스트르 드 보방(Sébastien Le Prestre de Vauban)의 이름을 따 '벨기에의 보방'이라 불렸다.

벨기에는 독일과 프랑스 사이에 위치하여 전쟁의 소용돌이에 휘말리기 쉬웠다. 독일과 프랑스는 상대국을 침공하기 전에 먼저 벨기에를 점령해 공격 통로로 이용하려 했기 때문이다. 제1차 세계대전의 첫 번째 전투도 벨기에의 리에주 요새에서 벌어졌다. 독일 제국은 벨기에를 돌파하고 파리를 침공함으로써 프랑스를 굴복시킨 후 러시아를 공략하려는 슐리펜 계획에 따라 1914년 8월 3일 벨기에를 침공했다. 당시 중립국인 벨기에 군대는 오합지졸이었고, 독일군은 벨기에군을 '초콜릿 군인'이라고 비하하며 그들이 격렬하게 항전하지 않으리라고 예상했다. 하지만 첫 번째 관문인 리에주 요새에서 8월 5일부터 16일까지 치열한 전투가 벌어졌다.

리에주 요새는 당시 유럽에서 가장 선진적인 요새로서 막강한 방어력을 지녔다. 150미터 높이의 언덕 위에 위치해 지리적 우위를 활용할 수 있었고, 열두 개의 작은 요새가 거대한 중앙 요새를 겹겹이 둘러싼 구조로 설계되어 있어 중앙까지 침투하는 데 상당한 시간과 병력이 필요했다. 든든한 요새에 의지한 소수의 벨기에군은 결사 항전했고 우왕좌왕하던 독일군은 고전했다. 주변국들은 이러한 상황을 반겼다. 프랑스는 벨기에군의 항전에 감탄해 리에주 요새에 레지옹 도뇌르(Légion d' honneur) 훈장을 내렸고, 영국의 〈타임즈〉(The Times)는 독일의 공세를 막아 낸 리에주의 벨기에군이 "불멸의 명성(immortal renown)"을 얻었다고 치켜세웠다. 하지만 요새는 결국 독일 크루프 사(Krupp 社)에서 제조한 구경 420밀리미터의 고성능 장거리포인 베르타포(Big Bertha)를 앞세운 독일군의 대규모 포위 공격을 견디지 못하고 함락되었다.

리에주 요새의 설계자가 바로 앙리 브리아몽이다. 그는 벨기에군보다 규모가 큰 군대의 공격에 패배하지 않기 위해서는 잘 준비된 은신처를 활용하는 것이 필수라고 생각했다. 그는 참호로 둘러싸인 여러 진지가 중앙의 요새를 에워싸는 구조를 고안했다. 그의 끈질긴 로비 활동 끝에 벨기에는 1887년부터 1892년까지 야심 차게 요새 건설을 추진했고, 리에주에 열두 개, 나무르에 아홉 개의 요새를 건설했다. 브리아몽이 설계한 이들 요새는 그의 사후 제1차 세계대전 때 독일군의 침공을 방어하는 데 중요한 역할을 했다.

이 밖에도 브리아몽은 1859년 벨기에 북부의 항구 도시 앤트워프의 요새 건설을 지시했고, 1882년에는 루마니아의 왕 카롤(Carol) 1세로부터 요새 설계를 의뢰받아 1883년부터 1900년까지 수도 부쿠레슈티를 둘러싼 18개의 요새 건설에 참여했다. 벨기에령이었던 콩고민주공화국의 신카카사 요새(Fort de Shinkakasa) 역시 그의 설계를 기초로 한 것으로, 그의 제자 에밀 방제르메(Émile Wangermée) 대위가 건설에서 중요한 역할을 했다.

1872년에 출간된 『야전 축성』은 야전 축성의 중요성과 다양한 요소에 관해 다룬 책이다. 야전 축성은 지형지물을 활용해 야전 지역에 구축하며, 자연 방어력을 극대화해 적군의 공격을 무력화하면서 주둔군이 최대의 사격을 할 수 있도록 고안한다. 브리아몽은 이 책에서 해자(垓字), 대피호, 포대(砲臺), 보루, '참호로 둘러싸인 진지(entrenched camp)', '요새화된 마을(fortified village)' 등에 대해 서술하는 한편, 독일의 알레르하임(Alerheim), 벨기에의 퐁트누아(Fontenoy), 이탈리아의 칼디에로(Caldiero), 러시아의 보로디노(Borodino) 등 주요한 요새들을 소개했다.

브리아몽은 열정적인 저술가로도 잘 알려져 있다. 그는 『야전 축성』을 출간하기 전인 1850년에 〈벨기에 군대〉(Journal de l'Armée Belge)라는 잡지를 창간했는데, 여기에서 처음으로 축성에 관한 그의 첫 논문을 발표했다. 그는 이 밖에도 요새 건축 등 군사 공학 관련 저서를 여러 권 집필했고, 『벨기에에 관한 정치 및 군사 협정』(Considérations politiques et militaires sur la Belgique)(1851)을 비롯한 국제 정치 및 국방 정책 관련 저서와 위대한 병사들에게 헌정된 전기를 다수 저술했다. 그는 정치에도 활발하게 참여했다. 벨기에가 국제적으로 힘을 얻기 위해서는 식민지 확장이 필수적이며 벨기에의 군대를 개혁하고 군사력을 증대해야 한다고 주장한 그는 자신의 주장을 담은 수많은 책, 소책자, 기사를 썼다.

3. 서지사항

『영루도설』은 1876년(광서 2년) 강남제조국에서 초판본이 출간되었다. 강남제조국본에는 "영루도설(營壘圖說)"이라는 표제(標題)를 쓴 표제면이 있고, 간기에서 강남제조국 간행본임을 밝혔다. 규장각 소장본의 경우 표제면과 간기가 없어 출간한 곳을 확인할 수 없다. 이러한 점을 보면, 규장각 소장본은 강남제조국본과는 다른 판본이다. 옌쥔샤(閻俊俠, 2007)[5]에 따르면 『영루도설』의 판본은 강남제조국본 외에도 서학대성본(西學大成本)이 있다. 『서학대성』(12권)은 왕서청(王西淸)이 편찬했으며, 1888년에 간행되었다.

규장각에는 『영루도설』이 모두 세 부(部) 있는데(奎中 2835, 奎中 2836, 奎中 3110), 이들은 모두 같은 판본이다. 규중 3110만 표지가 닳아 있는

---

5 閻俊俠, 앞의 글, 210쪽.

등 독서의 흔적이 남아 있고, 나머지 두 부는 상태가 깨끗하다. 이 판본은 소장처가 드물다. 이러한 희귀본이 규장각에 세 부나 소장되어 있다는 것도 흥미롭다.

규장각 소장본은 1책 46장(張)으로 되어 있으며, 권수제(卷首題)와 판심제(版心題)는 모두 "영루도설(營壘圖說)"이고, 표제(標題)는 없으며 표제(表題) 역시 "영루도설"이다.(규중 2835에는 표제 아래 '전(全)'이라 썼고, 규중 2836에는 표제만 썼으며, 규중 3110에는 표제가 없다.) 표제면(標題面)은 없고 속표지 두 장이 있으며 세 번째 장부터 곧바로 본문이 시작된다.(이하 면수(面數)는 속표지 두 장을 제외하고 센 것이다.)

1a면의 첫 행에는 "영루도설(營壘圖說)"이라 썼고, 다음 두 번째와 세 번째 행 사이에 계선을 긋지 않고 칸을 합쳐서 "비리시국백리아망저(比利時國伯里牙芒著)"라고 썼다. "비리시국"은 벨기에고, "백리아망"은 브리아몽을 음차해 표기한 것이다. 그 아래에 한 행을 둘로 나누어 오른쪽에는 "미국 금해리 구역(美國 金楷理 口譯)"이라 썼고, 왼쪽에는 "숭명 이봉포 필술(崇明 李鳳苞 筆述)"이라 썼다. 다음 행에 "총론(總論)"이라 했고, 그다음 행부터 본문이 시작된다. 「총론」에서는 역사적으로 축성을 통해 승리한 전투의 예를 언급하면서 전쟁에서 승리하기 위해 보루를 쌓는 것이 중요함을 역설했다.

본문은 모두 11장(章)으로 구성된다. 제1장은 「총론(總論)」(1a~3b면), 제2장은 「축법(築法)」(3b~10a면), 제3장은 「용기(用器)」(10a~12a면), 제4장은 「포치(布置)」(12a~22b면), 제5장은 「용법(用法)」(22b~25a면), 제6장은 「인증(引證)」(25a~27b면), 제7장은 「잡보포대(卡堡礮臺)」(28a~29a면), 제8장은 「약탄방(藥彈房)」(29b면), 제9장은 「보문(堡門)」(30a면), 제10장은 「왜장(矮牆)」(30b~31b면), 제11장은 「진외보(鎭外堡)」(32a~38b면)다.

이어서 39a면부터 46b면까지는 16면에 걸쳐서 총 8폭의 삽도를 수록했다.

「제일도(第一圖)」는 다양한 형태의 참호의 단층 측면도다. 먼저 앞면에는 일곱 개의 작은 삽도를 수록했는데, 그림마다 "일지일(一之一)"부터 "일지칠(一之七)"까지 번호를 매겼고, "일지일" 그림에는 "취백분지(取百分之一)", "일지이(一之二)" 그림에는 "취이백분지일(取二百分之一)", "일지사(一之四)" 그림에는 "이백분지일(二百分之一)"이라 하여 축척을 표시했다. 뒷면의 삽도에서는 참호의 단층 측면도와 설계도면을 함께 제시했다. 이 그림 역시 「제일도」에 속하는 것으로 그림 속 여백에 "일지팔(一之八)"이라 썼고, "이백분지일(二百分之一)"이라는 축척을 표시했다.

「제오도(第五圖)」는 '참호로 둘러싸인 진지(entrenched camp)'의 설계도면이다. 두 면의 그림이 한 폭으로 이어져 있다. 우측 하단에 큰 글씨로 "영루도설 오(營壘圖說 五)"라고 인쇄했다. 네 개의 그림을 수록했는데,

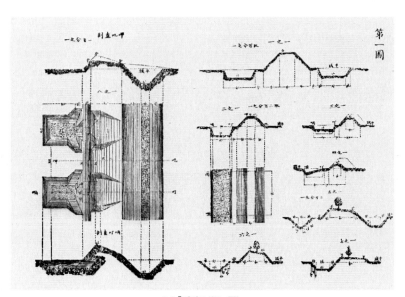

2.1 「제일도(第一圖)」

역시 그림마다 "오지일(五之一)"부터 "오지사(五之四)"까지 번호를 붙였다. 첫 번째 그림부터 세 번째 그림은 한데 붙어 있어 구분이 잘 되지 않는다. 그림 중간에 "사백분지일(四百分之一)"이라는 축척을 표시했다.

「제육도(第六圖)」는 다양한 형태의 참호 단면도다. 두 면의 그림이 한 폭으로 이어져 있다. 우측 하단에 큰 글씨로 "영루도설 육(營壘圖說 六)"이라고 인쇄했다. 작은 그림 여섯 개에 "육지일(六之一)"부터 "육지육(六之六)"까지 번호를 붙였다. 맨 밑에 축척을 표시한 막대를 그려 놓고, "구취이백오십분지일(俱取二百五十分之一)"이라고 축척을 표시했다.

「제팔도(第八圖)」 중 첫 번째 그림(그림 위에 "팔지일(八之一)"이라고 씀)과 두 번째 그림(그림 위에 "팔지이(八之二)"라고 씀)은 모두 '요새화된 마을'(fortified village)의 지도다. 성벽으로 둘러싸인 마을의 도로와 건물을 표현했다. 두 그림 모두 가운데 큰 건물에는 십자가가 그려져 있고, 두 번째 그림에는 등고선이 그려져 있다.

한편, 규장각 소장본은 역시 강남제조국 번역관에서 번역된 서양 과학기술 서적인 『측지회도(測地繪圖)』(규장각 소장, 奎中 2776, 奎中 3444)와 같은 곳에서 간행된 것으로 보인다. 두 책의 형태 사항과 인쇄 상태, 지질이 거의 일치한다.[6]

---

6 『측지회도』의 형태 사항은 다음과 같다. 木版本. 11卷 4冊: 揷圖, 上下單邊 左右雙邊 半廓 18.1×13.4cm, 有界, 10行 22字, 上下細黑口 上下黑魚尾; 29.0×17.0cm

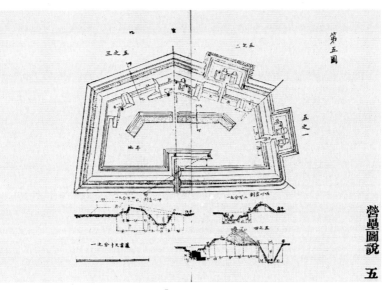

2.2 「제오도(第五圖)」

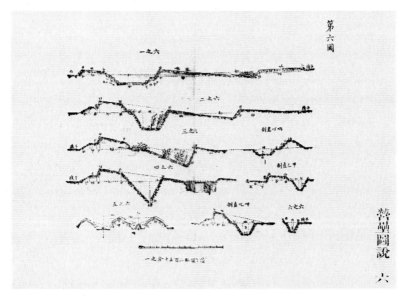

2.3 「제육도(第六圖)」

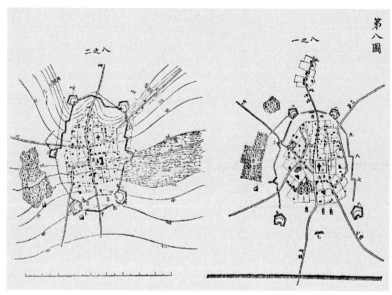

2.4 「제팔도(第八圖)」

청구기호	奎中 2835, 奎中 2836, 奎中 3110
편저자	비리시국(比利時國) 백리아망(伯里牙芒) 저(著), 미국(美國) 금해리(金楷理) 구역(口譯), 숭명(崇明) 이봉포(李鳳苞) 필술(筆述)
간행연도	미상(1876년(광서(光緒) 2년) 이후)
간행지	미상
형태사항	木版本. 不分卷 1冊: 揷圖, 上下單邊 左右雙邊 半廓 18.1×13.3cm, 有界, 10行 22字, 上下細黑口 上下黑魚尾; 29.3×16.8cm
인장	集玉齋, 帝室圖書之章, 朝鮮總督府圖書之印, 京城帝國大學圖書章

극로백포설[1]

당대 최고의 대포를 소개하다

1. 독일제 크루프포 사용을 위한 안내서

『극로백포설』은 독일의 크루프 사에서 제조한 대포 사용 안내서『크루프포, 설명서』(*Krupp's Guns, Description*)를 번역한 책이다.

크루프 사는 독일의 철강과 무기 제조사로 19세기 중엽부터 20세기 초엽까지 독일 최고의 무기 제조사로 군림했다. 1999년에는 독일의 철강 생산 기업 티센(Thyssen)과 합병하여 현재 유럽 최대 철강회사 티센크루프(ThyssenKrupp AG)가 되었다. 크루프 사는 1816년 프리드리히 카를 크루프(Friedrich Carl Krupp)가 설립한 강철 생산 공장에서 시작해 그의 아들 알프레드 크루프(Alfred Krupp)가 경영을 이어받았다. 1840년대에 들어 무기 생산 비중을 늘리기 시작해 1880년대 후반에는 무기 생산이 전체 생산량의 절반을 차지하게 되었으며, 알프레드 크루

---

1   서울대학교 규장각한국학연구원 편,『규장각, 세계의 지식을 품다: 2015 서울대학교 규장각한국학연구원 특별전』, 서울: 서울대학교 규장각한국학연구원, 2015, 150쪽에 『극로백포설』에 대한 짤막한 해제와 사진이 수록되어 있다.

프는 '대포왕'이라 불리게 된다. 이후 러시아, 오스만제국, 서유럽, 동아시아, 스칸디나비아, 남미, 이베리아, 발칸 국가 등 50여 개 국가에 무기를 수출했다.

제2차 아편전쟁(1856~1860) 후 서양 무기의 위력을 알게 된 청 정부는 처음에는 영국의 암스트롱포(Armstrong Gun) 등을 위주로 주로 영국과 프랑스에서 신식 무기를 구입했으나 점차 독일 크루프 사의 무기가 청의 군사 근대화에 있어 가장 중요한 역할을 하게 된다. 1860년대부터 1910년대까지 청에서 구입한 크루프포는 약 4천 대로 추정된다. 최초로 구입한 크루프포는 1867년 이홍장(李鴻章)이 회군(淮軍)의 무장을 위해 구입한 크루프 소포(小礮)였고, 1868년에 회군은 크루프포 부대를 창설하여 독일인 훈련관을 초빙해 독일식으로 훈련을 시작했다. 이후 프로이센-프랑스전쟁(1870~1871)에서 크루프포로 무장한 프로이센군이 승리하면서 크루프포는 청 정부의 관심을 끌게 되었고, 1884년 주독일 공사로 부임한 허경징(許景澄)이 직접 크루프포와 암스트롱포를 비교한 후 크루프포의 우수성을 극찬하며 적극적으로 구입을 건의하면서 청의 북양육군(北洋陸軍)은 크루프포를 대량 구입한다. 1881년부터 1888년까지 북양육군은 약 700대의 크루프포를 구입했으며, 1888년 성립된 북양해군(北洋海軍)도 크루프 사의 무기를 대량으로 구매했다. 청일전쟁(1894~1895) 이후 신군(新軍)이 근대적 무기 장비를 갖추는 데 있어서도 크루프포가 가장 중요한 역할을 했다.[2]

1911년 중화민국 성립 이후에도 중국은 크루프 사의 주요 수출국이

---

2 이 단락의 내용은 喬偉·李喜所·劉曉琴, 「德國克虜伯與晚清軍事的近代化」, 『南開學報(哲學社會科學版)』, 南開大學, 1999, 第3期, 66~69쪽; 孫烈, 「晚清籌辦北洋海軍時引進軍事裝備的思路與渠道: 從一則李鴻章致克虜伯的署名信談起」, 『自然辯證法研究』, 中國科學技術協會, 2011, 第6期, 96쪽; 周建明, 「李鴻章與中德軍火貿易」, 『武漢大學學報(人文科學版)』, 武漢大學, 2007, 第4期, 548쪽 참고.

었다. 중국내전이 빈번하게 일고 일본에 대항해야 했던 제1차 국공내전(1927~1936) 시기를 거쳐 1941년 독일과 국교가 단절될 때까지 크루프 사의 무기와 기기설비들은 끊임없이 중국으로 수입되었다.[3] 1870년대 크루프 사는 무기 제조사로서 입지를 굳혀 가고 있었고, 주요 고객인 청 정부와의 관계에 신경을 썼다. 그들은 비록 대포의 제조 기술에 대해서는 비밀에 부쳤지만 대포 사용 기술을 알려주는 데는 적극적이었다. 1870년에는 청 정부에 크루프 사의 무기와 관련한 서적을 여러종 증정했고, 강남기기제조총국(江南機器製造總局) 번역관에서 이들 서적을 번역해 출간함으로써 청군(淸軍)의 크루프 사의 무기에 대한 이해를 높이게 된다.[4] 번역관에서 출간한 크루프 무기 관련 서적은 『극로백포탄조법(克虜伯礮彈造法)』(4卷 2冊, 1872), 『극로백포병약법(克虜伯礮餠藥法)』(혹은 『병약조법(餠藥造法)』(3卷 1冊, 1872), 『극로백포조법(克虜伯礮操法)』(4卷 2冊, 1872), 『극로백포표(克虜伯礮表)』(8卷 2冊, 1872), 『극로백요고포설(克虜伯腰箍礮說)』(2卷 1冊, 1872), 『극로백라승포가설(克虜伯螺繩礮架說)』(2卷 1冊, 1872), 『극로백포설(克虜伯礮說)』(4卷 1冊, 1874), 『(극로백)포준심법((克虜伯)礮準心法)』(2卷, 1875) 등 8종이다. 이들 서적은 모두 카를 트라우고트 크레이어(Carl Traugott Kreyer)가 구역(口譯)하고, 이봉포(李鳳苞)가 필술(筆述)했다.

이들 8종의 서적 중 『극로백포표』(奎中 2799, 奎中 2800, 奎中 3098), 『병약조법』(奎中 3309), 『극로백포탄조법』(奎中 2804, 奎中 2805, 奎中 3574), 『극로백포설』(奎中 2795, 奎中 2796, 奎中 3090), 『극로백포준심법』

3 陳振國, 「德國克虜伯與中國的抗戰准備」, 『江漢大學學報(人文科學版)』, 江漢大學, 2003, 第5期, 29쪽 참고.
4 鄒振環, 「克虜伯火礮和克虜伯礮書的翻譯」, 『中國科技史料』, 中國科學技術史學會; 中國科學院自然科學史研究所, 1990, 第3期, 32쪽 참고.

(奎中 2801, 奎中 3112, 奎中 3113, 奎中 3114) 등 5종이 규장각에 소장되어 있으며,『극로백포탄조법』,『극로백포설』,『극로백포준심법』에는 "집옥재(集玉齋)" 장서인이 압인되어 있다. 이 밖에 규장각에는『병약조법』과 『극로백포탄부도(克虜伯礮彈附圖)』를 합철한 판본(奎中 2806, 奎中 2807)도 소장되어 있다.

조선에서도 군사력 증강의 필요성이 대두되면서 1870년대부터 대한 제국 시기까지 후장식(後裝式) 대포, 야포(野砲) 등 다양한 크루프포를 구입했다. 적어도 실제 무기도 없이 허황하게 무기 관련 서적만 구비한 상황은 아니었다.[5] 그러나『극로백포설』등 크루프포 관련 서적들이 단지 서가를 장식하는 데 그치지 않고 실제 군사 훈련에 얼마나 활용되었는지는 정확하게 알 수 없다. 다만, 규장각에 한 종의 서적이 여러 부(部) 소장되어 있는 것을 볼 때 이들 서적을 여러 부처에 배부해 관련자들이 열람할 수 있도록 조처했던 것으로 보인다.

『극로백포설』은 크루프 사 무기와 관련한 번역서들 가운데 가장 기본적인 내용을 담고 있으며, 크루프 사에서 제작한 것인 만큼 크루프포의 우수함을 논하는 내용도 종종 보인다. 본문은 모두 4권으로 이루어져 있으며, 각 권의 제목은 "선사주비(先事籌備)", "임시치용(臨時致用)", "포문포탄설(礮門礮彈說)", "포표용법(礮表用法)"이다.

제1권「선사주비」는 대포 사용 전의 준비에 대해 서술하고 있으며, '포병분장(礮兵分掌)'과 '탄약요지(彈藥要旨)'의 두 절로 나뉜다. '포병분장'에서는 여섯 명의 포병이 맡는 임무를 차례로 소개하면서 "각각 나

---

5 "조선 정부가 군사력 강화를 위해 양성한 신식군대는 소총, 기관단총, 서양식 포 등의 서양식 무기 사용법을 익혀야 했다. 크루프 포와 관련한 책들의 수집은 이런 배경 아래서 이루어진 것이다. 여기에는 서양 무기로 훈련한 군대를 확보함으로써, 무비자강(武備自强)을 이루려 했던 조선정부의 의지가 투영되어 있다." 서울대학교 규장각한국학연구원 편, 앞의 책, 150쪽.

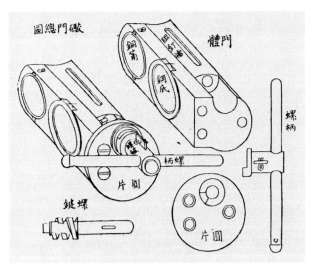

2.5 「포문총도(礮門總圖)」

누어 장관하며 월권해서는 안 된다.(各有分掌, 無越俎焉.)"고 했다. 여섯 명의 포병 중 제이포병은 포문(礮門)을 맡는다고 설명하면서 「포문총도(礮門總圖)」(그림 2.5 참고.)를 수록해 이해를 도왔다. '탄약요지'에서는 개화탄(開花彈)과 화탄(花彈), 양철관탄(洋鐵管彈), 약과(藥裹), 문약관(門藥管) 등 탄약과 그 부속 물품에 대해 설명했다.

제2권 「임시치용」은 실제 포 사용법을 설명한 것으로, '용개화탄급화탄(用開花彈及花彈)', '용수선급상한의(用垂線及象限儀)', '용양철관탄(用洋鐵管彈)', '회출탄약(回出彈藥)', '개방여사(開放餘事)'의 다섯 절로 나뉜다. '용개화탄급화탄'에서는 개화탄과 양철관탄의 장전, 조준, 발사 시에 각 포병이 해야 할 일을 순서대로 설명했고, '용수선급상한의'에서는 포가(砲架)의 끝에 수직선을 달아 목표물과 일직선이 되도록 포를 조정하는 방법과 상한의, 즉 각도기를 사용해 조준하는 방법을 설명했다. '용양철관탄'에서는 양철관탄을 포가 옆에 예비해 두고 사

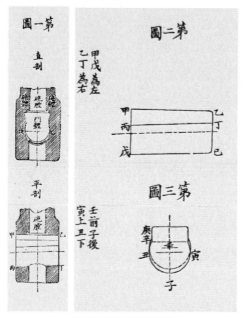

2.6 원벽포문(圓劈礮門) 단면도

용해야 함을 설명했고, '회출탄약'에서는 이미 장전한 탄약을 다시 꺼내는 방법을, '개방여사'에서는 세척과 보관 등 발사 후 해야 할 네 가지 일을 설명했다.

제3권 「포문포탄설」은 크루프포의 포문과 포탄에 대해 설명한 것으로 '원벽포문(圓劈礮門)'과 '개화철탄(開花鐵彈)' 두 절로 되어 있으며, 부록으로 '시포론(試礮論)'과 '사방탄포잡물명목(四磅彈礮雜物名目)'을 수록했다. '원벽포문'에서는 기존에 쓰던 후개문포(後開門礮)를 대체하는 크루프포의 원벽포문의 구조(그림 2.6 참고.)와 사용법을 설명했고, '개화철탄'에서는 겉은 납으로 되어 있고 속은 철로 되어 있는 개화철탄의 구조(그림 2.7 참고.)와 사용법을 설명했다. '시포론'에서는 동치(同治) 5년(1866년) 프로이센 국왕의 명령에 따라 4파운드 크루프포 세 대를 가지고 포의 성능을 시험해 본 결과를 표와 함께 서술했다. '사방탄포잡물명목'에서는 화약과피합(火藥裹皮盒)(각 대포 당 5구(具)), 피견대(皮肩帶)(각 대포 당 2줄), 문약관피합(門藥管皮盒)(각 대포 당 1구), 피요대(皮腰帶)(각 대포 당 1구) 등 4파운드 크루프포의 부속물품 쉰다섯 항목과 그 수량을 제시했다.

제4권「포표용법」에서는 사격 거리, 사격 각도, 포탄이 떨어진 지점의 오차 등을 나타낸 표를 사용하는 방법을 설명했으며, '견물

2.7「개화탄상상반절총도(開花彈上半截總圖)」

요격(見物邀擊)', '월격요격(越隔邀擊)', '고험탄차(考驗彈差)', '이개척도(移改尺度)', '정준의심(定準宜審)', '속률의상(速率宜詳)'의 여섯 절로 나뉜다. '견물요격'에서는 평격(平擊), 즉 수평 요격과 사격(斜擊), 즉 경사요격에 있어 책에서 제시한「포준표(礮準表)」를 보고 가늠자와 각도기를 움직여 포를 조준할 것을 안내했다. '월격요격'에서는 목표물과의 사이에 장애물이 있는 경우 포탄의 사용법과 포의 조준법을 설명했다. '고험탄차'에서는 함풍(咸豐) 11년(1861년) 프로이센의 군정국(郡政局)에서 시험 발사를 통해 포격 지점의 오차를 작성한「탄차표(彈差表)」를 사격 시에 활용하는 방법을 설명했다. '이개척도'에서는 시험 발사를 통해 포격 지점의 오차가「탄차표」의 수치보다 클 때 척도를 수정하는 방법을 설명했고, '정준의심'에서는 포의 각도를 맞출 때 살펴야 하는 세 가지

사항을, '속률의상'에서는 석벽, 흙, 나무, 선박 등 목표물의 종류에 따라 포의 폭파 강도가 달라지므로 서로 다른 포탄을 써야 하며, 포의 각도에 따라 발사 시점을 서로 다르게 설정해야 함을 설명했다.

2. 서지사항

『극로백포설』은 1874년(동치 13년) 강남기기제조총국에서 초간본이 출간되었다. 규장각 소장본의 경우 표제면과 간기가 없어 간행처와 간행연도를 정확하게 확인할 수 없다. 옌쥔샤(閆俊俠, 2007)[6]에 따르면『극로백포설』의 강남제조국 판본은 1874년 간본과 1875년 간본 두 종이 있으며, 이외에도 1896년 상해 홍문서국(鴻文書局)에서 석인한『서학부강총서(西學富強叢書)』본, 1899년 소창산방(小倉山房)에서 석인한『부강재총서정전집(富強齋叢書正全集)』본, 1901년 상해 일신사(日新社)에서 석인한『서양병서이십이종(西洋兵書二十二種)』본, 강남제조국에서 광서 연간에 연활자본으로 출간한『극로백포류편(克虜伯炮類編)』십이종본(十二種本), 청말에 간행된『서양병서십종(西洋兵書十種)』본 등 다수의 판본이 있다.

규장각에는『극로백포설』이 모두 세 부(部) 있는데(奎中 2795, 奎中 2796, 奎中 3090), 이들은 모두 같은 판본이다. 규중 2795와 2796의 표지에는 "극로백포설(克虜伯礟說) 전(全)"이라 표제(表題)를 썼으나 규중 3090에는 표제를 쓰지 않았다. "집옥재(集玉齋)" 장서인은 규중 3090에만 찍혀 있고 나머지 두 책에는 찍혀 있지 않다.

규장각 소장본은 1책 83장(張)으로 되어 있으며, 권수제(卷首題), 목록

---

6 閆俊俠, 앞의 글, 188쪽.

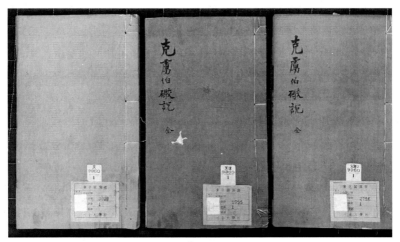

그림2.8 규장각 소장 『극로백포설』 3책

제(目錄題), 판심제(版心題), 표제(表題), 포갑제(包匣題)는 모두 "극로백
포설(克虜伯礮說)"이고, 표제(標題)는 없다.

1a~1b면에는 「극로백포설목록(克虜伯礮說目錄)」을 수록했다. 목록은
아래와 같다.

권일(卷一) 선사주비(先事籌備)

　　포병분장(礮兵分掌)

　　탄약요지(彈藥要旨)

권일(卷一) 임시치용(臨時致用)

　　용개화탄급화탄(用開花彈及花彈)

　　용수선급상한의(用垂線及象限儀)

　　용양철관탄(用洋鐵管彈)

　　회출탄약(回出彈藥)

개방여사(開放餘事)

　이어서 2a면부터 권1이 시작된다. 2a면의 첫 행의 위에는 "극로백포설 권일(克虜伯礮説卷一)"이라 썼고, 아래에는 "선사주비(先事籌備)"라 썼다. 다음 두 번째와 세 번째 행 사이에 계선을 긋지 않고 칸을 합쳐서 "포국 군정국원서(布國軍政局原書)"라고 썼다. "포국"은 프로이센이다. 그 아래에 한 행을 둘로 나누어 오른쪽에는 "미국 금해리 구역(美國 金楷理 口譯)"이라 썼고, 왼쪽에는 "숭명 이봉포 필술(崇明 李鳳苞 筆述)"이라 썼다. 이러한 표기 방식은 앞서 살펴본 『영루도설』에서와 같다. 그다음 행의 위의 두 칸을 들여쓰기 하여 제1절의 제목인 "포병분장(礮兵分掌)"을 썼고, 다음 행부터 본문이 시작된다. 2a면부터 9a면까지 권1이 수록되어 있으며, 권말의 하단에 "원화구서린회도(元和邱瑞麟繪圖)", "장주호수영 교자(長洲胡樹榮校字)"라 썼다. 권2를 제외한 각 권말에 모두 똑같이 표기했다. 구서린은 청대의 화가이며 산수도 등 작품 몇 점이 남아 있으나, 생애는 잘 알려져 있지 않다. 호수영의 생평 역시 미상이다.

　이어서 10a면부터 15b면까지 권2를, 16a면부터 30b면까지 권3을, 31a 면부터 45b면까지 권4를 수록했다.

규장각 소장본은『극로백포설』과『극로백포조법(克虜伯礮操法)』이 합철(合綴)되어 있다. 두 책 사이에 속표지 등의 구분 없이 곧바로 이어져 있어 마치 한 책인 것처럼 보인다.『극로백포조법』은 강남제조국에서 초간본을 1872년에 출간했으며, 크루프 사에서 제작한『크루프포, 훈련』(*Krupp's Guns, Drill*)을 번역한 것으로, 원저자와 번역자는『극로백포설』과 동일하게 표기되어 있다. 규장각 소장본의 경우『극로백포설』과 마찬가지로 간기가 없어 간행처와 간행연도를 알 수 없다.

『극로백포조법』은 전체 4권으로 되어 있으며, 포의 조작 및 운반 방법, 포대의 운영 방법 등 실제 크루프포 조작 훈련을 행할 때 알아야 할 제반 사항들을 두루 서술했다. 권1「치정독포(置定獨礮)」에서는 제1절부터 제15절에 걸쳐 고정된 포를 가지고 포병을 훈련하는 방법을 설명했다. 4파운드 대포와 개화탄(開花彈)을 사용하는 경우를 예로 들었으며, 제1포병부터 제6포병까지 6인에 포목(礮目)을 더하여 총 7인의 포병의 위치와 임무를 상세히 서술했다. 훈련 내용은 준비, 장전, 포 앞으로 밀기, 포 뒤로 끌기, 발사 및 발사 중지, 양철관탄 사용, 장애물 넘어 발사하기, 포탄 교환, 미발사 포탄 꺼내기, 포병 역할 교환, 서로 다른 포병의 역할 연습, 포의 해체 등 다양하고 구체적이다. 권2「예동독포(曳動獨礮)」에서는 제16절부터 제22절에 걸쳐 포를 틀에 실어 이동할 때 주의점과 조립법을 설명했다. 권3「포병승마(礮兵乘馬)」에서는 제23절부터 제29절에 걸쳐 포를 이동할 때 말을 탄 포병과 걷는 포병이 맡는 서로 다른 임무를 설명했으며, 포를 내릴 때와 연결할 때, 진영으로 돌아올 때와 전진할 때 등 각 상황에 따른 각 포병의 위치와 포의 연결 순서 등을 설명했다. 권4「포대성행(礮隊成行)」에서는 제30절부터 제37절에 걸쳐 훈련과 임전시 포대의 운영 방법과, 탄약 선택, 발사 명령, 발사후 포의 해체 등 각 단계에서 주의할 점을 기술했다.

청구기호	奎中 2795, 奎中 2796, 奎中 3090
편저자	포국(布國) 군정국(軍政局) 저(著), 미국(美國) 금해리(金楷理) 구역(口譯), 숭명(崇明) 이봉포(李鳳苞) 필술(筆述)
간행연도	미상(1874년(동치(同治) 13년) 이후)
간행지	미상
형태사항	木版本. 4卷 1冊: 揷圖, 上下單邊 左右雙邊 半廓 18.1×13.4cm, 有界, 10行 22字, 上下細黑口 上下黑魚尾; 29.3×17.1cm
인상	集玉齋(奎中 3090에만 압인됨), 帝室圖書之章, 朝鮮總督府圖書之印, 京城帝國大學圖書章

전사 戰史

회도월법전서[1]

청불전쟁의 서막을 기록하다

---

1. 청나라와 프랑스 간의 전쟁의 기록

『회도월법전서』는 19세기 말 베트남의 종주권을 놓고 청나라와 프랑스 간에 벌어졌던 청불전쟁(淸佛戰爭) 관련 기록을 엮은 책이다. 제목에서 "회도"는 '삽도'라는 뜻이다. 전통시기 중국에서 책을 출판할 때 삽도를 수록한 경우, 삽도가 들어 있음을 광고하기 위해 제목에 종종 '회도', '유상(有像)', '증상(增像)', '전상(全像)', '합상(合像)', '출상(出像)' 등의 표현을 덧붙였다. '상(像)' 대신 '상(相)'을 쓰기도 한다. 소설이나 희곡 서적의 경우에는 비단 위에 수놓은 것처럼 섬세한 그림이라는 뜻으로 '수상(繡像)'이라는 말을 많이 썼다. '수상○○연의(演義)' 등의 제목은 삽도가 수록된 소설책인 경우가 많다. 간혹 책 제목과는 달리 정작 책 속에 삽도가 없는 경우도 있다. "월(越)"은 월남(越南), 즉 베트남이

---

1 서울대학교 규장각한국학연구원 편, 『규장각, 세계의 지식을 품다: 2015 서울대학교 규장각한국학연구원 특별전』, 서울: 서울대학교 규장각한국학연구원, 2015, 172쪽에 『회도월법전서』에 대한 짤막한 해제와 사진이 수록되어 있다.

고, "법(法)"은 '법국(法國)'의 앞글자로 프랑스를 가리킨다.

청불전쟁은 '청프전쟁', '중불전쟁'으로도 불리며, 1884년(광서(光緒) 10년) 8월부터 1885년 4월까지 베트남과 중국 각지 및 중국 남쪽의 해상과 대만에서 벌어졌다. 청나라는 전쟁에 은 10억 냥 이상을 썼고 2억 냥 가량의 빚을 지게 되었으며, 전쟁이 끝난 후 프랑스와 맺은 조약에서 베트남을 프랑스의 보호국으로 인정하는 등 여러 가지 불이익을 얻었다.

당시 급변하는 세계정세에 촉각을 곤두세우고 있던 고종이 『회도월법전서』를 사들인 이유는 분명해 보인다. 고종은 당시 '만국공법(萬國公法)'이라 불렸던 국제법과 주변국들과 서양 열강 간의 조약 체결 과정에 큰 관심을 갖고 있었다. 그는 이 책에 수록된 청불전쟁의 기록을 살펴보면서 청나라와 프랑스 간에 맺어진 조약의 득실을 되짚어 보고 조선에 끼칠 영향을 점쳐 보고자 했을 것이다. 그런데 이 책은 청불전쟁이 종결되기 전인 1884년 4월에 간행되었기 때문에 정작 전투에 대한 기록과 전쟁의 결말은 수록되어 있지 않다. 말하자면 이 책은 전쟁의 서막까지만 기록한 셈이다.

1884년 8월 청불전쟁이 벌어지기 전부터 이미 프랑스와 청나라-베트남 간에는 심상치 않은 전운이 감돌고 있었다. 1858년(함풍(咸豊) 8년) 프랑스와 에스파냐는 베트남에 군대를 파견해 사이공 등지를 점령하고 일명 '사이공 조약'이라는 불평등 조약을 맺었다. 1873년(동치(同治) 12년) 프랑스가 다시 하노이 등지를 공격하자 베트남은 청나라에 도움을 요청했고 청나라는 류영복(劉永福, 1837~1917)[2]이 이끄는 흑기군(黑

---

2 류영복은 청대의 무관(武官)으로 광동성(廣東省) 출신이다. 청불전쟁 때 프랑스군을 몰아내 베트남 황제로부터 삼선정제독(三宣正提督)에 임명되었고, 후에 대만 민주국의 독립 선언 후 총통 권한대행을 지내기도 했다.

旗軍)을 파견한다. 1873년 12월, 흑기군이 프랑스군을 격파했으나 베트남은 프랑스의 압력으로 일명 '제2차 사이공 조약'을 맺는데, 이 조약은 중국의 베트남에 대한 종주권을 부인하는 것이었다. 청나라는 즉시 이에 대한 거부 의사를 밝혔고, 프랑스는 아랑곳하지 않고 더 적극적으로 베트남을 식민지화하려는 야심을 드러낸다. 이러한 배경에서 1882년 4월 프랑스의 코친차이나(Cochin China)³ 해군 함대 사령관 앙리 로랑 리비에르(Henri Laurent Rivière, 1827~1883)가 하노이를 점령한다.

1883년 5월 10일 류영복은 하노이 곳곳에 현수막을 내걸어 프랑스군을 조롱하며 탁 트인 벌판에서 싸워 보자고 도발한다. 리비에르는 5월 19일 새벽 약 450명의 소규모 군사와 대포 3문을 이끌고 흑기군을 공격하기 위해 하노이에서 서쪽으로 4.8km 가량 떨어진 지교(紙橋, 꺼우지아이(Cầu Giấy))로 진군했다가 다리 근처에 매복해 있던 3천여 명(1만 5천여 명이라고도 한다.)의 베트남-흑기군 연합군에 포위당해 다리를 건너 퇴각하고, 간신히 하노이까지 후퇴한다. 전투가 끝나갈 때 프랑스군의 대포가 반동 때문에 뒤집혔고, 리비에르와 장교들은 포병들이 대포를 바로 세우는 것을 도우려고 몰려갔다. 흑기군은 이를 놓치지 않고 그들을 향해 집중 사격했고, 프랑스 장교 한 사람이 죽고 리비에르는 어깨에 총알을 맞고 쓰러진다. 흑기군은 이 혼란을 틈타 전진하고 프랑스군의 후진을 격퇴한다. 이때 프랑스군 장교 몇 명이 부상을 입게 되고 혼란한 후퇴 과정에서 리비에르의 시체는 전장에 버려진다. 이 전투로 프랑스군 35명이 전사하고 51명이 부상을 입었다.

그러나 승리의 기쁨은 잠시뿐이었다. 그해 12월 프랑스는 1만 6,500여 명의 증원군을 파병하여 베트남의 여러 도시를 함락시켰다. 베트남

---

3 베트남 남부 메콩강 삼각주를 중심으로 한 지역으로, 한문으로는 '교지지나(交趾支那)'이다.

은 청나라에 구원병을 요청했고, 전쟁보다는 외교적 방법으로 상황을 타개하기를 원했던 이홍장(李鴻章)은 1884년 4월 천진(天津)에서 프랑스 외교관이자 해군 제독인 푸르니에(François‑Ernest Fournier)를 만나 '청-프 간명 조약'을 체결했다. 내용은 청나라는 프랑스의 베트남 보호권을 승인하고 베트남에 주둔하고 있던 군대를 철수하는 대신, 프랑스는 중국의 변경을 침범하지 않는다는 것이었다. 하지만 프랑스는 청나라가 군대 철수를 지체한다는 구실로 그해 6월 청나라 군대를 공격하고, 8월 6일 청나라는 프랑스에 정식으로 선전 포고를 한다. 청불전쟁이 시작된 것이다.

『회도월법전서』의 간행자[4]는 본격적인 청불전쟁이 발발하기 전인 1883년 1월부터 1884년 3월까지 베트남-흑기군 연합군과 프랑스군 간의 전투와 관련해 발표된 공식 문건들과 군사 소식을 전한 신문 기사 등을 모아서 이 책을 출판했다. 당시 청나라의 일반 백성들은 베트남의 상황을 보면서 시시각각으로 바뀌는 새로운 소식을 얻고 싶어 했을 것이고, 『회도월법전서』는 그러한 수요를 공략한 것이다. 다만, 편집자는 논평을 달거나 앞으로의 전황을 예측하지는 않았다.

2. 지교전투를 담은 삽도

이 책에는 지교전투(Battle of Paper Bridge)의 모습을 담은 삽도가 수록되어 있다. 지교전투는 프랑스가 베트남을 정복하려고 시도하는 중에 첫 번째로 일어난 주요한 전투였고, 본격적인 청불전쟁의 계기가 되었다. 이 삽화는 비록 화가가 전투 상황을 직접 보고 그린 것이 아니라 상

4　간기(刊記)에 따르면 『회도월법전서』의 간행자는 '상해왕씨(上海王氏)'인데, 누구인지는 알 수 없다.

2.9 「제일도(第一圖)」와 「제이도(第二圖)」. 그림은 네 면씩
하나로 연결이 되고 두 면씩 하나의 주제를 표현했다.

2.10 「제삼도(第三圖)」와 「제사도(第四圖)」. 앞의 그림이 박진감 넘치는
근경(近景)을 담은 반면 뒤의 그림은 원경(遠景)을 조망했다.

상에 의지해 그린 것으로 추정되지만, 그럼에도 지교전투를 기록한 전쟁 기록화로서 나름의 가치가 있다.

여덟 면에 걸쳐 수록된 각각의 삽도를 오른쪽에서 왼쪽으로 쭉 연결하면 앞의 네 면의 그림이 하나로, 그다음 네 면의 그림이 또 하나로 연결된다. 기다란 두 폭의 그림을 나누어 수록한 것이다. 또한, 앞뒤 두 면씩 하나의 주제를 이루므로 각각을 "제일도(第一圖)"부터 "제사도(第四圖)"까지 표시하고 제목을 붙였다. 그림에서 흑기군은 말을 타고 창과 검을 들었으며, 군복 가운데 커다란 원 안에 "류(劉)"라고 쓰여 있다. 프랑스군은 장총을 들고 서양식 군복을 입었고, 제독인 리비에르를 빼고는 말을 타지 않은 보병(步兵)이다.

그림 2.9를 보면, 위쪽 두 면의 그림의 여백에 "제일도(第一圖)"라 적고 작은 글씨로 "오로복병추살(五路伏兵追殺)"이라는 제목을 썼다. 흑기군이 매복하고 있다가 자교(紫橋)라는 다리를 건너 패주하는 프랑스 군대를 격추하는 모습이다. 자교는 '지교(紙橋)'의 잘못인 것으로 보인다.

아래의 두 면은 「제이도(第二圖)」이며, 제목은 "원융생금법(元戎生擒法)"이다. 흑기군이 패주하는 프랑스군을 생포하는 모습을 담았다. "원융(元戎)"은 장수라는 뜻이고, "법(法)"은 프랑스군을 가리킨다. 화면 중앙에 말을 탄 류영복이 역시 말을 타고 있는 리비에르 제독을 붙잡고서 검을 겨누고 있는 모습을 크게 그렸다.

「제삼도(第三圖)」는 리비에르를 생포한 흑기군이 "류(劉)"라고 쓴 커다란 군기(軍旗)와 군악대를 앞세워 성 안으로 개선 행진하는 모습을 담았다.

「제사도(第四圖)」는 생포한 프랑스 군인들을 참수하여 효시하는 모습을 담았다. 산 중턱의 성채에서 군인들을 참수하고 있는데, 가운데 공터에서 망나니가 칼을 높이 쳐들고 있고 그 앞에 무릎 꿇은 군인의 머리는 이미 잘렸는지 없다. 그 오른쪽에 15명 남짓의 군인들이 무릎을 꿇은 채 자신의 순서를 기다리고 있다. 그림의 여백에는 "효수법군인심대쾌(梟首法軍人心大快)"라 썼는데, '프랑스 군인을 효수하니 마음이 매우 통쾌하다'는 뜻이다.

3. 서지사항

규장각 소장본의 표제(標題)는 "회도월법전서(繪圖越法戰書)"이고, 표제(表題)와 포갑제(包匣題)는 "안법전기(安法戰紀)"다. 표제면(1책 1a면)에 "회도월법전서(繪圖越法戰書)"라 쓰고 "자근왕정학서(子芹王廷學書)"라 하였고, 그 아래에 주문(朱文)의 인장 "자근(子芹)"을 인쇄했다. 1b면의 간기(刊記)에 "광서십년사월상해왕씨인행(光緒十年四月上海王氏印行)"이라 했다. 광서 10년은 1884년이다.

이 책은 전체 4책으로 되어 있으며, 크게 제1부 「성조성사(聖朝盛事)」(1책에 수록), 제2부 「월남전략(越南傳略)」(1책에 수록), 제3부 「안법전기(安法戰紀)」(2, 3, 4책에 수록)로 구성되어 있다. 제1책 권수에 서문, 발문, 목차는 없고, 2a면부터 바로 본문이 시작된다.

제1책의 2a면부터 32a면까지 제1부에 해당하는 「성조성사」를 수록했다. 여기에는 광서제(光緒帝), 팽옥린(彭玉麟), 류영복이 쓴 글 일곱 편이 수록되어 있다. 문서의 제목은 「밀유공록(密諭恭錄)」, 「팽상서주고(彭尙書奏稿)」, 「계미십일월팽궁보헌시(癸未十一月彭宮保憲示)」, 「계미사월초육일격문(癸未四月初六日檄文)」, 「사월십팔일격문(四月十八日檄文)」, 「월남삼선제독류서사격(越南三宣提督劉誓師檄)」, 「류제독전서(劉提督戰書)」다. 「계미십일월팽궁보헌시」와 「계미사월초육일격문」 사이에 15a면부터 18b면까지 앞서 살펴본 삽도가 수록되어 있다.

「밀유공록」은 1883년 9월 30일에 내려진 상유(上諭)로, 내용은 월남 북부 지역에서 프랑스에 대해 적극적으로 군사행동을 할 것을 지시한 것이다.

「팽상서주고」와 「계미십일월팽궁보헌시」는 병부상서(兵部尚書) 팽옥린이 쓴 것이다. 그는 프랑스에 대해 군사 행동을 펼칠 것을 주장한 적극적인 주전론자였다. 「팽상서주고」는 팽옥린이 황제에게 광동 지역의 상황을 보고한 상주문이고, 「계미십일월팽궁보헌시」는 관청에서 여러 사람들에게 보이는 포고문으로, 광동 지역의 외국 상인들에게 프랑스와의 개전을 미리 통지하여 화물과 재산의 안전을 확보할 것을 당부한 것이다. 계미년은 1883년이다.

「계미사월초육일격문」, 「사월십팔일격문」, 「월남삼선제독류서사격」은 모두 격문(檄文)이다. 이들 격문이 발표된 시기는 앞의 글들보다 먼저이지만, 황제의 상유 등의 글보다 격이 낮기 때문에 뒤에 수록되었다. 1883년 4월은 리비에르의 군대와 월남삼선정제독(越南三宣正提督) 류영복이 이끄는 흑기군이 한창 대치하고 있던 시기였다. '서사(誓師)'란 군대가 전투를 시작하기 전에 장군이 전쟁의 의의를 밝히고 병사들의 전투 의지를 고취시키는 것을 말한다.

「류제독전서」는 류영복이 프랑스 장군을 상대로 쓴 교전 통지서로, 강 언덕에 주둔하여 적군의 동세만 살피고 있는 프랑스군을 조롱하며 대장부답게 강을 건너오라고 도발하는 내용이다. 먼저 도입부에서 류영복은 그간의 프랑스군의 패배를 나열하며 조롱했다.

월남삼선제독 의량남(義良男) 류영복은 프랑스 장군에게 편지를 써 전쟁의 일을 약속하는 바이다. 듣자니 프랑스는 해외의 최강국이라고 하는데, 본 제독이 10년 전에 너희 장군 안업(安鄴)과 칼을 부딪쳐 보니, 한 번 싸움에 목을 베는 것을 도륙하듯이 하니 닭과 개도 강국의 장수가 이 정도밖에 되지 않는구나, 하고 비웃었다. 리위리(李威利)는 더욱이 너희 나라에서 명장이라 공공연히 칭하는 자인데, 본 제독이 또 한 번 싸워서 그의 목을 베니 그 남은 군진도 무너져 대소 장수들의 머리를 이루 다 셀 수가 없었다. 작년(1883년) 4월 이후로 당신들 군대는 첫 번째는 지교(紙橋)에서 패하고, 두 번째는 회덕(懷德)에서 패하고, 세 번째는 단봉(丹鳳)에서 패하니, 중국 국내외에서 너희 나라는 사람을 보지 못하는구나, 하고 비하하고 조소하고 있다.[5]

'안업'은 프랑스 해군 장교인 마리 가르니에(Marie Joseph François Garnier)다. 그는 1873년 11월 하노이성을 함락시키는 데 성공했으나 12월 하노이 교외에서 류영복이 이끄는 흑기군과의 교전 중에 전사했다. '리위리'는 리비에르로 리유업(李維業)으로도 번역한다. 지교 전투가 벌어진 후 1883년 8월부터 9월까지는 베트남의 회덕과 단봉에서 전투가 벌어졌고, 이 전투에서 흑기군은 프랑스군 천여 명을 섬멸했다. 1883년 베트남 황제 사덕제(嗣德帝) 완복시(阮福時)는 류영복의 혁혁한 전공을 높이 사 그를 삼선부제독(三宣副提督)에 임명하고 영용장군(英勇將軍)에 봉했으며, '산서흥화선광부제독영용장군(山西興化宣光副提督英勇將軍)'이라는 인문을 새긴 인장을 하사했고, 나중에 다시 등급을 높여 삼선제독에 봉하고 일등의량남(一等義良男)의 작위를 내렸다.

---

5 "越南三宣提督義良男劉致書法國兵頭爲約戰事. 竊聞法蘭西海外最強之國也, 本提督於十年前與爾兵頭安鄴接仗, 一戰斬之如戮, 鷄犬竊笑, 強國之將不過如此, 而李威利尤爾國所共稱良將者也, 本提督又一戰斬之, 其餘陳斃, 大小兵頭不堪悉數計. 自去年四月而後, 爾兵一敗於紙橋, 再敗於懷德, 三敗於丹鳳, 中外恥笑爾國無以見人." 『회도월법전서』, 11a쪽.

전서의 주된 의도는 프랑스군이 강을 건너오도록 유인하는 것이었다. 류영복은 이어서 다음과 같이 도발했다.

대장부는 일을 행함에 호방하여 거리낌이 없고, 프랑스는 해외 최강의 국가이기까지 한데, 너희 장군은 수천 명의 병사를 이끌고 쥐처럼 강가에 숨어 창과 대포를 버려두니, 담이 작고 기력이 허약하기가 한 번 비웃을 만한 가치도 없다. 정정당당하게 강을 건너와 한번 승부를 겨뤄본들 무슨 상관있으랴?[6]

마지막으로 류영복은 프랑스군이 강을 다 건너기 전까지는 결코 중도에 공격하지 않겠다고 약속함으로써 프랑스군이 마음놓고 강을 건너도록 유인했다.

지금 너희 장군과 약속하건대, 너희 군대가 강을 건너면 우리 군대는 절대 건너는 중간에 공격하지 않고 너희 군대의 모든 병사가 강가에 올라와 진을 친 이후에 싸울 것이다. 대장부는 결코 식언하지 않는다.[7]

「류제독전서」에 이어 1책 33a면부터 끝까지는 2부인 「월남전략」이 수록되어 있다. 2부에는 「월남세위중국번복론(越南世爲中國藩服論)」이라는 글 한 편만이 수록되어 있는데, 내용은 월남이 여러 대에 걸쳐 중국의 속국이었음을 논한 것이다.

---

6 "大丈夫作事, 磊磊落落, 以法蘭西海外最強之國, 而爾兵頭率兵數千人, 鼠伏江干, 施放鎗砲, 膽小氣餒, 不値一笑. 何妨堂堂正正, 渡江而來, 決一勝負?"『회도월법전서』, 12a쪽.
7 "今與爾兵頭約定, 爾兵過江, 我軍必不半渡而擊, 務俟爾軍人人登岸列陳而後戰. 大丈夫決不食言."『회도월법전서』, 12b쪽.

『회도월법전서』의 제2책부터 제4책까지는 제3부에 해당한다. 여기에는 1883년 1월부터 1884년 3월까지의 군보를 한 달 단위로 구분하여 총 15편을 실었다. 첫 번째 군보의 제목은 「광서구년세차계미정월분군보(光緒九年歲次癸未正月分軍報)」이고, 이어서 「계미이월분군보(癸未二月分軍報)」와 같이 제목을 붙였다. 이들 군보는 전선으로부터의 편지나 전보, 각지의 신문에 실린 기사를 모아서 편집한 것으로 청-프 간명 조약이 체결되기 직전까지 프랑스와의 전투 상황과 주변 정세를 전하고 있다.

『회도월법전서』는 희귀본으로 현재까지 규장각 이외의 소장 기관은 찾지 못했다. 다만, 중국의 중국사학회(中國史學會)에서 1951년부터 1997년까지 편찬한 중국근대사료총간(中國近代史資料叢刊)의 다섯 번째 시리즈인 『중법전쟁(中法戰爭)』(전7책, 1955년)의 제3책에 『월법전서』가 수록되어 있다.(1~56쪽) 그런데 『회도월법전서』 중 삽도가 있는 제1책을 제외한 제2책부터 제4책까지만 수록했으며, 영인본이 아니라 새로 조판하여 출간한 것이므로 원서의 면모를 완전히 파악하기는 어렵다.

한편, 집옥재에는 『회도월법전서』 외에 역시 청불전쟁 관련서로 『화도중법화전곡직기(畵圖中法和戰曲直記)』(奎中 6339-v.1-4)가 소장되어 있었다. 이 책 역시 『회도월법전서』와 마찬가지로 희귀본이다.

규장각 소장본은 전체 4책으로, 1책에는 삽도와 「성조성사(聖朝聖事)」, 「중법전략(中法傳略)」이 수록되어 있고, 2책부터 4책의 앞부분까지는 「중안법화전곡직기(中安法和戰曲直記)」를 수록했다. 이어서 4책에는 프랑스 장군과 청나라 장군 사이에 주고받은 편지가 수록되어 있다. 「성조성사」와 「중법전략」에는 전쟁 기간 동안의 유지(諭旨), 윤음(綸音), 화약(和約), 조회(照會), 주소(奏疏) 등 관련 공문서를 수록했고, 「중안법화전곡직기」권에는 1884년 4월부터 8월까지의 군보(軍報) 및 중국과 외국의 신문 기사들을 수록했다.

이 책의 1책 2b면부터 3a면까지는 「기륭첩보도(基隆捷報圖)」를 수록하고 3b면에 간단한 설명을 덧붙였다. 이 그림은 대만 기륭(基隆)의 항구에 정박해 있는 청과 프랑스의 선박을 그린 것이다. 이어서 4b면부터 15b면까지 23면에 걸쳐 「중외각국기도(中外各國旗圖)」를 수록했다. 청, 영국 등 12개 국가의 국기와 통상상용기(通商常用旗)를 수록했다. 이는 당시 국기의 모습을 살피는 데 참고할 수 있다.

이 책의 편찬자는 누구인지 알 수 없다. 「성조성사」권을 제외한 각 권의 권수에 "유심시사인편차(有心時事人編次)"라고 했을 뿐, 편찬자의 성명을 밝히지는 않았다.

이 책은 『회도월법전서』와 같은 해인 1884년(광서 10년)에 간행되었고, 『회도월법전서』와 책 크기가 비슷하며(14.8×8.6cm, 『회도월법전서』: 14.4×8.8cm), 표제면과 간기의 형식이 동일하여 같은 곳에서 출판된 것으로 추정된다. 또한, 표제면(1책, 1a면)에 "화도중법화전곡직기(畫圖中法和戰曲直記)"라 쓰고 "자근왕정학서(子芹王廷學書)"라 한 후, 그 아래에 주문(朱文)의 인장 "자근(子芹)"을 인쇄한 것이나, 간기(1책, 1b면)에 "광서십년구월상해왕씨인행(光緖十年九月上海王氏印行)"이라 한 것이 모두 『회도월법전서』와 동일하고 판형도 같다.

청구기호	奎中 5751−v.1−4
편저자	미상[8]
간행연도	1884년(광서(光緖) 10년)
간행지	상해(上海)
형태사항	木版本. 不分卷 4冊: 揷圖, 上下單邊 左右雙邊 半廓 9.6×7.4cm, 無界(제1책은 有界), 8行 20字, 上黑口(1책 細黑口, 2책 大黑口, 3, 4책은 白口) 上下向黑魚尾; 14.4×8.8cm
인장	集玉齋, 帝室圖書之章

---

8 규장각 홈페이지의 해제와 서울대학교 규장각한국학연구원 편, 앞의 책, 172쪽에는 이 책의 편자가 왕자근(王子芹)이라 되어 있는데, 왕자근은 이 책의 표제(標題) 글씨를 쓴 사람이며, 편자는 누구인지 알 수 없다.

『보법전기』

보불전쟁과 유럽 정세를 알린 책

1. 중국인이 편찬한 최초의 유럽전쟁사

『보법전기』는 만청 시기의 정치평론가이자 언론인이었던 왕도(王韜)가 보불전쟁과 관련한 자료를 엮고 논평을 더해 편찬한 것이다. 보불전쟁(프로이센-프랑스 전쟁)은 프로이센 왕국과 프랑스 제2제국 간에 1870년 7월부터 1871년 5월까지 벌어진 전쟁으로, 이후 유럽과 세계의 정세를 바꾼 중대한 사건이다. 전쟁은 프로이센군의 승리로 끝났으며, 프로이센은 베르사유 궁전 거울의 방에서 독일 제국의 성립을 선포하고 독일 황제의 즉위식을 올렸다.

청과 영국·프랑스 연합군 간에 벌어진 제2차 아편전쟁(1856~1860) 이후 청의 정치인들과 지식인들 사이에서는 유럽 정세에 대한 관심이 높아지고 있었다. 이러한 배경 속에 정치적 사건으로 1862년부터 홍콩에 은둔 중이던 왕도는 1867년부터 1870년까지 영국 등지를 방문하면서 유럽에 대한 견문을 넓혔고, 1870년 3월 홍콩으로 돌아왔다. 이때부터 서양을 소개하는 저술과 번역 활동을 시작한 그는 보불전쟁 소식을 접한 후 전쟁의 경과와 유럽의 정세를 중국에 알리기 위해 관련 보도 자료를 널리 수집해『보법전기』를 출간했다.

이 책은 중국인이 편찬한 최초의 유럽전쟁사로서 사료적 가치가 높다. 보불전쟁의 배경과 원인, 경과, 전후 처리를 상세히 소개했을 뿐 아니라, 프로이센과 프랑스 수뇌부 인물의 사적, 유럽의 정치 제도, 외교 상황, 최신의 군사 무기와 전술에 대해 서술했고, 곳곳에서 유럽의 풍토와 사정을 엿볼 수 있는 내용을 담았다. 이 책의 내용들은 당시 중국인들로서는 쉽게 얻을 수 없는 것이었고, 이후 중국의 지식인들이 유럽에 대한 지식을 쌓는 데 큰 영향을 끼쳤다. 특히, 이 책은 출간되기도 전에 초본(抄本)의 형태로 널리 읽혔으며, 양무파(洋武派) 관료들과 유신파(維新派) 인사들로부터 극찬을 받았다. 청말 정치사상가 양계초(梁啓超)는 1896년『서학서목표(西學書目表)』를 편찬하면서 목록에『보법전기』를 포함시키고 이 책을 서학 학습에 있어 필독서라고 고평했다.[1] 책에 수록된 글 중에서도 전쟁승패의 원인을 분석한 왕도의 논평이 주목을 요한다. 그는 독일이 승전할 수 있었던 요인은 첫째로 인재 등용, 둘째로 전쟁 대비, 셋째로 우수한 신식 무기 사용에 있으며, 넷째로 프로이센의 의회군주제(즉, 입헌군주제)가 프랑스의 전제군주제보다 우월하기 때문이라고 평가했다.

『보법전기』의 초간본은 14권으로, 1873년(동치(同治) 12년) 9월(음력 7월) 홍콩의 중화인무총국(中華印務總局)에서 출간되었다. 보불전쟁이 끝나고 약 2년이 지난 시점으로 당시로서는 비교적 빠른 시간에 먼 유럽에서 벌어진 소식을 중국에 전한 것이라고 할 수 있다. 이 책에 실린 자료는 영국과 홍콩에서 발행한 신문 기사와 전보 등이며, 이들 자료를

---

1 이 단락 내용은 鄒振環,「最早由中國人編譯的歐洲戰爭史」,『編輯學刊』, 上海市編輯學會, 1994, 第4期, 83쪽 참고.

장종량(張宗良, 字: 지헌(芝軒)) 등이 번역한 것을 왕도가 정리하고 시간 순으로 엮은 것이다. 초간본이 출간된 다음 해인 1874년 관련 자료를 증보하여 여섯 권을 더한 20권본이 출간되었다.

『보법전기』의 편찬 과정에서 주요한 역할을 한 장종량은 홍콩의 한 신문사의 주필로, 일찍이 주일본 영사관에서 근무하기도 했다. 『보법전기』의 권1에서 권4까지의 내용은 주로 그가 영국의 신문과 전보를 번역한 것들이다. 그 밖에 이 책의 편찬에 참여한 인물로 진애정(陳藹廷), 매적(梅籍), 하옥군(何玉群), 추성(鄒誠) 등이 있다. 진애정은 중국인의 신문 창간에 있어 선구적인 인물로, 〈향강화자일보(香港華字日報)〉(The Chinese Mail)를 창간했다. 그는 일찍이 주미국 대사관 참찬(參贊)과 주쿠바 총영사를 지냈다. 『보법전기』의 권11과 권12의 대부분은 그가 〈향강화자일보〉의 주필로 있던 1871년 봄 신문에 실렸던 관련 기사에서 발췌한 것이고, 권13과 권14에서 왕도의 평론 이외 내용은 모두 〈향강화자일보〉에서 취한 것이다. 매적과 하옥군은 초벌 번역을 윤색했고, 추성은 지도를 교정·번역했다.[2]

『보법전기』는 조선에도 전해졌다. 규장각 소장본은 1886년 간행된 20권본으로, "집옥재(集玉齋)" 장서인이 압인되어 있다. 비록 전쟁이 벌어진 지 상당한 시간이 지난 후이지만 이 책에 수록된 유럽의 외교 상황 및 정치 체제와 관련한 내용은 고종이 멀리 떨어진 유럽을 이해하는 데 큰 도움이 되었을 것이다.

『보법전기』는 조선의 지식인들에게도 알려져 있었다. 1882년(고종 19년) 지석영(池錫永)이 올린 상소에서 백성들이 오늘날의 시세를 알 수 있도록『보법전기』,『만국공법(萬國公法)』,『조선책략(朝鮮策略)』,『박물

---

2   이 단락의 내용은 吳桂龍, 「王韜思想發展探微: 讀『普法戰紀』」, 『上海社會科學院學術季刊』, 上海社會科學院社會科學雜志社, 1988, 第1期, 169쪽 참고.

신편(博物新編)』,『격물입문(格物入門)』,『격치휘편(格致彙編)』등에 수록된 내용을 널리 알려야 한다고 주장하며 방책을 제시했고, 고종은 이에 대해 옳다고 여겨 '소의 내용을 시행토록 하겠다'고 답했다.『보법전기』는 조선의 지식인들에게 세계의 동향을 파악하고 최신 지식을 얻기 위해 읽어야 할 필독서로 여겨진 것이다. 이후 대한제국 시기 지식인들이 보불전쟁 승전국인 독일을 본받아야 할 군사강국으로 인식하는 데도『보법전기』가 일정한 영향을 끼쳤던 것으로 보인다.[3]

2. 유럽 지리를 담은 세 장의 지도

『보법전기』의 권수에는 두 편의 서문과「범례(凡例)」에 뒤이어 6면에 걸쳐 세 장의 지도가 수록되어 있다. 지도를 수록한 부분이 시작되기 전에는 한 면에 걸쳐 큰 글씨로 세 지도의 제목을 제시했다. 여기에서는 지도의 이름을 각각 "구주보법총도(歐洲普法總圖)", "법국전경도(法國全境圖)", "법경외포대도(法京外礮臺圖)"라 했는데, 지도 상의 제목과는 다소 차이가 있다. 지도 수록 부분의 각 장의 앞면의 판심(版心) 하단에 "천남둔수(天南遯叟)"라 하고, 뒷면의 판심 하단에는 "왕도감정(王韜勘定)"이라 했다. 천남둔수는 왕도의 호(號)다.

첫 번째 지도는「구라파주열국도(歐羅巴洲列國圖)」로 서유럽 전역의 지도다. 지도에는 아세아주(亞細亞洲: 아시아), 아비리가주(亞非利加洲: 아프리카) 등 대륙의 명칭과 아라사(俄羅斯: 러시아), 아사미나(亞斯迷拿: 아

---

3 김태웅(2019)은 〈황성신문〉의 1907년 4월 13일부터 7월 16일 지면에 수록된 광고를 인용하여 "1905년 이후에도 한국의 개신 식자층은『보법전기』출판을 통해 여전히 독일을 '보불전쟁에서 승리하였으며 분열된 나라를 통일시킨 강대국'으로 인식하면서 대한제국의 부활을 꿈꾸었다."라고 했다. 김태웅,「高宗政府의 獨逸帝國 인식과 近代政治體制 모색,『歷史敎育』150, 역사교육연구회, 2019, 234~235쪽.

르메니아), 나사위(那士威: 스웨덴), 오지리(墺地利: 오스트리아), 토이기(土耳奇: 터키), 보로사(普魯士: 프로이센), 위전(威殿: 노르웨이), 일이만(日耳曼: 게르마니아), 전몽(顚夢: 덴마크), 법란서(法蘭西: 프랑스), 서반아(西班牙: 스페인), 이대리(以大利: 이탈리아), 하란(荷蘭: 네덜란드), 비로지암(卑路芝暗: 벨기에), 로심필(魯心畢: 룩셈부르크), 소격란(蘇格蘭: 스코틀랜드), 애이란(埃耳蘭: 아일랜드), 영륜(英倫: 영국), 서사(瑞士: 스위스), 포도아(葡萄牙: 포르투갈), 빙도(氷島: 아이슬란드) 등 21개의 국가 명칭, 가석가(哥錫架: 코르시카), 사전나(沙顚拿: 사르데나), 시시리(詩詩利: 시칠리아) 등 섬의 이름, 북압란적양(北押蘭的洋: 북아일랜드의 바다), 리해(裏海: 카스피해), 파라적해(波羅的海: 폴란드의 바다), 도화해(都華海: 도버 해협), 접파라타(接波羅打: 지브롤터), 아지리아적해(亞地厘亞的海: 아드리아해), 흑해(黑海), 지중해(地中海), 파사니아해고(波士呢亞海股: 보트니아 만), 분란해

2.11 「구라파주열국도(歐羅巴洲列國圖)」

고(芬蘭海股: 핀란드 만) 등 10개의 해양지명이 등장한다. 이 밖에 터키의 남쪽으로 "마리아(摩利亞)"와 "견지아(堅地亞)"라는 지명이 보인다. 각각 현재 그리스 남단과 크레타 섬에 해당하는 위치인데 어느 지명을 번역한 것인지 알 수 없다.

이 지도를 통해 대략적인 유럽 국가의 위치와 국경에 대해서는 알 수 있으나, 현재의 그리스가 터키 영토로 되어 있고 터키와 아르메니아의 국경이 분명하지 않은 등 오류도 많다.

다음으로 수록된 「법란서도(法蘭西圖)」는 프랑스 지도다. 프랑스 국경 밖으로 비로지암(卑路芝暗), 이대리(以大利), 서반아(西班牙), 잉길리(英吉利: 잉글랜드) 등 4개국과 지중해(地中海)를 큰 글씨로 쓰고, 국경 주위로 일이만경(日耳曼境: 게르마니아 국경), 서사국경(瑞士國境: 스위스 국경)을 표시했으며, 도화해(都華海), 로화하(魯華河: 루아르 강(Loire)), 선하(仙河: 센 강(Seine)), 로오하(魯吳河: 론 강(Le Rhône)), 묘사하(妙士河: 뫼즈 강(Maas)), 마사예하(摩思倪河: 모젤 강(Mosel)), 례오하(禮吳河: 라인 강(Rhein)), 만하(蠻河: 마른 강(La Marne)), 파정해(波定海: 보덴 호(Bodensee)) 등 강, 해협, 호수를 표시했다. 또한, 주요 도로를 점선으로 표시했다.

지도에 표시된 지역명은 모두 108개다. 일반 지역명은 '○' 표시를 하고, 주요 지역명은 '◉' 표시를 해 구분했다. 또, 법경(法京: 파리)에는 명칭 주위에 동그라미를 그렸고, 주요 도시인 마사로(馬些路: 마르세유(Marseille))와 리안(理安: 리옹(Lyon))에는 '■' 표시를 했으며, 파도(波都: 보르도(Bordeaux))에는 '□' 표시를 했다. '◉' 표시를 한 주요 지명은 리리(里利: 릴(Lille)), 사단(師丹: 스당(Sedan)), 문물지(門勿地: 몽메디(Montmédy)), 태안위로(太安威路: 티옹빌(Thionville)), 멸사(蔑士: 메스(Metz)), 와단(窩蛋: 베흐덩(Verdun)), 파리조(巴里鵰: 바흐르듀그(Bar-le-Duc)), 사룡(沙龍: 샬롱앙샹파뉴(Châlons-en-Chanpagne)), 렴사(廉士: 라임스

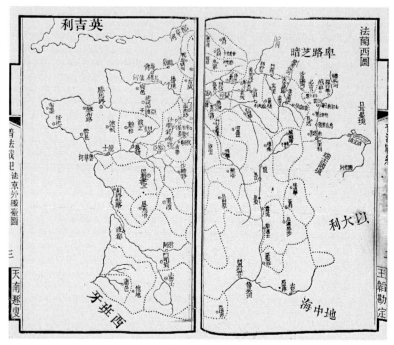

2.12 「법란서도(法蘭西圖)」

(Reims)), 니화(呢華: 느베르(Nevers)), 아사아(阿思亞: 오세르(Auxerre)), 체상(棣桑: 디종(Dijon)), 파사리(巴士利, 바젤(Basel)), 사타랄사필(士打剌士畢: 스트라스부르(Strasbourg)), 마강(馬江: 마콩(Mâcon)), 룽(龍: 룩쓰 Lux)), 운니(雲呢: 비엔느(Vienne)), 화련사(華蓮士: 발랑스(Valence)), 기련노보(忌連怒步: 그르노블(Grenoble)), 삼파리(三巴利: 샹베리(Chambéry)), 사룽(士龍: 툴롱(Toulon)), 아면(亞棉: 아미앵(Amiens)), 압비위리(鴨卑威利: 아브빌(Abbeville)), 로현(魯現: 루앙(Rouen)), 비금(飛禽: 페캉(Fécamp)), 와화(瓦華: 르아브르(Le Havre)), 강읍(康邑: 캉(Caen)), 화리사(花利士: 팔래스(Falaise)), 승마로(勝馬路: 생말로(Saint-Malo)), 승포로(勝布路: 생브리외(Saint-Brieuc)), 감파(拑杷: 캥페르(Quimper)), 능사(能士: 낭트(Nantes)), 운읍(雲邑,

반(Vannes)), 련성(連城: 렌(Rennes)), 리화(離和: 루와홍(Loiron)), 안사(晏揸: 엉제(Angers)), 도아(都亞: 투르(Tours)), 포화(布華: 블루아(Blois)), 아리안(阿里晏: 오를레앙(Orléans)), 파랄다의(巴剌爹宜: 푸아티에(Poitiers)), 사조로(沙雕路: 샤토루(Châteauroux)), 안고랭(晏高冷: 앙굴렘(Angoulême)), 랄로사로(剌路些路: 라로셸(La Rochelle)), 리파(里波⁴: 리모주(Limoges)), 기랄몽(忌剌蒙: 클레르몽페랑(Clermont-Ferrand)), 문두빈(門頭賓: 몽토방(Montauban)), 토로사(土魯士: 툴루즈(Toulouse)) 등 47개다. 지역 명칭과 위치, 지역 간의 거리 등이 비교적 정확한 편이다.

마지막으로 수록된 「법경포대도(法京炮台圖)」는 파리 포대의 위치와 명칭 및 주요 도로와 강을 표시한 지도다. 중앙의 성곽 안 센강의 동쪽 강둑에는 삼궁(三宮)과 조랄리궁(條剌厘宮: 튀일리궁(Palais des Tuileries))이 위치해 있다. 이 궁궐은 1871년 방화로 소실되어 현재는 남아 있지 않다. 이 밖에 성곽 안의 서쪽에는 의원(議院), 병방(兵房), 병병방(病兵房)이 표시되어 있다. 성곽 밖에는 17개 포대의 위치와 명칭을 표시했다.

이 밖에 센 강과 마른 강의 물길을 여러 겹의 실선으로 표시했고, 전련사운하(顚連士運河), 왕로현화차로(往魯現火車路: 루앙행 철로), 왕승사문화차로(往勝揸文火車路: 생제르맹앙레(Saint-Germain-en-Laye)행 철로), 두 노선의 왕화사예화차로(往華些倪火車路: 베르사유(Versailles)행 철로), 왕아련화차로(往阿連火車路: 오를레앙행 철로), 왕례앙화차로(往禮昻火車路: 리옹행 철로), 왕사타랄사필화차로(往士打剌士畢火車路: 스트라스부르행 철로), 왕시진화차로(往腮辰火車路: 수아송(Soissons)행 철로) 등 총 여덟 개의 철로를 두 줄의 실선으로 표시했다. 이 밖에 주요 도로를 실선으로 표시했다.

---

4 발음을 따져 보면 '波'자는 '沒'자의 오식으로 보인다.

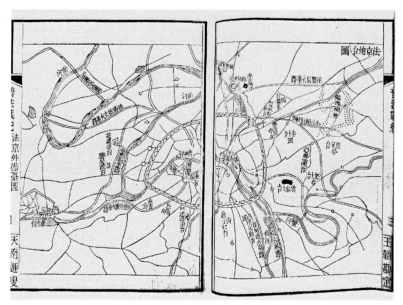

2.13「법경포대도(法京炮台圖)」

당시 중국에서는 포대의 배치까지 나타낸 이처럼 상세한 유럽지도는 구하기 어려웠을 것이다. 따라서 『보법전기』에 수록된 이 세 장의 지도 는 당시 중국인들이 유럽 지형에 대한 지식을 넓히는 데 기여했으리라 사료된다.

한편, 이상의 지도에 수록된 한자 지명은 청말 서양 고유명사의 번역 상황을 살펴보는 데 연구 자료로 활용할 수 있다.

3. 서지사항

규장각 소장 『보법전기』는 초간본이 간행된 지 13년 후인 1886년(광 서(光緒) 12년)에 중간된 20권본이다. 전체 10책으로 되어 있으며, 권수 제(卷首題), 표제(標題), 판심제(版心題)는 모두 "보법전기(普法戰紀)"이고, 표제(表題)와 포갑제(包匣題)는 "보법전기(普法戰記)"다. 1책의 1a면은 표제면(標題面)으로, 전서(篆書)로 "보법전기(普法戰紀)"라 썼고, 1b면에 "광서병술중춘지월양호왕학한서검(光緖丙戌仲春之月陽湖汪學瀚署檢)"이라 썼다. 광서 병술년은 1886년이고, 왕학한에 대해서는 자세히 알려져 있지 않다.

1책의 2a면부터 6b면까지 왕도가 쓴 「전서(前序)」가 수록되어 있고, 이어서 7a면부터 11b면까지 역시 왕도가 쓴 「후서(後序)」가 수록되어 있다. 「전서」의 마지막에는 "동치십년세차신미육월이십이일오군왕도서어천남둔굴(同治十年歲次辛未六月二十二日吳郡王韜序於天南遯窟)"이라 썼고, 「후서」의 마지막에는 "하생일오군왕도재서어천남둔굴(荷生日吳郡王韜再序於天南遯窟)"이라 썼다. 이 두 편의 서문은 모두 초간본을 간행할 때 쓴 것이다. 두 편의 서문과 「범례(凡例)」 및 본문이 수록된 장의 앞면 판심 하단에는 "도원왕씨간(弢園王氏刊)"이라 썼고, 뒷면 판심 하단에는 "둔수수교본(遯叟手校本)"이라 썼다. "도원왕씨"와 "둔수"는 모두 왕도의 호다. 왕도에 대해서는 이 책의 3부 「기이한 일들의 기록 『후요재지이도설』」, 4. 왕도에서 자세히 다뤘다.

이어서 12a면부터 16b면까지 15조의 「범례」를 수록했다. 범례에서는 서양의 정치 체제에 따른 최고 통수자의 명칭과 명칭 번역 문제, 러시아, 프랑스, 프로이센, 오스트리아 등 4개국의 명칭 문제, 인명과 지명의 음역 문제, 자료 번역과 편집 및 집필 과정, 번역 참여자 소개, 출간 경위, 보불전쟁의 의의 등 다양한 내용을 다뤘다. 특히 제1조에서 서양의 정치 체제를 "군위주(君爲主)"의 국가, "민위주(民爲主)"의 국가, "군민공위주(君民共爲主)"의 국가 등 세 유형으로 나누고, 군주가 주인인 경우 군주를 "제(帝)"라 하며, 서양어로는 "은백랍(恩伯臘: Emperor)"이라 하고, 백성이 주인인 경우 군주를 "총통(總統)"이라 하며 서양어로 "백리새천

덕(伯理璽天德: President)"이라 하며, 군주와 백성이 함께 주인인 경우 군주를 "왕(王)"이라 하고, 서양어로 "경(京: King)"이라 한다고 했다. 왕도가 제시한 이들 번역어는 『보법전기』의 전파와 함께 지식인들 사이에 널리 알려졌다.[5]

1책의 17a면부터 20a면까지는 앞서 소개한 세 장의 지도를 수록했다. 17a면은 지도 수록 부분의 표제면에 해당하며, 17b면에서 18a면에 「구라파주열국도(歐羅巴洲列國圖)」, 18b면부터 19a면에 「법란서도(法蘭西圖)」, 19b면부터 20a면에 「법경포대도(法京炮台圖)」를 수록했고, 20b면에는 지도에 대한 짤막한 해설을 덧붙였다.

1책 21a면부터 51b면까지 권2가 수록되어 있다. 첫 행에 "보법전기권일(普法戰紀卷一)"이라 썼고, 다음 행 하단에 "남해장종량지헌구역(南海張宗良芝軒口譯)"이라 썼으며, 다음 행 하단에 "오군왕도자전찬집(吳郡王韜紫詮撰輯)"이라 썼다. 번역자와 찬집자 표시는 각 권의 권수에 모두 동일하게 썼다. 이어서 1책 52a면부터 89b면까지 권2가 수록되어 있다.

이어서 2책 1a면부터 36b면까지 권3, 37a면부터 66b면까지 권4, 3책의 1a면부터 32b면까지 권5, 33a면부터 63b면까지 권6, 4책의 1a면부터 30b면까지 권7, 31a면부터 63b면까지 권8, 5책의 1a면부터 31b면까지 권9, 32a면부터 66b면까지 권10, 6책의 1a면부터 31a면까지 권11, 32a면부터 61b면까지 권12(책의 권수에는 "권십일(卷十一)"로 잘못 표기되어 있다.), 7책의 1a면부터 31b면까지 권13, 32a면부터 62a면까지 권14, 8책의 1a면부터 36b면까지 권15, 37a면부터 69b면까지 권16, 9책의 1a면부터 38b면까지 권17, 39a면부터 70a면까지 권18, 10책의 1a면부터 40b면까지 권19, 41a면부터 85b면까지 권20이 수록되어 있다.

---

5   鄒振環, 앞의 글, 83쪽 참고.

10책의 86a~86b면에는 전징(錢徵)의 「발(跋)」이 수록되어 있다. 마지막에 "동치십이년세차계유오월망자서오정전징발(同治十二年歲次癸酉五月望子壻烏程錢徵跋)"이라 썼다. 동치 12년은 1873년이다. 전징은 전흔백(錢昕伯)으로 더 잘 알려져 있으며, 절강(浙江) 오흥(吳興) 사람으로, 호는 무리간화객(霧裏看花客)이다. 상해에서 왕도의 장녀 왕초선(王苕仙)과 결혼했다. 〈신보(申報)〉의 창간에 참여했으며 1874년부터 20여 년간 편집장으로 있었다. 1875년(광서 원년) 『신보관총서(申報館叢書)』의 출판을, 1877년 중국 최초의 화보인 『환영화보(寰瀛畵報)』(5권)의 출판을 주관했으며, 1878년 『설옥총담(屑玉叢談)』(24권)을 출간했다. 만년에는 언론 활동을 거의 하지 않았다.

이 책의 각 권의 말미에는 오정전징흔백(烏程錢徵昕伯), 연산채조화보(燕山蔡釣和甫), 번우추오운상생(番禺鄒五雲祥生), 오정전인모맹근(烏程錢仁模孟勤) 등 교정자를 밝혔다.

청구기호	奎中 5470-v.1-10
편저자	왕도(王韜) 찬집(撰輯)
간행연도	1886년(광서(光緖) 12년)
간행지	상해(上海)
형태사항	木活字本. 20卷 10冊: 揷圖, 上下單邊 左右雙邊 半郭 14.2×10.8㎝, 有界, 10行 21字, 上下細黑口 上下向黑魚尾; 21.1×13.0㎝
인장	集玉齋, 帝室圖書之章, 朝鮮總督府圖書之印

카를 트라우고트 크레이어

『야전 축성』을 구역한 카를 트라우고트 크레이어(1839~1914)에 대해서는 연구가 전무하다가 2007년 일본 교토대(京都大) 교수 다카다 도키오(高田時雄)가 처음으로 그의 사적에 대해 자세히 연구했다.[1] 여기서는 다카다 도키오의 연구 내용을 요약해 소개한다.

크레이어는 1839년 1월 16일 독일 구타우(Guttau)주의 작은 마을 그로에델(Groedel)에서 태어났고 바우첸(Bautzen)에서 중학교를 다녔다. 젊었을 때 가족과 함께 미국으로 이주한 그는 1850년에 침례교 신학회의 자금으로 세워진 신흥 대학교인 로체스터대학교(University of Rochester)에 입학해 1863년에 졸업했다.

크레이어는 1866년 5월 미국 침례교의 선교 활동을 위해 중국으로 파견되어 부인과 함께 영파(寧波)로 갔다가 항주(杭州)에서

---

1 高田時雄, 「金楷理傳略」, 日本京都大學人文科學研究所 主編 『日本東方學』 第一輯, 北京: 中華書局, 2007. 도키오 교수가 발굴한 크레이어 관련 사료로는 이탈리아 제노아(Genoa)의 에도아르도 키오소네 동양 미술관(Museo d'Arte Orientale Edoardo Chiossone) 소장 크레이어 장서 및 번역 원고, 미국 침례회 역사협회 소장 크레이어 서신(1868~1870), 미국 로체스터대학교 회보(Bulletin of the University of Rochester: General Catalogue 1850~1928), 劉錫鴻, 『駐德使館檔案鈔』, 吳相湘編, 中國史學叢書 36, 臺北: 學生書局, 1966, 대만 중앙연구원(中央研究院) 근대사연구소(近代史研究所) 소장 주독일 외교관 관련 문건이 있다.
　한편, 크레이어와 관련한 연구로 劉新慧·王亞華, 「金楷理與西學傳播」, 『泉州師專學報』, 泉州師範學院, 1997, 第3期가 있으나 이 연구에서는 크레이어의 사적은 세 줄에 걸쳐 기본적인 것을 서술한 것이 전부이고, 그가 번역한 15종의 번역서를 소개하는 데 중점을 두고 있다.

침례교 분회를 설립했다. 그가 중국에 오기 전인 1863년(동치 8년)에 근대 신식학당인 광방언관(廣方言館)이 강남제조국에 합병되어 부설기관이 되었고, 다음 해에는 광방언관에 영어관 외에 프랑스어관과 독일어관을 증설했다. 크레이어는 1869년 말부터 광방언관의 교사로 초빙되어 독일어를 가르치면서 강남제조국 부설 번역관에서 번역을 했다.

그는 1877년(광서 6년) 번역관에 사직서를 내고 주(駐)상해 병비도통사(兵備道通事)로 초빙되었는데, 그럼에도 번역 일은 계속했다. 그러나 1879년부터는 중국을 떠나 주로 유럽에서 외교가로서 활동했다. 먼저 1879년 말 산동기기국(山東機器局)의 총판(總辦)이었던 서건인(徐建寅)이 주독일 대사관 이등참찬(二等參贊)의 신분으로 독일, 영국, 프랑스 등지로 군사 기술을 시찰하고 군함을 구입하러 갈 때 크레이어가 수행원 신분으로 함께 갔다. 1880년 3월, 그는 주독일 중국대사관의 이등번역관으로 취임했는데, 이는 강남제조국 근무 시절 동료로서 많은 책을 함께 번역한 이봉포가 1978년부터 주독일 중국대사관 공사로 있으면서 그를 이홍장에게 추천한 결과인 것으로 추정된다. 1885년부터 1887년까지는 외교관 허경징(許景澄)의 수행원으로서 프랑스, 독일, 이탈리아, 네덜란드, 오스트리아 등에 체류했고, 1890년부터 1897년에는 러시아 대사로 임명된 허경징을 따라 주러시아 대사관 참찬이 되어 상트페테르부르크에 체류했다. 크레이어는 허경징의 깊은 신임을 얻어 자신의 능력을 충분히 발휘할 수 있었다. 그는 각국의 전함 관련 자료를 수집해 독일에서 동료 참사관 류부익(劉孚翊)의 협조 아래 번역을 완성했고 허경징에게 출판하도록 넘겼다. 그는 1903년 대사관에서 퇴임했다. 퇴임하기 전 있었던 큰 사건 중 하나는 1900년 주중 독일 공사 클레멘스 폰 케텔러(Clemens August Freiherr von Ketteler)가 의화단을 진압하던 청나라 군인 은해(恩海)에 의해 피살되었기 때문에 이를 사죄하기 위하여 순친왕(醇親王) 재풍(載灃)이 독일에 갔을 때 그를 통역관으로서 수행한 일이다. 크레이어는 1914년(민국(民國) 3년) 9월 독일 프랑크푸르트에서 사망했다.

그는 청말 강남제조국에서 서양의 근대 과학 저작을 번역한 인물 중 존 프라이어(John Fryer), 영 존 알렌(Young John Allen)과 더불어 큰 공헌을 한 인물로 꼽힌다. 그는 1878년 번역관을 떠날 때까지 이곳에서 이봉포, 화형방(華蘅芳), 서화봉(徐華封), 조원익(趙元益), 왕덕균(王德均), 채석령(蔡錫齡), 주은석(朱恩錫) 등과 『회지법원(繪地法原)』, 『해전지요(海戰指要)』, 『측후총담(測候叢談)』 등 25종의 책을 공동 번역했다.[2] 그가 강남제조국에서 번역한 서적의

---

2 25종의 책 목록은 다음과 같다. 1.『행군지요(行軍指要)』(6卷附圖1卷; 英國 哈密 撰) 2.『임진관견(臨陣管見)』(9卷; 布國 斯拉弗司 撰) 3.『영루도설(營壘圖說)』(1卷; 比利時國 伯里牙芒 撰) 4.『극로백포설(克虜伯礮說)』(4卷; 布國軍政局 撰) 5.『극로백포조법(克虜伯礮操法)』(4卷; 布國軍政局 撰) 6.『극로백포표(克虜伯礮表)』(8卷; 布國軍政局 撰) 7.『극로백포준심법(克虜伯礮準心法)』(1卷附圖1卷; 布國軍政局 撰) 8.『극로백요고포설(克虜伯腰箍礮說)』(1卷附圖1卷; 布國軍政局 撰) 9.『극로백포가설(克虜伯礮架說)』(1卷附圖1卷; 布國軍政局 撰) 10.『극로백라승포가설(克虜伯螺繩礮架說)』(1卷附圖1卷; 布國軍政局 撰) 11.『극로백포탄조법(克虜伯礮彈造法)』(2卷附圖1卷; 布國軍政局 撰) 12.『공수포법(攻守礮法)』(1卷; 布國軍政局 撰) 13.『병약조법(餠藥造法)』(1卷附圖1卷; 布國軍政局 撰) 14.『라팔취법(喇叭吹法)』(1卷) 15.『병선포법(兵船礮法)』(6卷; 美國 水師書院 撰) 16.『항해간법(航海簡法)』(4卷; 英國 那麗 撰) 17.『행해요술(行海要術)』(4卷) 18.『어풍요술(御風要術)』(3卷; 英國 白爾特 撰) 19.『회지법원(繪地法原)』(1卷附表1卷圖1卷; 英國 闕名 撰) 20.『광학(光學)』(2卷; 英國 田大理 撰) 21.

양은 존 프라이어 다음으로 많았고, 당시에 양무파 관료들에게 환영받았던 군사학 및 지리학 서적을 많이 번역하여 그 발행량은 강남제조국에서 발행한 서적 중 최다였다. 그는 이러한 공로를 인정받아 1873년(광서 2년) 3월 19일 청 정부로부터 4품(品)의 품계를 받았다.(존 프라이어는 3품을, 영 존 알렌은 5품을 받았다.)

규장각 장서 중 그가 번역한 저술은 『영루도설』 외에 『항해간법(航海簡法)』, 『병선포법(兵船礮法)』, 『극로백포설(克虜伯礮說)』, 『공수포법(攻守礮法)』, 『극로백포표(克虜伯礮表)』, 『극로백포준심법(克虜伯礮準心法)』, 『극로백포탄조법(克虜伯礮彈造法)』, 『극로백포탄부도(克虜伯礮彈附圖)』 등 8종이 있다. 이들 서적은 각각 적게는 2부(部)에서 많게는 5부까지 소장되어 있었는데, 한 부는 집옥재 소장용이고 그 외에는 군영 배포용이었을 가능성이 높다.

『측후총담(測候叢談)』(4卷) 22. 『전학도금(電學鍍金)』(4卷) 23. 『해전지요(海戰指要)』(1卷) 24. 『서국근사휘편(西國近事彙編)』(36卷) 25. 『해도도설(海道圖說)』(15卷, 英國 金約翰 撰) 이는 다카다 도키오의 연구에서 밝힌 23종(高田時雄, 앞의 글, 4쪽)에 『서국근사휘편』과 『해도도설』을 더한 것이다.

이봉포

이봉포(1834~1887)는 청말의 외교가로 강소성(江蘇省) 숭명(崇明: 지금은 상해시에 속함) 사람이고, 자는 단애(丹崖)이다. 역법(曆法)을 좋아했으며 측량과 제도(製圖)에 정통해 이홍장으로부터 높은 평가를 받았다.

그는 1865년(동치 4년) 돈을 기부해 도대(道臺)가 되었고, 후에는 강남제조국과 오송포대공정국(吳淞炮臺工程局)의 편역(編譯)을 겸임하여 과학기술 서적을 번역했다. 그는 특히 서양의 군사기술과 관련된 서적을 다수 번역했는데, 그 가운데 독일인 크레이어(Carl Traugott Kreyer)와 공역한 서적은 『극로백포설(克虜伯礮說)』(4권) 등 11종이 있다. 그는 이 밖에도 『병선포법(兵船礮法)』(6권)의 산윤(刪潤)을 맡았고, 강남제조국을 떠난 후인 1884년(광서 10년)에 율리우스 캄페(Julius Campe)의 저서를 번역해 『육조신의(陸操新義)』(4권, 天津機器局)를 출간했다.

그는 1875년 강남제조국을 떠나 복주선정국(福州船政局)으로 전근했다. 1876년에는 이홍장의 추천으로 선정유학생(船政留學生) 감독이 되었고, 1877년에는 영국과 프랑스로 유학했다. 1878년에는 이홍장의 추천으로 주독일 공사가 되었고, 오래지 않아 오스트리아, 이탈리아, 네덜란드 세 나라의 공사를 겸임했다. 1884년에는 잠시 주프랑스 공사를 대리했다. 청불전쟁이 일어나자 명령을 받고 귀국하여 북양영무처(北洋營務處) 총판(總辦)을 맡았고, 겸하여 수사학당(水師學堂)을 관리했다. 1884년 독일에서 군함을 구입할 때 뇌물 60만 량(兩)을 받은 일로 파면되었다.

그는 심선등(沈善登)과 함께 『소성여지도설(蘇省輿地圖說)』 (1868) 편찬에 참여했고, 1878년 주독일 공사로 활동했던 경험을 담아 『사덕일기(使德日記)』(1891)를 저술했다. 이 밖에 저서로 『서국정문휘편(西國政聞彙編)』, 『문조재시문집(文藻齋詩文集)』 등이 있다.

앞서 규장각 소장 크레이어의 번역서로 소개한 저술 중 『극로백포설』, 『공수포법』, 『극로백포표』, 『극로백포준심법』, 『극로백포탄조법』은 이봉포와 공역한 것이다. 이 밖에 이봉포가 번역한 저술로서 규장각에 소장되어 있는 것으로 『성보신의(城堡新義)』와 『정뢰기요(艇雷紀要)』가 있다.

3부

상해의
풍경과 삶을
담은 책

청말(淸末) 상해에서는 유명 화가의 작품을 모아 출간한 다양한 화보(畫譜)가 유행했다. 특히 장웅(張熊), 임웅(任熊), 임훈(任薰), 임백년(任伯年), 전혜안(錢慧安) 등 유명 해상화파(海上畫派: 줄여서 '해파(海派)'라고도 한다.) 화가들은 대중적으로도 인기가 높았다. 해파 화가들은 서양화 기법을 도입하는 등 참신하고 개성적인 화풍을 형성했고, 전통적으로 문인의 '예(藝)'의 영역에 있던 회화를 대중화·상업화하는 데 기여했다.

이처럼 해파 작품이 대중적 인기를 얻으면서 화보뿐만 아니라 해파 화가가 그린 삽도나 해파 화풍을 모방한 삽도를 수록한 소설 및 희곡 서적도 활발하게 출간되었다. 화려하고 참신한 삽도를 수록한 이들 서적은 고전 문학 출판 시장에 활로를 열어 주었다.

1870년대에는 상해에 석판 인쇄라는 새로운 인쇄 기법이 도입되어 삽화의 세밀한 표현이 가능해지면서 출판물의 삽화 수준이 최절정에 달했다. 당시 상해 출판물에 수록된 세밀한 삽화는 석인 기술이 있었기 때문에 가능했던 것이다.

석인 기술은 독자층의 범위를 넓히는 데에도 기여했다. 석판 인쇄는 이전의 목판 인쇄에 비해 비용이 훨씬 적게 들었고 짧은 시간에 많은 양을 인쇄할 수 있었다. 즉, 염가의 책을 대량 출판할 수 있게 된 것이다.

마침 상해에 강남기기제조총국(江南機器製造總局) 등 대규모의 군수 공
장이 들어서고 무역업이 발달하면서 각지에서 상공업 계층이 몰려들어
새로운 구매층을 형성했고, 경제력이 높지 않았던 그들도 석인 기술 덕
분에 저가에 책을 구매할 수 있었다.[1]

상해에서 출판된 화보는 개화기 이후 조선 화단에도 큰 영향을 끼쳐,
심전(心田) 안중식(安中植) 등 국내 화가의 작품에서 상해 화보를 임모
한 작품들을 발견할 수 있다.[2] 고종 역시 청말 상해에서 출판된 화보를
출간과 거의 동시에 구매하여 소장할 만큼 좋아했다. 『신강승경도(申江
勝景圖)』, 『증각홍루몽도영(增刻紅樓夢圖詠)』, 『개자원화전(芥子園畫傳)』,
『육수당화전(毓秀堂畫傳)』, 『만소당화전(晚笑堂畫傳)』, 『점석재총화(點石
齋叢畫)』, 『해상명가화고(海上名家畫稿)』, 『화보채신(畫譜采新)』, 『인재화
승(紉齋畫賸)』, 『시화방(詩畫舫)』, 『임위장선생화전사종(任渭長先生畫傳四
種)』 등 유명한 상해 화보들이 출간된 지 얼마 안 되어 집옥재의 서가에
꽂혔다.

고종이 수집한 중국 서적 중에는 상해 화보, 소설 및 희곡 서적, 유학

---

1 석인 기술이 상해 화보(畫譜) 출판에 끼친 영향에 대해 최경현(2008)은 "석판화의 도
입으로 유명 화가의 작품을 원화(原畫)와 거의 차이가 없을 정도로 재현하면서도 대량
생산이 가능하게 되면서, 해파(海派) 화가들의 작품이 실린 화보는 일반 대중들의 서화
작품 향유라는 문화적 욕구를 대리 충족시켜 주었음에 틀림없다."고 했다. 최경현, 「19
세기 후반 上海에서 발간된 畫譜들과 韓國 畫壇」, 『한국근현대미술사학』 19, 한국근현
대미술사학회, 2008, 10쪽.

2 김현권, 「淸代 海派 畫風의 수용과 변천」, 『美術史學硏究』 218, 한국미술사학회, 1998,
93~124쪽; 최경현, 「朝鮮 末期와 近代 初期의 山水畫에 보이는 海上畫派의 영향: 上海
에서 발간된 畫譜를 중심으로」, 『美術史論壇』 15, 한국미술연구소, 2002, 221~225쪽;
최경현, 「19세기 후반과 20세기 초 韓國 人物畫에 보이는 海上畫派 畫風」, 『美術史學硏
究』 256, 한국미술사학회, 2007, 43~75쪽; 최경현(2008), 앞의 글; 김현권, 「淸末 海上
地域 畫風이 朝鮮末·近代繪畫에 미친 影響」, 동국대학교 석사학위논문, 1996; 최경현,
「지운영과 그의 畫風: 海上畫派와의 관련을 중심으로」, 『이구열 선생 「한국근대미술연
구소」 30주년 기념논총』, 한국근현대미술사학회, 2005 참고.

관련 책 등 개화나 서학과는 관련이 적은 서적들도 상당수를 차지한다. 이들 서적은 이전 시대부터 내려온 전통 사상의 뿌리와 중국 문학 및 회화에 대한 고종의 취향을 잘 보여준다.

여기서는 『신강승경도』, 『증각홍루몽도영』 등 두 편의 화보, 한 편의 소설과 한 편의 필기(筆記)[3]를 소개한다. 『신강승경도』는 상해 명소들의 풍경을 담은 화보로, 고종의 근대 도시 건설을 향한 꿈에 불을 지폈으리라고 생각된다. 『증각홍루몽도영』은 청대(淸代) 소설 『홍루몽』에 나오는 인물들을 그린 화보로, 여기에 수록된 그림들은 해파의 선구자 왕지(王墀)가 그린 것들이다. 고종은 이 책을 통해 최신 해파 작품을 감상할 수 있었다.

소설로는 고종 시대 기준으로 최신 작품으로서 당시 상해의 일상을 반영한 『후요재지이도설(後聊齋誌異圖說)』을 골랐다. 이 책에는 상해의 유명 화가 오우여(吳友如)가 그린 120폭의 삽도가 수록되어 있다. 필기로는 상해 기녀들의 삽도와 전기를 수록한 『해상중외청루춘영도설(海上中外靑樓春影圖說)』을 소개한다. 이 책에는 기녀들의 모습을 담은 16폭의 삽도가 수록되어 있다. 이들 삽도를 그린 작가는 누구인지 알 수 없으나 필체와 화풍이 오우여의 것과 유사하며 전형적인 해파 화풍을 보여준다. 따라서 고종은 작품 자체보다는 이들 책에 수록된 삽도에 관심이 있어서 이들 서적을 구입했을 가능성이 높다.

---

3 필기는 중국 고전 문학의 한 갈래로, 내용과 형식에 있어 특정한 격식에 매이지 않고 자유롭게 견문(見聞)이나 잡감(雜感)을 기록한 것이다.

1
——
화보 畵譜

신강승경도[1]

그림으로 보는 상해의 랜드마크

---

1. 그림 속에 펼쳐진 별천지

『신강승경도』는 중국에서 석인본으로 출간된 최초의 풍경도책(風景圖冊)이다. 제목의 "신강"은 상해의 황포강(黃浦江)의 다른 이름으로, 상해를 가리키는 말로도 쓰였다.

19세기 말엽의 상해는 동아시아에서 근대적 도시의 삶을 향유할 수 있는 최전선의 공간이었다. 1842년 난징조약의 체결에 따른 개항과 조차지 설정은 상해 지역에 정치적으로 비교적 자유로운 환경과 통상 무역을 통한 경제적 부를 마련해 주었다. 그리고 태평천국(太平天國) 운동으로 전통 시기 문화의 중심지였던 강절(江浙) 지역(강소성(江蘇省)과 절강성(浙江省) 일대)이 파괴되고, 문화적 소양을 갖춘 저술가와 출판업자를 비롯해 수많은 난민들이 상해로 유입되었다. 이후 다양한 계층의 사

---

1 서울대학교 규장각한국학연구원 편, 『규장각, 세계의 지식을 품다: 2015 서울대학교 규장각한국학연구원 특별전』, 서울: 서울대학교 규장각한국학연구원, 2015, 128~129쪽에 『신강승경도』에 대한 짤막한 해제와 사진이 수록되어 있다.

람들이 몰려들면서 점차 인구 밀도가 높아지고, 산업과 문화의 방면에서 조계지의 서양인들과 영향을 주고받으면서 상해에는 독특한 도시 문화가 형성되었다.

『신강승경도』는 이러한 새로운 도시 문화와 전통적 풍습이 혼재한 상해의 모습을 사실적 삽화를 통해 보여준다. 이 책의 삽화는 섬세한 필치로 상해 풍경과 민속을 담았으며, 원근법에 따른 화면 구도와 사진을 방불케 하는 세밀한 묘사가 인상적이다.

가장 먼저 눈길을 사로잡는 것은 상해의 근대적 도시 풍경을 담은 삽화들이다. 프랑스 조계지와 영국 조계지 한가운데 시원하게 뻗은 널찍하고 평평한 도로, 화려한 서양 관공서와 개인 저택, 서양 마차 등이 국제도시로서 상해의 면모를 엿볼 수 있게 한다. 이들 삽화는 모두 우리에게 친숙한 일점투시도법에 따라 그려졌다.

그림 3.1은 영국 조계지의 황포탄(黃浦灘) 대로 풍경이다. 왼쪽에 보이는 황포강에는 사람과 화물을 실은 범선들이 바쁘게 강의 이쪽과 저쪽을 오가고, 화면 오른쪽에는 화려한 유럽식 건물들이 서 있다. 이곳은 1845년부터 영국 조계지가 되었고 뒤이어 영국의 영사관과 회사들이 건물을 짓고 황포탄 대로를 만들었다. 이곳이 바로 유명한 와이탄[外灘]으로, 지금도 여전히 유럽의 근대 건축물들이 즐비하여 '근대 건축의 전시장'이라 불린다. 황포강 건너편은 중국 금융의 중심지인 푸둥[浦東] 지구로 지금은 동방명주(東方明珠), 금무대하(金茂大廈), 세계금융센터(國際會議中心) 등 초고층 건물들이 홍콩 못지않은 야경을 자랑한다. 미래 도시의 모습을 그린 영화〈그녀〉(Her, 2013)에 등장하는 주요 배경이 이곳의 루자주이[陸家嘴]역 인근이다. 황포강의 양안(兩岸)은 외세에 의한 강제적 개항이라는 아픈 역사의 현장이지만, 또 한편으로는 상해가 지금처럼 번화하게 된 출발점을 보여주는 곳이며 중국의 미래를 점

3.1 「영계황포탄(英界黃浦灘)」

3.2 「법계초상국마두(法界招商局碼頭)」

쳐볼 수 있는 곳이다.

그림 3.2는 법계(法界), 즉 프랑스 조계지의 항구 모습이다. 그림의 오른쪽 귀퉁이로 정박해 있는 선박과 저 멀리 떠 있는 여러 척의 배가 보인다. 길에는 마차가 다니고 가로등이 서 있다. 바다로 이어진 길을 따라가다 보면 멀리 프랑스 국기가 펄럭인다. 하늘 아래에는 바다가 펼쳐져 있고, 햇살에 반사된 수면이 점점이 반짝이고 있다.

고종은 『신강승경도』 속에 넓게 뻗은 도로와 서양식 석조 건물들을 보면서 근대 도시 건설의 이상을 품지 않았을까? 고종은 아관파천(俄館播遷) 이후 1896년 9월 말부터 한성부(漢城府) 도시 개조사업을 시작했다. 도로와 하천을 정비하고 근대식 공원을 조성했으며 전기와 수도, 전차와 철도 등 새로운 문명 시설을 도입했다. 도시 개조사업의 일환으로서 경운궁(慶運宮)을 중심으로 방사상 도로망을 구축한 것은 미국의 행정수도 워싱턴 D.C.를 모델로 한 것이지만, 어쩌면 고종은 상해에 구현된 근대 도시의 모습을 보고 그것을 꿈꾸었기 때문에 도시 개조사업에 더욱 박차를 가했을지도 모른다.

근대 문물을 담은 삽화들도 흥미롭다. 이들 삽화에서는 대형 상선(商船), 증기 기관차, 소방차, 자전거와 가로등이 묘사되었다.

그림 3.3은 커다란 상선이 항구에 들어오는 모습을 담았다. 당시 상해의 항구에는 유럽 각국, 미국, 일본의 상선이 빈번히 드나들었다. 그림에서 묘사한 것은 검은 연기를 내뿜는 대형 증기선으로, 선호(船號)는 천강(天江)이고 일본 국기를 휘날리고 있다.

그림 3.4는 오송(吳淞) 철로를 달리는 기차와 그 주변 풍경을 담았다. 기차가 역으로 들어오고, 그림의 오른쪽 아래 깃발을 든 철도원이 정지 신호를 보내고 있다. 오송은 상해 북부의 지명으로 황포강이 장강(長江)으로 합류하는 지점의 서쪽이다. 오송철로는 중국 최초의 철도로, 오

3.3 「상륜진구(商輪進口)」

3.4 「오송화륜차(吳淞火輪車)」

송철로의 부설과 철거 과정은 철도 부설권과 경영권을 놓고 벌어진 청나라와 영국 간의 팽팽한 줄다리기를 보여 준다. 1876년(광서(光緖) 2년) 영국의 자딘매디슨 사(Jardine, Matheson & Co., 중문명: 이화양행(怡和洋行))의 주도로 영미 상인들이 자금을 댄 오송철로 유한공사는 교묘한 술책을 써서 청 정부의 허락 없이 상해의 갑북(閘北)과 오송을 연결하는 14.5km의 철도를 건설해 운행한다. 청 정부는 즉각 운행중지 명령을 내렸으나 영국 영사 월터 헨리 메드허스트(Walter Henry Medhurst)는 이를 거부했고, 청 정부는 다음 해에 철도를 매입해 철거한다. 철거한 레일은 대만으로 옮기고 기관차는 장강에 던져 버렸다고 한다. 청 정부에서 오송철로의 선로를 따라 송호(淞滬) 철로를 건설한 것은 1897년(광서 23년)의 일이므로, 이 삽화에서 묘사한 것은 철거되기 전의 오송철로다. 그림에 묘사된 기관차의 객차는 여덟 량인데, 실제로 오송철로를 달렸던 기관차 파이오니어(Pioneer)의 객차는 여덟아홉 량이었다.

그림 3.5는 서양식 소방차가 출동해 진화 작업을 하는 정경을 그렸다. 화면 왼쪽의 건물에서 불길이 치솟고 있고, 소방차와 연결된 호스에서 세찬 물줄기가 뿜어져 나오고 있다. 오른쪽 화면에 보이는 소방 장치를 실은 수레가 바로 소방차다. 이 소방차는 '양거식수룡(洋車式水龍)' 혹은 줄여서 '양룡(洋龍)', '수룡(水龍)', '양수룡(洋水龍)' 등으로 부르기도 하고, 팔 힘을 써야 하므로 '완력룡(腕力龍)'이라고도 했다. 이 소방차는 사람이 밀어 이동해야 했으며 수동으로 물을 펌프질해야 했기 때문에 한 번 사용하려면 수십 명의 사람이 필요했다.

구조 역시 지금의 소방차와는 많이 다르다. 커다란 통 안에 펌프가 설치되어 있고, 펌프의 피스톤은 밖의 철제 장대와 연결되어 있어 밖에서 사람이 장대를 눌러 피스톤을 움직이면 고무호스를 통해 물이 30미터 이상 뿜어져 나왔다. 또 다른 호스는 통 안으로 소방용수를 제공하

3.5 「구화양룡(救火洋龍)」

는 호스로, 근처의 우물이나 강에 연결해 물을 끌어왔다. 삽도에서는 오른쪽 화면 아래에 이 호스가 보인다. 이러한 형태는 사람이 끊임없이 물을 길어 와서 부어야 하는 이전의 목제쌍통인력빙(木製雙筒人力泵)에서 발전한 것이다. 이후에는 수레를 말이 끌 수 있도록 개조하고, 인력이 아닌 모터를 사용했다.

항주(杭州)의 직조아문(織造衙門)에서 청의 관서로서는 최초로 서양식 소방차를 구입한 것이 1887년(광서 13년) 윤4월 7일의 일이므로, 이 그림에서 묘사한 것은 외국 조계지의 장면일 것이다. 그림 속 소방관의 복장을 통해 유추해도 1866년 상해 조계에 설치된 공부국(工部局) 화정처(火政處) 소속 소방관들이 맞는 듯하다.

그림 3.6은 중국인이 서양 마차와 자전거를 타는 모습이다. 이 그림

3.6 「화인승마차각답거(華人乘馬車脚踏車)」

은 중국에서 처음으로 자전거를 타는 정경을 담았다. 이는 중국이 영국으로부터 자전거를 수입하기 시작한 1897년보다 13년이나 앞선 것이다. 화면 앞의 쌍두마차에는 아이까지 포함해 일곱 명의 승객이 타고 있고, 뒤편에 가로등 옆으로 자전거를 탄 중국인이 지나가고 있다. 그림 제목의 각답거(脚踏車)가 바로 자전거다. 대만에서는 지금도 자전거를 '발(脚)'로 '밟아서(踏)' 가는 차라는 뜻으로 '각답거(脚踏車)'라 부른다.

2. 서지사항

『신강승경도』는 1884년(광서 10년) 9월 상해의 점석재서국(點石齋書局)에서 출간했으며 상하(上下) 2책에 걸쳐 모두 62폭의 삽도를 수록하고, 각 삽도의 뒤에는 삽도의 제재를 읊은 시사(詩詞)를 한 수씩 수록했다. 이 책의 삽도는 다채로운 상해의 풍경과 민속을 담고 있어 상해 근대사 사료로서 가치가 높다. 2003년에 중국 남경(南京)의 봉황출판사(鳳凰出版社)에서, 2017년에 양주(揚州)의 광릉서사(廣陵書社)에서 이 책의 영인본을 출판했다.

규장각 소장본의 권수제(卷首題), 목록제(目錄題), 표제(標題), 판심제(版心題)는 모두 "신강승경도(申江勝景圖)"다. 권상(卷上)을 수록한 제1책의 첫 번째 면에 전서(篆書)로 표제를 썼고, 그 아래에 "오하공지심금원서(吳下拱之沈錦垣署)"라 하고, 주문(朱文)으로 된 "공(拱)"자와 백문(白文)으로 된 "지(之)"자 인장을 상하로 연이어 인쇄했다. 오하(吳下)는 심금원(沈錦垣)의 고향인 강소성 소주(蘇州) 일대를 가리킨다.

심금원은 청대 서예가이자 금석학(金石學)의 대가로, 자는 공지(拱之), 호는 문조관주인(問潮館主人)이다. 그는 상해 인쇄사에서 중요한 위치를 점하는 인물로, 동치(同治), 광서(光緒) 연간에 고향인 소주를 떠나 상해에서 점석재서국의 창건에 동참했다. 〈신보(申報)〉(원명(原名)은 〈신강신보(申江新報)〉)의 창간인 가운데 한 사람이었으며, 〈점석재화보(點石齋畫報)〉와 『신보관총서(申報館叢書)』등 각종 화보(畫報) 및 사전 발행에 참여했다. 정기간행물인 〈점석재화보〉를 책으로 재간행한 『점석재화보』, 『증각홍루몽도영(增刻紅樓夢圖詠)』등 점석재서국에서 출판한 책의 표제(標題)를 제자(題字)하기도 했다. 저서로 『사서보주비지(四書補註備旨)』가 있으며, 그의 5세손인 심관(沈寬: 20세기 인물)이 그의 글씨를 모아 『심공지묵흔(沈拱之墨痕)』을 편찬한 바 있다.

첫째 장 뒷면의 간기(刊記)에 "광서십년구월상해점석재인(光緒十年九月上海點石齋印)"이라 했다. 그 오른쪽 여백에 "번각필구(飜刻必究)"라 했고, 왼쪽 여백에 "신보관신창서화실발수(申報館申昌書畫室發售)"라 했다.

"번각필구"란 이 책을 번각하려면 반드시 허락을 구해야 한다는 뜻이다. 1874년 신보관에서는 '신창서화실'이라는 이름으로 출판부를 만들고 고적(古籍)을 영인했다. 책을 인쇄한 곳은 점석재서국이고, 책의 원고를 제작해 발행한 곳은 신보관이므로 둘을 구분해 적시한 것이다.

2a면부터 3b면까지 「신강승경도서(申江勝景圖序)」를 수록했다. 서문의 마지막에 "광서십년세차갑신소춘월영주경서황봉갑서(光緒十年歲次甲申小春月瀛洲經鋤黃逢甲序)"라 하고, 그 옆에 백문 인장 형태의 "봉갑신인(逢甲臣印)"과 주문 인장 형태의 "경서(經鋤)"를 상하로 연이어 인쇄했다. 서문을 쓴 황봉갑(黃逢甲)에 대해서는 미상이다. 영주(瀛洲)는 상해의 북쪽에 위치한 장강 삼각주의 충적도(沖積島)인 숭명도(崇明島)의 옛 명칭이다.

황봉갑은 서문에서 이 책의 출간 경위를 밝혔다. 그는 "존문각주인(尊聞閣主人)이 화가 오우여(吳友如)를 모셔와 두루 보되 핵심을 취한 그림 몇 폭을 시와 함께 엮고, 정리하여 책으로 만들어서 기이함을 좋아하는 이들에게 와유(臥遊)의 도구로 제공하는 바이다."[2]라고 하였다. 존문각주인은 영국인 어니스트 메이저(Ernest Major)다. 메이저는 본래 찻잎을 주요 품목으로 하는 무역상이었는데, 후에 상해에서 규모가 가장 큰 석인 전문 출판사였던 점석재서국을 운영했다. 그는 1872년 4월에 중국 현대 신문의 시작인 〈신보〉를, 1884년 5월에 중국 최초의 화보인 〈점석재화보〉를 창간했다.

권상(卷上)에 해당하는 제1책에는 4a면의 「신강승경도권상목록(申江勝景圖卷上目錄)」에 이어 4b면부터 모두 31폭의 삽도를 수록했다. 수록된 삽도의 제목은 「상해학궁(上海學宮)」, 「야시원(也是園)」, 「흠사앙전

---

2 "尊文閣主人延畫師吳君友如, 博觀約取繪圖若干幅, 圖綴以詩, 釐成卷帙, 以供好奇者臥遊之具." 『신강승경도』, 2b쪽.

(欽賜仰殿)」,「읍묘내원(邑廟內園)」,「절녕회관(浙寗會館)」,「광조산장(廣肇山莊)」,「예원호심정(豫園湖心亭)」,「정안사(靜安寺)」,「유정안사마로(遊靜安寺馬路)」,「대경관제묘(大境關帝廟)」,「췌수당대가산(萃秀堂大假山)」,「상해제조국(上海製造局)」,「단봉루(丹鳳樓)」,「상해교장(上海敎場)」,「초상총국(招商總局)」,「용화사(龍華寺)」,「용화진향(龍華進香)」,「오송포대(吳淞炮臺)」,「황포항망홍구하도(黃浦港望虹口河道)」,「상륜진구(商輪進口)」,「대영공관(大英公館)」,「강해북관(江海北關)」,「법계초상국마두(法界招商局碼頭)」,「이화마두(怡和碼頭)」,「홍예배당(紅禮拜堂)」,「회심공당(會審公堂)」,「순포방해범(巡捕房解犯)」,「영계황포탄(英界黃浦灘)」,「회업공소(滙業公所)」,「점석재(點石齋)」,「포마장(跑馬場)」 등이다.

권하(卷下)에 해당하는 제2책에는 1a면의 「신강승경도권하목록(申江勝景圖卷下目錄)」에 이어 1b면부터 역시 31폭의 삽도를 수록했다. 삽도의 제목은 「신보관(申報館)」,「국화산하협기음주(菊花山下挾妓飮酒)」,「방사직포(紡紗織布)」,「남성신(南誠信)」,「서류공소(棲流公所)」,「구화양룡(救火洋龍)」,「항북화원(港北花園)」,「지화행(地火行)」,「공가화원(公家花園)」,「화인희원(華人戲園)」,「자래수공사(自來水公司)」,「동양다루(東洋茶樓)」,「예배당강서(禮拜堂講書)」,「신원(申園)」,「여서장(女書場)」,「외국분산(外國墳山)」,「화인승마차각답거(華人乘馬車脚踏車)」,「서인새선(西人賽船)」,「사마로중단(四馬路中段)」,「화인탄자방(華人彈子房)」,「수창자래화국(燧昌自來火局)」,「오송화륜차(吳淞火輪車)」,「양인총회(洋人總會)」,「차리니마희(車利尼馬戲)」,「소사국(繰絲局)」,「법순포방(法巡捕房)」,「서인새포(西人賽跑)」,「미사주택(美査住宅)」,「서인습예(西人習藝)」,「도서집성국(圖書集成局)」,「향인수목면(鄕人收木棉)」 등이다.

청구기호	奎中 5352-v.1-2
편저자	어니스트 메이저(Ernest Major, 존문각주인(尊聞閣主人)) 편(編),
	오우여(吳友如) 화(畵)[3]
간행연도	1884년(광서(光緖) 10년)
간행지	상해(上海) 점석재서국(點石齋書局)
형태사항	石印本.[4] 2冊: 揷圖 四周單邊 半廓 19.0×13.4cm, 無界, 10行 20字,
	白口 上下向黑魚尾; 24.2×14.3cm
인장	集玉齋, 帝室圖書之章, 朝鮮總督府圖書之印

3. 오우여

이 책의 그림을 그린 오우여(吳友如, ?~1894)는 청말의 유명한 풍속화
가다. 그의 이름은 가유(嘉猷)이고, 자가 우여다. '유(猷)'라는 이름도 썼
다. 강소 원화(元和, 지금의 오현(吳縣)) 사람으로, 어렸을 때 빈곤했으나
그림 그리기를 좋아해 독학으로 전두(錢杜), 개기(改琦), 임웅(任熊) 등의
화법을 배웠다. 그는 〈점석재화보〉 출간 초기 주요 화가 가운데 하나였
고, 이후 독립하여 1890년 〈비영각화보(飛影閣畫報)〉를 창간했다. 그의
그림은 대체로 시정의 풍속과 시사(時事)를 소재로 했으며, 여성의 그
림은 동시대 화가인 사복(沙馥)의 영향을 받아 마르고 유약하게 표현한
것이 특징이다. 건축물이나 거리의 묘사는 서양화의 일점투시도법의 영
향을 받았다. 흑백이 분명한 그의 선묘법은 특히 석인 출판에 적합했다.

---

3 규장각 홈페이지의 해제와 서울대학교 규장각한국학연구원 편, 앞의 책, 128쪽에는 이
   책의 편자가 오우여(吳友如)라 되어 있는데, 오우여는 이 책의 그림을 그린 화가이고,
   그가 대표 편자는 아니다.

4 규장각 홈페이지의 해제에는 목판본(木版本)이라 되어 있고, 위의 책, 128쪽에는 목판
   및 석인본이라 되어 있다. 석인본이 맞다.

4. 점석재서국

점석재서국은 1879년(광서 5년) 영국 상인 어니스트 메이저(Ernest Major)가 설립한 출판사로, 중국인 구자앙(邱子昂)을 석인 기술자로 초빙하여 상업 출판사로서는 최초로 석인 기술을 도입했다.

점석재서국은 〈점석재화보(點石齋畵報)〉를 인쇄한 것으로 유명하다. 〈신보(申報)〉의 부간(副刊)인 〈점석재화보〉는 중국 최초의 순간(旬刊) 화보(畵報)로, 1884년(광서 10년) 5월 8일에 창간되었다. 매호에 8면의 삽화를 수록했으며, 삽화에는 상해의 풍속과 시사(時事), 해외의 경물, 유명 건축물, 신문물 등을 담았다. 서양화의 투시법을 도입한 잘 짜인 구도와 자연스럽고 간결한 필치 등은 당시의 화풍에 큰 영향을 끼쳤다. 삽화 제작에는 오우여(吳友如), 왕쇠(王釗), 금섬향(金蟾香), 장지영(張志瀛), 주권향(周權香), 고월주(顧月洲), 주모교(周慕橋), 전자림(田子琳), 금계생(金桂生), 마자명(馬子明) 등 20여 명의 화가가 참여했다. 〈점석재화보〉는 1898년까지 비교적 오랜 기간 간행되면서 4천여 폭의 삽화를 발표했고, 이후 단행본으로 엮을 때 분량이 36권(卷)에 달했다.

점석재서국은 1909년(선통(宣統) 원년) 새로 설립된 집성도서공사(集成圖書公司)에 합병되었는데, 집성도서공사는 당시 상해에서 연활자 인쇄 장비와 석판 인쇄 장비를 모두 갖춘 최대의 출판사였다.

증각홍루몽도영

그림과 시로 『홍루몽』 감상하기

1. 『홍루몽(紅樓夢)』 회화집

『증각홍루몽도영』은 청대(淸代) 조설근(曹雪芹, 1715?~1763?)의 소설 『홍루몽』에 등장하는 인물을 담은 120폭의 그림과 인물에 대해 읊은 시를 엮은 회화집이다. 대가 왕지(王墀, 1820~1890)가 그린 삽화는 세밀하면서도 정제된 배경 묘사와 함께 작품 속 성격에 부합하는 인물 표현이 압권이다. 독창적이면서도 아취가 있는 화면 구성과 자연스러운 선의 운용이 볼 만하다. 시는 당시 문인들이 『홍루몽』의 인물에 대해 묘사한 것들로, 그들이 인물에 대해 어떻게 생각했는지 이해하는 데 도움이 된다. 각 시의 서법은 시의 뜻과 특징에 따라 전서(篆書), 예서(隷書), 행서(行書), 초서(草書) 등 적절하게 골라 썼고 글씨가 아름다워 심미적 가치가 높다. 책을 펼치면 오른쪽 면에 그림이, 왼쪽 면에 시가 있으며, 한 폭의 그림에 한 편의 시가 대응된다. 이 책은 출간 당시 큰 인기를 얻었고, 미학적 완성도가 높아 『홍루몽』 삽화의 경전(經典)으로 평가된다. 지금도 많은 『홍루몽』 전문가들이 애호하며, 학술적 가치도 높다.

왕지는 청대 저명한 화가로, 상해 화풍인 해파(海派)의 선구자다. 그는 강음(江陰: 현재의 강소성(江蘇省) 강음시(江陰市)) 사람으로, 자는 국농(菊農)이고, 호는 운계(芸階)다.『증각홍루몽도영』은 그의 작품 중 가장 유명한 작품이다. 이 밖에 1883년 점석재서국(點石齋書局)에서 출간한 인물 화보『육수당화전(毓秀堂畫傳)』도 그의 작품이다. 그의 인물 화법은 국내 화단에도 큰 영향을 끼쳤다.[1]

3.7 「강주선초, 통령보석(絳珠僊艸, 通靈寶石)」

『증각홍루몽도영』에 수록된 첫 번째 그림은 풀과 돌을 그린 것으로, 왼쪽 상단 여백에 "강주선초, 통령보석(絳珠僊艸, 通靈寶石)"이라 썼다. 이 특별한 풀과 돌은『홍루몽』의 두 주인공인 임대옥(林黛玉)과 가보옥(賈寶玉)의 전생의 모습이다.

『홍루몽』은 신령한 통령보석이 인간 세상에 내려오면서 시작된다. 옛날에 여와씨(女媧氏)가 하늘을 보수하기 위해 대황산(大荒山) 무계애(無稽崖)에서 거대한 돌 36,501개를 단련했는데, 36,500개만 쓰고 남은 하나는 청경봉(靑埂峰) 아래에 버려두었다. 단련을 거

1 최경현, 「19세기 후반과 20세기 초 韓國 人物畫에 보이는 海上畫派 畫風」,『美術史學研究』256, 한국미술사학회, 2007, 51~53쪽; 60~64쪽; 최경현, 「19세기 후반 上海에서 발간된 畫譜들과 韓國 畫壇」,『한국근현대미술사학』19, 한국근현대미술사학회, 2008, 13쪽.

쳐 영성(靈性)이 있었던 이 돌은 이곳을 지나던 망망대사(茫茫大士)와 묘묘진인(渺渺眞人)이 세상의 부귀영화에 대해 나누는 대화를 엿듣게 되고 자신을 인간 세상으로 보내 달라고 간청한다. 망망대사는 법력(法力)을 써서 거대한 돌을 작은 옥으로 만들고, 앞면에 '통령보옥(通靈寶玉)'이라고 새긴 뒤 명문대가의 아들 가보옥의 입에 물려 인간 세상으로 보낸다. 가보옥은 바로 통령보옥이 인간 세상에 현신한 존재로, 자신이 입에 물고 태어난 통령보옥을 소중히 여겨 항상 목에 걸고 다닌다.

여자 주인공인 임대옥은 전생에 강주선초였다. 강주(絳珠)는 '붉은 옥'이라는 뜻으로 피눈물을 암시한다. 영하(靈河) 기슭의 삼생석(三生石) 옆에서 자라던 강주선초는 적하궁(赤霞宮)의 신영시자(神瑛侍者)가 주는 감로(甘露)를 먹고 생명을 얻어 어여쁜 여인이 된다. 이 여인은 경환선자(警幻仙子)를 찾아가 인간 세상으로 내려가 자신의 눈물로 신영시자의 은혜를 갚겠다고 한다. 그리하여 강주선초와 신영시자는 인간 세상에 환생해 각각 순염어사(巡鹽御史) 임여해(林如海)의 딸 임대옥, 공부원외랑(工部員外郞) 가정(賈政)의 아들 가보옥으로 태어난다. 둘은 만나서 인연을 맺지만, 임대옥은 전생에서 맹세한 대로 눈물을 많이 흘리며 결국 요절하는 비참한 운명을 맞게 되고, 선계(仙界)의 경환선자 앞에서 신영시자와의 전생의 인연을 증험하고 원래의 모습으로 되돌아간다.

두 번째 그림은 남자 주인공 가보옥을 묘사한 것으로, 오른쪽 아래에 "보옥(寶玉)"이라고 썼다. 가보옥은 영국공(榮國公)의 후손으로 부유하지만 몰락해 가는 가씨(賈氏) 가문에 태어나 집안 어른인 가모(賈母)의 사랑을 독차지하며 화려한 대관원(大觀園)에서 여러 미녀들에 둘러싸여 유년 시절을 보낸다. 그러다 보니 여자들과 어울리기 좋아하고 남성이 지배하는 정치와 윤리를 비판하는 성향을 갖게 되고, 정을 표현하는 시사(詩詞)만 좋아하고 과거시험을 위한 사서(四書)와 팔고문(八股文) 공

意綢語密
態溫存攝
罥名姝百
種魂二十
一年情賺
旦忍懷一
捐入空門

3.8 보옥을 읊은 시

3.9 보옥

3.10 대옥을 읊은 시

3.11 대옥

부를 혐오한다. 결국 임대옥과의 사랑을 이루지 못하고 집안이 몰락하는 운명을 맞게 된 그는 출가하여 청경봉으로 돌아간다. 그림 속 화려한 의복과 잘 가꾼 정원의 조형물, 창 너머에서 보옥을 훔쳐보는 시녀 등의 모습이 가보옥의 유년 시절 환경을 잘 표현했다. 두 시녀는 아마도 가보옥과 가장 가까웠던 시녀인 습인(襲人)과 청문(晴雯)일 것이다.

그림 왼쪽 면에 수록된 시는 보옥의 여성스러운 성격과 결국 세속을 떠나게 되는 기구한 운명을 잘 표현했다.

정 많고 말은 친밀하며 태도는 따뜻하여	意綢語密態溫存
이름난 미녀의 백 가지 혼을 다 끌어들였지	攝盡名姝百種魂
이십일 년 동안 정을 충분히 얻었기에	二十一年情賺足
냉담하게 한 번 읍하고 불법에 들었다네	恝然一揖入空門

세 번째 그림은 임대옥의 모습을 묘사한 것으로, 오른쪽 아래에 "대옥(黛玉)"이라고 썼다. 금방이라도 날아갈 듯 가녀린 몸에 새침한 표정의 임대옥을 담은 이 그림은 이 책에 수록된 120폭의 삽화 중에서도 가장 유명하다. 그녀 뒤에 부채를 들고 있는 여인은 시녀 자견(紫鵑)이나 설안(雪雁), 둘 중 하나일 것이다.

임대옥은 가보옥의 고종사촌이면서 연인이다. 어릴 때부터 병약하고 예민하여 신경질적이고 잘 토라지는 성격이나, 경국지색의 외모에 뛰어난 시재(詩才)를 갖췄다. 가보옥과는 전생에 맺어진 진정한 연인으로 어려서부터 가깝게 지낸다. 세속의 부귀공명과 입신양명을 혐오하는 두 사람은 서로를 잘 이해하는 지기에서 점차 연인으로 발전한다. 그러나 가보옥은 형수 왕희봉(王熙鳳)의 계략으로 임대옥과 삼각관계에 있던 설보채(薛寶釵)와 혼인을 맺게 되고, 혼인식이 있던 날 밤 임대옥은 울다가 눈물이 다해 죽는다.

그림 왼쪽 면에 수록한 시는 고독을 즐기며 잘 우는 임대옥의 성격을 잘 표현했다. 3구의 두견새, 기러기, 앵무새는 중의적 표현으로 각각 임대옥의 시녀인 자견, 설안, 앵가(鸚哥)를 가리킨다.

애틋하게 정을 품고서 애써 대답하지 않았는데	脈脈含情苦未酬
그렁그렁 눈물이 나려 해 닦아도 다시 흐르네	盈盈欲淚搵還流
슬피 우는 두견새와 기러기, 천진한 앵무새가	唬鵑哀雁憨鸚鵡
가을 창의 빗물에 섞인 근심을 녹여 없애네	銷盡秋窗雨露愁

2. 서지사항

『즉각홍루몽도영』은 1882년(광서(光緒) 8년) 상해의 점석재서국에서 출판되었으며, 모두 2책으로 되어 있다. 각 책의 표제(表題) 아래에는 작은 글씨로 "부죽재주인제첨(賦竹齋主人題簽)"이라 했고, 그 아래에 두 과(顆)의 방인(方印)을 인쇄했다. 위의 것은 주문(朱文)으로 "죽(竹)"자, 혹은 "공(共)"자, 혹은 "공(拱)"자고, 아래 것은 백문(白文)으로 "대(大)"자다. "죽"자와 "대"자를 합쳐 '소(笑)'자를 표현한 것으로 볼 수도 있겠으나 확실하지는 않다.

제1책의 1a면에 "증각홍루몽도영(增刻紅樓夢圖詠)"이라는 표제(標題)가 있고, 그 아래에 작은 글씨로 "오하문조관주인서(吳下問潮館主人署)"라 했다. 오하(吳下)는 강소성(江蘇省) 소주(蘇州) 일대를 말한다. 문조관주인(問潮館主人)은 심금원(沈錦垣)이다.[2] 표제 아래에 역시 두 과의

---

2 심금원에 대해서는 「그림으로 보는 상해의 랜드마크 『신강승경도』」, 2. 서지사항에서 소개했다.

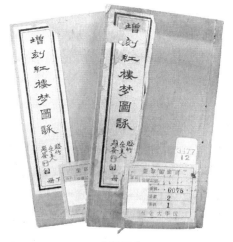

3.12 표지

3.13 표제면(標題面)

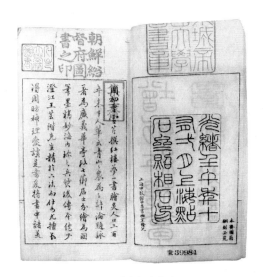

3.14 간기와 첫째 면

방인을 인쇄했다. 위의 것은 주문으로 "공(拱)"자고 아래 것은 백문으로 "지(之)"자다. 공지(拱之)는 심금원의 자(字)다.

제1책 1b면에 "광서임오년십유이월상해점석재조상석인(光緒壬午年十有二月上海點石齋照相石印)"이라는 간기(刊記)를 썼다. 광서 임오년은 1882년이다. 간기의 오른쪽 하단에 작은 글씨로 "본재도적번각필구(本齋圖籍飜刻必究)"라 했으며, 왼쪽 하단에 작은 글씨로 "상해신보관신창서화실발태(上海申報館申昌書畵室發兌)"라 했다. 발태는 '출판하여 널리 판다'는 뜻이다.[3] 앞서 소개한 『신강승경도』와 이 책은 같은 점석재에서 출간한 것으로, 표제면과 간기의 형식이 거의 같다.

제1책 2a면부터 3b면까지 정배(丁培)의 서문을 수록했다. 마지막에 "광서임오칠월량계정배찬조기붕서(光緒壬午七月梁谿丁培撰趙起鵬書)"라 했다. 이 글은 "국초에 조설근이 홍루몽이라는 책을 지은 이후 인구에 회자되면서 200년 동안 재주 있는 자들이 배출되었다."[4]라는 문장으로 시작하여 이 책의 편찬 경위를 밝혔다. 마지막에는 두 과의 방인을 인쇄했다. 위의 것은 백문으로 "조기붕인(趙起鵬印)", 아래 것은 주문으로 "운구(雲九)"다.

정배는 자가 운석(芸石), 호가 식류(植柳)이며 1832년(도광(道光) 12년) 은과(恩科)에 합격하여 거인(擧人)이 되었다. 동림서원(東林書院)에서 강의했다.

서문의 글씨를 쓴 조기붕(趙起鵬)은 강소 무석(無錫) 사람으로, 자가 운구(雲九)다. 1867년(동치(同治) 6년) 거인이 되었다. 글씨를 잘 썼고 산수화에 운치가 있었다. 『청조서화가필록(淸朝書畵家筆錄)』에 그에 관한

---

3   신창서화실에 대해서는 「그림으로 보는 상해의 랜드마크 『신강승경도』」, 2. 서지사항에서 설명했다.

4   "國初曹雪芹撰紅樓夢一書, 膾炙人口, 二百年來才人輩出." 『증각홍루몽도설』 1책, 2a쪽.

기록이 보인다.

제1책 4a면부터 5b면까지 산음오치생(山陰悟癡生)의 서문을 수록했다. 마지막에 "광서팔년태세재원묵돈상중동초길산음오치생지(光緒八年太歲在元默敦祥仲冬初吉山陰悟癡生識)"라 썼다. 그 아래에 방인 두 과를 인쇄했는데, 위의 것은 주문으로 "오치(悟癡)", 아래 것은 백문으로 "산음(山陰)"이다. 광서 8년은 1882년이다. 원묵돈상(元默敦祥)은 고갑자(古甲子)로 임오(壬午)다. 강희제(康熙帝)의 이름이 현엽(玄燁)이므로 '현(玄)'을 피휘하여 "원(元)"을 쓴 것이다.

제1책 6a면부터 7b면까지 세 번째 서문을 수록했다. 마지막에 "광서임오중추석산이첨초의고병배찬(光緒壬午中秋錫山二詹草衣高丙拜讚)"이라 썼다. 아래에 방인 두 과를 인쇄했는데, 위의 것은 백문으로 "석산고병서화(錫山高丙書畫)"이고, 아래 것은 주문으로 "이첨각(二詹閣)"이다. 고병은 누구인지 알 수 없다.

제1책 8a면부터 본문에 해당하는 「도영(圖詠)」 부분이 시작된다. 8a면에는 커다란 원 모양의 테두리 안에 굵은 획의 전서(篆書)로 "원천하유정인도성료권속(願天下有情人都成了眷屬)"이라 썼다. 이는 원대(元代) 왕실보(王實甫)의 잡극(雜劇) 『서상기(西廂記)』에서 작품 전체의 주제를 표현한 "원컨대 천하의 정이 있는 사람들이 모두 혼인하여 가족이 되기를(願普天下有情的都成了眷屬)"이라는 구절을 조금 고친 것으로, 『홍루몽』 전체를 관통하는 모티브가 '정(情)'임을 보여준다.

3.15 8a면의 글씨

제1책 8b면에 수록된 「강주선초, 통령보석」을 제외한 나머지 삽화

3.16 마지막 면의 글씨

는 모두 인물을 표현한 것들이다. 마지막 삽화인 「경환선고(警幻仙姑)」 삽화의 여백에는 "용강왕지운계씨회도(蓉江王墀芸階氏繪圖)"라 썼다. 용강(蓉江)은 왕지의 고향으로, 현재 강서성(江西省) 남부 공주시(贛州市)에 있다. 마지막 면인 128b면에는 비정형의 검은 바탕에 전서(篆書)로 "용강왕지운계씨회(蓉江王墀雲階氏繪)"라 썼다.

제2책에는 삽화 없이 글만 수록했다. 수록된 글은 「홍루몽기략(紅樓夢紀略)」(青山山農輯), 두 편의 「홍루몽광의(紅樓夢廣義)」(青山山農撰), 「홍루몽논찬(紅樓夢論贊)」(讀花人戲編)이다. 첫 번째 「홍루몽광의」는 "보옥의 음행은 책에서 결코 분명하게 묘사하지 않았으나(寶玉淫行, 書中并未明寫)"라는 문장으로 시작하고, 두 번째 「홍루몽광의」는 "묻건대 보옥과 같이 음란한데도 끝내 초탈하여 도를 깨우침은(問淫如寶玉而終能超凡悟道)"이라는 문장으로 시작한다. 「홍루몽논찬」은 「가보옥찬(賈寶玉贊)」 등 『홍루몽』의 인물에 대해 품평한 글 여러 편을 모은 것이다.

청구기호	奎中 6078-v.1-2
편저자	왕지(王墀) 화(畵)
간행연도	1882년(광서(光緒) 8년)
간행지	상해(上海) 점석재서국(點石齋書局)
형태사항	石印本. 2冊: 插圖, 四周單邊 半廓 13.9×8.6cm, 無界, 10行 24字; 19.4×11cm
인장	集玉齋, 京城帝國大學圖書章, 朝鮮總督府圖書之印

2
소설, 필기

후요재지이도설

기이한 일들의 기록

1. 유명 언론인의 인기 연재소설

『후요재지이도설』은 청대(淸代) 왕도(王韜, 1828~1885)의 문언(文言) 단편소설집이다. 제목에서 짐작할 수 있듯이, 이 책의 체재와 제재는 청대 포송령(蒲松齡, 1640~1715)의 문언 단편소설집『요재지이(聊齋誌異)』를 모방한 것이다. 여기에 수록된 소설들은 본래 〈신보(申報)〉의 부간(副刊)인 〈점석재화보(點石齋畫報)〉에 삽화와 함께 3년 동안 연재되었던 것들로, 연재가 끝난 후 1875년(광서(光緒) 원년)에 새로운 삽화를 곁들여 『송은만록(淞隱漫錄)』이라는 제목의 단행본으로 출간되었다. 작품이 인기를 얻자 여러 출판사에서 '후요재지이도설', '회도후요재지이(繪圖後聊齋志異)' 등의 제목으로 중간(重刊)했다.

이 책에는 120편의 소설이 수록되어 있다. 여기에는 귀신, 여우, 신선이 등장하는 비현실적인 괴담도 있지만, 남녀 간의 애정 고사나 실존 인물의 일생 등 인생 유전(流轉)을 소재로 한 이야기도 다수 수록되었다.[1] 특히 기녀를 소재로 한 글이 적지 않은데, 그중에는 「신강십미(申江十美)」, 「삼십육원앙보(三十六鴛鴦譜)」, 「륙월방(陸月舫)」, 「아령아애(阿怜阿愛)」, 「심려향(沈荔香)」, 「채울산장(茝蔚山庄)」 등 상해 기녀에 관한 글뿐만 아니라, 「기일본여자아전사(紀日本女子阿傳事)」, 「류교염적(柳橋艷跡)」, 「교북십칠명화보(橋北十七名花譜)」, 「동영재녀(東瀛才女)」 등 일본 기녀에 관한 글과 유럽 미녀에 대한 이야기를 담은 「미려소전(媚麗小傳)」이 있다. 이에 대해 노신(魯迅)은 『중국소설사략(中國小說史略)』에서 "장주(長洲)의 왕도는 『둔굴란언(遁窟讕言)』(동치(同治) 원년 완성), 『송은만록』(광서 초 완성), 『송빈쇄화(淞濱瑣話)』(광서 13년 서(序)) 각 12권을 지었는데, (…) 그 필치는 또한 순전히 『요재지이』의 부류로서 일시에 자못 널리 유행했다. 그런데 내용은 이미 여우와 귀신 이야기는 점차 적어졌고 기녀 이야기가 많아졌다."[2]고 했다.

왕도는 서문에서 이 책에 수록된 이야기들이 자신이 직접 보고 들은

---

1 민정기(1999)의 연구에서는 이들 소설을 제재에 따라 분류했는데, 인생 유전(流轉)을 제재로 한 것이 53편, 괴담이 22편, 다른 세계를 제재로 한 것이 14편, 협객류(俠客類)가 10편, 기보류(妓譜類)가 12편, 전기류가 3편, 필기류가 2편이다. 인생 유전을 제재로 한 소설은 다시 남녀이합을 제재로 했으며 긍정적 결말인 작품이 15편, 남녀이합을 제재로 했으며 부정적 결말인 것이 17편, 특이한 인연을 제재로 한 것이 4편, 기구한 여인의 삶을 다룬 것이 12편, 개척적인 여인의 삶을 다룬 것이 5편이다. 이를 보면 『후요재지이도설』에는 여인을 소재로 한 소설이 비교적 많다. 민정기, 「晩淸 時期 上海 文人의 글쓰기 양상에 관한 硏究: 王韜를 중심으로」, 서울대학교 박사학위논문, 1999, 135쪽.

2 "長洲王韜作『遁窟讕言』(同治元年成)『淞隱漫錄』(光緒初成)『淞濱瑣話』(光緒十三年序) 各十二卷 (…) 其筆致又純爲『聊齋』者流, 一時傳布頗廣遠. 然所記載, 則已狐鬼漸稀, 而煙花粉黛之事盛矣." 魯迅, 『中國小說史略』, 北京: 人民文學出版社, 2006, 221쪽. 郭延禮 (1995) 역시 『중국근대문학발전사(中國近代文學發展史)』에서 왕도의 문언 단편소설의 특징을 논하면서 제재 면에서 기녀 이야기가 많고, 풍부하고 다채로운 여성 형상을 창조했다는 점을 언급했다. 郭延禮, 『中國近代文學發展史』 第2卷, 濟南: 山東敎育出版社, 1995, 1389~1394쪽.

것이라고 썼다.[3] 특히 「신강십미」 등 기녀와 관련된 글들은 실존 기녀들에 대해 서술한 것으로 묘사가 매우 세밀하다.

2. 괴담에 대한 이중적 태도

왕도는 이 책의 서문에서 중국인들이 좁은 식견을 갖고서 귀신과 요괴 이야기를 사실로 믿는 것을 비판하고, 서양인의 실사구시의 태도와 실용적인 기술의 발전에 대해 긍정적으로 평가한다. 왕도는 중국이 서양처럼 과학을 발전시키지 못한 것은 현실성을 추구하기보다 허황한 것에 쉽게 미혹되는 국민성 때문이라고 생각했던 것으로 보인다. 이런 관점에서는 『산해경(山海經)』을 비롯한 중국의 기담은 배척하고 버려야 할 대상이다. 『후요재지이도설』이 『요재지이』를 모방한 여타의 문언 단편소설집에 비해 요괴 이야기는 적고 현실 세계의 이야기가 많은 것은 이러한 저자의 가치관에 기인한 것이다. 서문의 서두는 다음과 같다.

천하의 거대함은 존재하는데도 논하지 않고 구주(九州)의 밖은 내버려두고 고찰하지 않으며, 눈과 귀가 미치는 것만 견문으로 삼고 형색으로 징험할 수 있는 것만 기록이라고 여기니, 이에 세상은 좁아지고 학문

---

3 "존문각주인(尊聞閣主人)이 지은 것을 보여주기를 누차 청하여 출판하려고 하기에, 술자리가 끝나거나 차를 다 마시고 났을 때 화로 가나 등불 곁에서 30년 동안 보고 들은 것들을 추억하여 놀랍고 경악스러운 일들을 열 중에 하나를 썼다. 혹은 지난 일에 감정이 동하고 혹은 옛 원망이 일어나기도 하니, 먹물 자국이 흥건한 가운데 때로 눈물 자국이 어지러이 섞여 들었다.(尊聞閣主人屢請示所作, 將以付之剞劂氏, 于是酒闌茗罷, 爐畔燈唇, 輒復伸紙命筆, 追憶三十年來所見所聞, 可驚可愕之事, 聊記十一. 或觸前塵, 或發舊恨, 則墨瀋淋漓, 時與淚痕狼藉相間.)" 『후요재지이도설』, 2b쪽.

은 궁색해지게 되었다.

옛날 우임금이 정(鼎)을 주조해 사악한 것들의 형상을 표현했는데 아쉽게도 그 도상(圖像)이 지금은 전해지지 않는다. 혹자는 백익(伯益)[4]이 기록한 것과 이견(夷堅)[5]이 기록한 것은 우임금에게서 얻어들은 것으로, 지금의 『산해경』이 그것이라고 한다.[6] 그러나 지금 서양 사람들의 족적이 절새(絕塞)의 지역에까지 두루 미쳤는데, 머리는 둥글고 발은 네모졌으며 하늘을 이고 땅을 밟는 모든 족속들 가운데 저들이 말하는 바와 같이 이른바 기괴한 형상을 하고 있는 것은 없다. 그러니 그 설은 믿을 만하지 못하다.

기린, 봉황, 거북, 용은 중국에서 '네 가지 신령스러운 동물(四靈)'이라고 부르는데, 서양 사람들이 말하는 털 있는 족속 가운데 기린이라는 것은 없고, 깃털이 있는 족속 가운데 봉황이라는 것도 없고, 비늘이 있는 족속 가운데 용이라는 것도 없다. 오늘날 중국에서도 이 세 가지 동물을 본 적이 없으니, 어찌 옛날에는 있다가 지금은 없어졌겠는가? 옛날에는 거북이 나라를 지키는 그릇이라고 보배로 여겼는데, 지금은 느려 터진 일개 족속일 따름이니 영험함이 어디 있는가? 그러한즉 지금의 거북 역시 옛날의 거북이 아니라는 것은 매우 분명하다.

신선과 귀신에 대해 이야기하기를 좋아하는 자들은 남쪽에 오통(五通)[7]이 있는 것은 북쪽 땅에 여우가 있는 것과 같다고 여기는데, '천하에

---

4 백익은 순(舜) 임금 때 동이(東夷) 부락의 수령이었다. 우임금이 치수(治水)하는 것을 도운 공이 있었기에 우임금이 그에게 양위하려 하였으나, 그는 거절하고 기산(箕山) 북쪽에 은거했다고 한다.

5 이견은 상고시대 박물학자다.

6 『열자(列子)』 「탕문(湯問)」 편에서 "『산해경』은 우임금이 돌아다니면서 보고, 백익이 알게 되어 이름을 짓고, 이견이 듣고서 기록한 것이다.(『山海經』爲大禹行而見之, 伯益知而名之, 夷堅聞而志之.)"라고 했다.

7 오통은 '오랑신(五郎神)', '오통신(五通神)', '오창신(五猖神)', '오현영공(五顯靈公)',

어찌 신선이 있겠는가!'라는 한무제(漢武帝)의 한마디 말로 핵심을 찌를 수 있다.[8] 성인(聖人)이 귀신에게 복과 화를 내리는 신묘한 도가 있다고 설교하는 것은 우둔한 자들에게 설법하는 것에 불과하니, 명계(明界)에는 왕법이 있고 유계(幽界)에는 귀신이 있다는 것은 대개 선함에는 상을 주고 악함에는 벌을 주는 권력으로 겁을 주어 권선징악을 맡긴 것일 따름이다. 하물며 오통과 같이 음혼(淫昏)하고 사람을 홀리는 존재는 듣기만 해도 화가 나서 머리카락이 곤두서는데 감히 대명천지에 그 술수를 제멋대로 펼친다니! 이는 참으로 천하에 아연실색할 만한 괴상한 일이다. 여우는 금수인데 어찌 변신하여 사람의 모습이 될 수 있겠는가? 본래 망령된 사람이 괴이한 이야기를 지어낸 것이니 여우 굴속에 어찌 다른 세상이 있겠는가? 이는 모두 서양 사람들은 한사코 믿지 않는 것들로, 참으로 허황된 말은 실제 경험만 못하다고 여기는 것이다.

　서양 나라들에는 없는 것들을 중국에서는 반드시 있다고 여기니 그들의 인심과 풍속을 이를 통해 알 수 있다. 이는 참으로 한창려(韓昌黎)가 말한 '요즘 사람들은 오직 괴이한 것만 듣고 싶어 한다.'는 것이니[9] 개탄할 만하다. 서양 사람들은 그 기교를 궁구하고 기물을 만들어 실제로 쓰일 수 있게 하며, 하늘의 높이를 측정하고 땅의 거리를 재며, 산과 언덕을 변별하고, 물과 땅을 구획하며, 배와 수레가 다니는 것이

　'오성(五聖)'이라고도 한다. 오통의 유래는 설이 많아 정확히 알 수 없으나 악한 일을 하는 야귀(野鬼)로 사람들은 오통에게 제사를 지냄으로써 화를 피하고 복을 얻을 수 있다고 믿었고, 오통은 차차 재물을 가져오는 신이 되었다. 오통을 믿는 민간 신앙은 당대(唐代)부터 휘주(徽州) 무원(婺源)에서 흥성하기 시작하여 명청(明淸) 시기에는 강남 지역의 대표적인 민간 신앙으로 유행하여 오통의 상을 만들어 모시는 사묘가 광범위하게 만들어졌다.

8　한무제는 신선이 있다고 믿고 방사(方士)들을 받아들였으며, 수천 명의 사람들을 보내 불사약과 불로초를 찾았으나 실패했다. 그는 죽을 때 후회하며 신하들에게 "천하에 어찌 신선이 있겠는가! 모두 요망한 것일 뿐이다.(天下豈有神仙! 盡妖妄耳.)"라고 하였다.

9　한창려는 당(唐)나라의 문인 한유(韓愈)다. 해당 구절은 「원도(原道)」에 나온다.

번개와 바람을 좇듯이 빠르고, 물과 불의 힘으로 인적이 없는 곳과 험한 곳의 길을 뚫으니, 소식이 전해지는 속도가 순식간에 천리를 가고, 화학의 정밀함이 경각간에 만 번 변하니, 신의 솜씨와 귀신의 도끼에 가까워 상상할 수 없을 지경이다. 앉아서 말하는 것을 일어나 실행할 수 있으니 민생에 이익이 되고 국책에 보탬이 됨은 분명하다. 이러한 것에 힘쓰지 않고 도리어 허망하고 허탄하며 묘연하여 고증할 수 없는 지경에서 찾으니, 어찌 기이한 것을 좋아하는 허물 때문만이겠는가! 아마도 그 사상 역시 허황한 것이리라![10]

이처럼 허황한 이야기를 배척했음에도 왕도가 여전히 귀신, 요괴, 신선을 소재로 한 이야기를 이 책에 담은 것은 왕도 자신이 그러한 이야기를 애호해서가 아니라, 독자들의 호기심을 자극하여 상업적 성공을 도모하려는 글쓰기 전략이었을 가능성이 높다.

---

10 "六合之大, 存而弗論, 九州之外, 置而不稽, 以耳目之所及爲見聞, 以形色之可徵爲紀載, 宇宙斯隘, 而學問窮矣. 昔者神禹鑄鼎以象姦, 惜其文不傳于今. 或謂伯益之所錄, 夷堅之所誌, 所受之于禹者, 卽今山海一經是也. 然今西人足跡, 遍及窮荒, 凡屬圓顱方足, 載天而履地者, 無所謂奇形怪狀如彼所云也. 斯其說不足信也. 麟鳳龜龍, 中國謂之四靈, 而自西人言之毛族中無所謂麟, 羽族中無所謂鳳, 鱗族中無所謂龍. 近日中國此三物亦不經見, 豈古有而今無耶? 古者實龜爲守國之器, 今則蠢然一介族爾, 靈於何有? 然則今之龜亦非古之龜也, 甚明矣. 好談神僊鬼怪者, 以爲南有五通, 猶北地之有狐, 夫天下豈有神僊哉! 漢武一言可以破的. 聖人以神道設敎, 不過爲下愚人說澕, 明則有王法, 幽則有鬼神, 蓋暘之以善惡賞罰之權, 以寄其懲勸而已. 況乎淫昏蠱惑如五通, 聽之令人髮指, 乃敢肆其技倆於光天化日之下哉! 斯眞寰宇內一咄咄怪事. 狐乃獸類, 豈能幻作人形? 自妄者造作怪異, 狐狸屈中, 幾若別有一世界? 斯皆西人所悍然不信者, 誠以虛言不如實踐也. 西國無之, 而中國必以爲有, 人心風俗, 以此可知矣. 斯眞如韓昌黎所云, '今人惟怪之欲聞', 爲可慨也! 西人窮其技巧, 造器致用, 測天之高, 度地之遠, 辨山岡, 區水土, 舟車之行, 躡電追風, 水火之力, 縱幽鑿險, 信音之速, 瞬息千里, 化學之精, 頃刻萬變, 幾神神工鬼斧, 不可思議. 坐而言者, 可以起而行, 利民生, 裨國是, 乃其犖犖大者. 不此之務, 而反索之於支離虛誕, 杳渺不可究詰之境, 豈獨好奇之過哉, 其志亦荒矣!" 『후요재지이도설』, 2a쪽.

3. 서지사항

3.17 제4책의 표지

규장각 소장 『후요재지이도설』은 1887년(광서 13년) 상해의 대동서국(大同書局)에서 출간한 것이다. 제1책의 1a면은 표제면(標題面)으로 표제(標題)는 "후요재지이도설(後聊齋志異圖說)"이고 아래 여백에 "고월심조연서(古越沈祖燕署)"라 했다. 표제 좌측 하단에 방인(方印) 두 과를 인쇄했는데, 위의 것은 백문(白文)으로 "신심조연(臣沈祖燕)", 아래 것은 주문(朱文)으로 "익손(翼孫)"이다. 목록제는 "후요재지이도설(後聊齋誌異圖說)"이고, 판심제(版心題)는 "후요재지이도설(後聊齋志異圖說)"이다. 책의 1b면의 간기(刊記)에 "광서정해중추대동국인(光緒丁亥仲秋大同局印)"이라 했다. 광서정해년은 1887년이다. 표제(表題)는 "후요재지이도설(後聊齋誌異圖說)"로, 예서(隷書)로 썼으며 아래에 "려지임월서(礪之林鉞署)"라 썼다. 3책과 4책의 제첨은 온전하게 붙어 있으나, 1책의 제첨은 "후(後)"자만 남아 있고, 2책의 제첨은 거의 다 떨어졌다.

표제(標題)를 쓴 심조연(沈祖燕)은 만청 시기 문인으로 절강(浙江) 항주(杭州) 소산(蕭山) 사람이다. 자는 익손(翼孫)이고, 호는 수원거사(守園居士)다. 1889년(광서 15년) 진사(進士)가 되었고, 후에 관비(官費)로 일

3.18 표제면(標題面)   3.19 간기

본에 유학했다. 호남후보도(湖南候補道) 등의 관직을 지냈다. 『책학비
찬(策學備纂)』, 『우성편(憂盛編)』, 『안사편(案事編)』, 『광호남고고략(廣湖
南考古略)』 등을 편찬했고, 선진(先秦) 시기부터 청대까지 역대의 부(賦)
작품 1만 2천여 편을 집대성한 『부해대관(賦海大觀)』(32권)에 서문을 쓰
고 편찬에 참여했다.

　표제(表題)를 쓴 임월(林鉞)은 만청(晩淸) 시기 진사(進士) 출신 정치가
로, 복건성(福建省) 복주부(福州府) 민현(閩縣) 사람이다. 1894년(광서 20
년)에 갑오은과전시(甲午恩科殿試)에 참가하여 진사 이갑(二甲) 32명에
들었다. 같은 해 5월 한림원(翰林院) 서길사(庶吉士)가 되었고, 이듬해 4
월 지현(知縣)에 임명되었다.

　규장각 소장본은 전체 4책 12권으로 되어 있다. 제1책에는 권1부터

권3까지, 제2책에는 권4부터 권6까지, 제3책에 권7부터 권9까지, 제4책에 권10부터 권12까지 수록했다.

제1책 2a면부터 2b면까지는 왕도가 쓴 서문을 수록했다. 마지막에 "광서십년세차갑신오월중한송북일민왕도자서(光緒十年歲次甲申五月中澣淞北逸民王韜自序)"라 했다. 광서 10년은 1884년이다. 서문의 마지막 행 아래에 방인(方印) 두 과를 인쇄했는데, 위의 것은 주문(朱文)으로 "천남둔수(天南遁叟)"이고, 아래 것은 백문(白文)으로 "송북일민(淞北逸民)"이다. 모두 왕도의 호다. 왕도는 서문에서 이 책의 출판인이 존문각 주인(尊聞閣主人)이라고 밝혔다.[11]

이어서 3a면부터 4a면까지 「후요재지이도설목록(後聊齋誌異圖說目錄)」을 수록했다. 이 책은 전체 12권으로 한 권에는 10편의 소설이 수록되어 있다. 목차에서는 권12에 여덟 편의 작품만 수록되어 있는데 이는 오류다.

제1책의 권1에 수록된 작품은 「화린고(華璘姑)」, 「기일본여자아전사(紀日本女子阿傳事)」, 「허옥림비수(許玉林匕首)」, 「선인도(僊人島)」, 「소운일사(小雲軼事)」, 「오경선(吳瓊仙)」, 「정렬여자(貞烈女子)」, 「옥소재세(玉簫再世)」, 「주선(朱仙)」, 「연정선자(蓮貞仙子)」이고, 권2에 수록된 작품은 「하혜선(何蕙仙)」, 「백추영(白秋英)」, 「정지선(鄭芷仙)」, 「주정녀(周貞女)」, 「양소문(楊素雯)」, 「풍향연(馮香妍)」, 「료검선(廖劍仙)」, 「미수이교

---

11 존문각주인(尊聞閣主人)은 19세기에 상해에서 활동한 영국 상인 어니스트 메이저 (Ernest Major, 1841~1908)로 〈신보〉와 〈점석재화보〉의 창간인이다. 서문에서 "존문각 주인이 지은 것을 보여주기를 누차 청하여 출판하려고 했다.(尊聞閣主人屢請示所作, 將以付之剞劂氏.)", "존문각주인이 글을 보고서 갑자기 책상을 치며 극찬하더니, 그림 을 잘 그리는 자를 초청해 글 속의 의미를 그림으로 그려서 세상에 내놓으니, 연속으로 열두 권의 책이 완성되어 제목을 '후요재지'라 했다.(尊聞閣主見之, 輒拍案叫絶, 延善于 丹青者, 卽書中意繪成圖幅, 出以問世, 將陸續成書十有二卷, 而名之曰後聊齋志.)"라고 하였다. 『후요재지이도설』, 2b쪽.

서합전(眉繡二校書合傳)」, 「서쌍부(徐雙芙)」, 「소보연(蕭補烟)」이며, 권3
에 수록된 작품은 「류벽산(陸碧珊)」, 「공수란(龔繡鸞)」, 「심농사사(心儂
詞史)」, 「민옥숙(閔玉叔)」, 「능파여사(凌波女史)」, 「삼몽교(三夢橋)」, 「려
인추(黎紉秋)」, 「견홍여사(鵑紅女史)」, 「필지운(畢志芸)」, 「계소추(薊素
秋)」다.

제2책에 「선곡(仙谷)」, 「하화진(何華珍)」, 「여협(女俠)」, 「백소추(白素
秋)」, 「아련아애(阿憐阿愛)」, 「사기인합전(四奇人合傳)」, 「야래향(夜來
香)」, 「검선섭벽운(劍仙聶碧雲)」, 「이운란(李韻蘭)」 등 30편, 제3책에 「미
려소전(媚黎小傳)」, 「반생초(返生草)」, 「해저기경(海底奇境)」, 「교북십칠
명화보(橋北十七名花譜)」, 「태서제희극류기(泰西諸戲劇類記)」, 「류교염적
기(柳橋艶跡記)」, 「홍운별서(紅芸別墅)」, 「몽유지옥(夢遊地獄)」, 「진하선
(陳霞仙)」 등 30편, 제4책에 「사요(蛇妖)」, 「정월경교서소전(丁月卿校書
小傳)」, 「학매(鶴媒)」, 「십이화신(十二花神)」, 「동영재녀(東瀛才女)」, 「묘
향(妙香)」, 「명우류지(名優類誌)」, 「삼괴(三怪)」, 「월선소전(月仙小傳)」,
「화계여사소전(花蹊女史小傳)」, 「연검추(燕劍秋)」 등 30편의 작품이 수
록되어 있다.

3.20 「이십사화사 상(二十四花史 上)」삽화(4책, 권10)

3.21 「이십사화사 하(二十四花史 下)」
삽화(4책, 권10)

3.22 「삼십육원앙보 상(三十六鴛鴦譜 上)」
삽화(4책, 권11)

3.23 「삼십육원앙보 중(三十六鴛鴦譜 中)」
삽화(4책, 권11)

3.24 「삼십육원앙보 하(三十六鴛鴦譜 下)」
삽화(4책, 권11)

3.25 「기일본여자아전사(紀日本女子阿傳事)」삽화(1책, 권1)

3.26 「교북십칠명화보(橋北十七名花譜)」
삽화(3책, 권8)

3.27 「동영재녀(東瀛才女)」
삽화(4책, 권11)

3.28 「옥소재세(玉簫再世)」
삽화(1책, 권1)

3.29 「미수이교서합전(眉繡二校書合傳)」
삽화(1책, 권2)

이 책에는 청말의 유명한 풍속화가 오우여(吳友如)[12]가 그린 정교한 삽도가 수록되어 있다. 각 고사가 시작되는 첫 번째 면에 해당 고사를 표현한 삽화를 수록했으므로 삽화는 모두 120폭에 달한다. 삽화의 여백에 "오우여화(吳友如畵)", "오우여작(吳友如作)", "우여작(友如作)", "우여 오유가 호상에서 그리다(友如吳猶作於滬上)" 등의 문구를 썼다. 호상(滬上)은 상해의 옛 명칭이다.

이 책의 작품에는 다양한 인물과 사건이 등장하는 만큼 삽도의 제재도 다양하다. 배경의 자연 경물과 건축물, 인물의 복장과 장신구가 모두 세밀하게 표현되었다. 원근법을 따르면서도 한 지면에 두 가지 사건을 동시에 표현하는 중국의 전통 화법 역시 종종 구사했다. 고종이 이 책을 구입한 것은 작품 자체에 대한 호기심도 있었겠지만 삽도를 감상하기 위한 목적도 있었을 것이다.

오우여는 특히 여인을 묘사하는 데 뛰어났다. 이 책에도 여인을 섬세하게 표현한 삽화가 다수 수록되어 있다. 이러한 삽화는 배경의 경물 묘사와 어우러져 아취가 있다.(그림 3.20~3.24) 일본 기녀의 모습을 담은 삽화 역시 일본식 복장과 머리 장식 표현이 사실적이다.(그림 3.25~3.27)

근대 중국의 중심지 상해에서 출간된 작품인 만큼 상해의 근대적인 풍경을 담은 삽화 역시 찾아볼 수 있다. 특히 전통 건축물 사이로 가로등이 서 있는 모습이 인상적이다.(그림 3.28, 3.29) 대형 상선을 그림의 배경으로 묘사한 삽화도 눈에 띈다.(그림 3.30)

해외 생활을 많이 했던 왕도의 작품을 소재로 그린 삽화인 만큼 해외 경물을 담은 경우도 보인다. 서양식 건축물을 원경에 두고 허공의 줄 위에서 아슬아슬하게 묘기를 부리는 서양 예인을 담은 삽화는 그 구도

---

12 오우여에 대해서는 「그림으로 보는 상해의 랜드마크 『신강승경도』」, 3. 오우여에서 소개했다.

3.30 「해외미인(海外美人)」
삽화(2책, 권4)

3.31 「태서제희극류기(泰西諸戲劇類記)」
삽화(3책, 권8)

가 현대적인 느낌을 준다.(그림 3.31)

『후요재지이도설』은 1887년 출간된 대동서국본 외에 청말과 민국(民國) 시기 상해의 다른 출판사에서 간행된 여러 판본이 다수 남아 있다. 그러나 대동서국본은 희귀본으로 규장각 이외 소장 기관은 현재로서는 찾지 못했다. 많이 남아 있는 판본은 1903년(광서 29년) 상해 점석재(點石齋)에서 간행한 석인본이다. 이 판본은 미국 캘리포니아대학교 버클리캠퍼스 도서관과 하버드대학교 옌칭도서관 등에 소장되어 있다.

규장각에 이 책과 같은 해인 1887년 대동서국에서 간행한 『해상중외청루춘영도설(海上中外靑樓春影圖說)』이 소장되어 있다. 이 책보다 『해상중외청루춘영도설』이 조금 작으나, 판식, 지질, 글자체, 화풍이 매우 유사하다. 목차의 편집 양식을 네 단(段)으로 나누어 구성한 것 역시 같다. 『해상중외청루춘영도설』의 저자인 추도(鄒弢)는 왕도의 제자이자 가까운 벗이었다. 두 사람이 같은 시기에 같은 출판사에서 책을 출판하게 된 데는 이러한 교유 관계가 작용했을 것으로 보인다.

청구기호	奎中 6113-v.1-4
편저자	왕도(王韜)
간행연도	1887년(광서(光緒) 13년)
간행지	상해(上海) 대동서국(大同書局)
형태사항	石印本, 12卷 4冊: 揷圖, 四周單變 半廓 14.9×9.1cm, 無界, 16行 40字, 白口 上下向黑魚尾; 19.8×12.1cm
인장	集玉齋, 京城帝國大學圖書章

4. 왕도

왕도(王韜, 1828~1885)는 만청 시기의 정치평론가이자 문학가, 언론인이었으며, 상해 문단과 언론계의 거물이었다. 강소성(江蘇省) 소주부(蘇州府) 장주현(長洲縣) 보리촌(甫里村)에서 태어났고, 아명은 왕리빈(王利賓), 자는 난영(蘭瀛)이다. 18세 이후에 이름을 왕한(王瀚)으로, 자를 라금(懶今), 자전(紫詮), 난경(蘭卿)으로 고쳤고, 조도(釣徒), 중도(仲弢), 천남둔수(天南遁叟), 보리일민(甫里逸民), 송북일민(淞北逸民), 구서부공(歐西富公), 도원노민(弢園老民), 형화관주(蘅華館主), 옥포생(玉鮑生), 존문각왕(尊聞閣王), 장모상원(長毛狀元) 등의 호를 사용했다. 1845년(도광(道光) 25년)에 수재(秀才)가 되었으나, 집안의 경제적 어려움으로 벼슬길을 포기했다.

왕도는 1849년부터 영국 선교사 토마스 미도우즈(Thomas Taylor Meadows)의 초청으로 상해로 가서 영국 선교사 월터 헨리 메드허스트 (Walter Henry Medhurst)의 묵해서관(墨海書館)에서 13년간 편집과 성경 번역을 했다.

그러던 중 1862년(함풍(咸豊) 12년)에 청조 군대가 발견한 태평천국 (太平天國) 문건 가운데 황원(黃畹)이라는 가명을 사용한 그의 편지가 발견되어 수배령이 내려졌고, 그는 주(駐)상해 영국 영사 월터 헨리 메 드허스트(Sir Walter Henry Medhurst, 선교사 메드허스트의 아들)의 도움으 로 영국 영사관에 135일간 피신했다가 그해 10월에 영국인들이 마련해 준 배를 타고 홍콩으로 도피했다. 홍콩에 도착한 그는 이름을 '감추다' 라는 뜻을 갖고 있는 도(韜)로 바꾸고 자를 중도(仲弢), 자잠(子潛)이라 했으며, 호를 '하늘 남쪽(홍콩)에 은둔한 노인'이라는 뜻의 천남둔수(天 南遁叟)라 했다. 그는 메드허스트의 주선으로 영화서원(英華書院) 원장 인 선교사 제임스 레그(James Legge)를 만났고, 1873년(동치(同治) 12년) 레그가 영구 귀국할 때까지 10여 년 동안 그를 도와『상서(尙書)』,『시경 (詩經)』,『춘추(春秋)』,『좌전(左傳)』,『예기(禮記)』를 영어로 번역했다.

1867년 요양을 위해 고국 스코틀랜드의 클라크매넌셔(Clackmannanshire) 주로 돌아간 레그가 왕도를 초청했고, 그해 말 왕도는 스코틀랜드로 향 했다. 그는 도중에 싱가포르, 페낭, 스리랑카, 아덴, 홍해, 카이로, 수에 즈 운하, 지중해, 마르세유, 파리를 거치면서 견문을 넓혔다. 1868년부 터 1870년까지 레그의 고향에 머물면서 그를 돕는 한편, 영국 곳곳을 여행하면서 근대 유럽 세계를 경험한 왕도는 이를 계기로 서양관이 바 뀌고 유럽의 문물과 역사, 국제 정세에 큰 관심을 갖게 되었다. 그는 이 때의 경험을『만유수록(漫游隨錄)』에 남겼다.

1870년 3월 왕도는 레그와 함께 홍콩으로 돌아와 서양을 소개하는 저술과 번역 활동을 했다. 그는 1873년 프로이센과 프랑스 간의 전쟁에 관한 기사를 번역한 『보법전기(普法戰紀)』와 프랑스의 역사를 소개한 『법국지략(法國志略)』을 출간했고, 1874년에는 영화서원의 인쇄 설비를 구매하여 〈순환일보(循環日報)〉를 창간했다. 이 신문은 1879년(광서 5년)까지 비교적 오랜 기간 발행되었고 이후 발행된 중문 신문의 모범이 되었다. 그는 〈순환일보〉에 논설을 기고하면서 정치 평론을 시작했고, 유신변법(維新變法)을 제창하여 당시 정치 담론에 영향을 끼쳤다. 그의 개혁론이 메이지유신을 통해 신정(新政)을 확립한 일본에서 주목을 받게 되어 1879년 그는 일본 언론인들의 초청으로 3개월여 동안 일본에 머물면서 도쿄, 오사카, 고베, 요코하마 등지를 여행하며 여러 문인들과 친분을 맺었다. 그는 이때의 경험을 담아 『부상유기(扶桑遊記)』(3권)를 썼다.

1884년(광서 10년) 4월 그는 정일창(丁日昌), 마건충(馬建忠), 성선회(盛宣懷) 등의 주선으로 이홍장(李鴻章)의 묵인을 얻어 상해로 돌아온다. 이 시기 그는 정치적으로 명성을 얻은 후였기 때문에 명사(名士)로서 만년을 보내게 된다. 그는 상해에 돌아온 해부터 〈신보〉의 편집주임을 맡았고, 시사정론지 〈만국공보(萬國公報)〉의 주요 필진으로 논설을 쓰는 한편 1885년까지 〈순환일보〉에도 계속 기고하는 등 언론인으로서 활발히 활동했다. 〈신보〉와 〈만국공보〉는 모두 상해에서 영향력 있는 신문들이었다. 1885년에 그는 세상을 떠난 서수(徐壽)를 이어 상해 격치서원(格致書院)의 주관(主管)을 맡았다. 영국인 존 프라이어(John Fryer)가 창립한 격치서원은 과학지식을 전문적으로 가르치는 신식학교였고, 왕도는 격치서원을 운영함으로써 자신이 주장하던 과학기술 인재 양성과 교육제도 개혁을 실천할 기회를 얻었다. 1885년 도원서국(弢園書局)을 설립해 자신의 저작과 지인들의 문집을 출간하는 등 활발한 저술 및 출판 활동을 이어가던 그는 1897년(광서 23년) 5월 24일 상해에서 70세의 나이로 병사했다.

왕도는 정치평론가이자 언론인으로서 저술 활동을 통해 변법자강론(變法自彊論), 군민공주론(君民共主論)을 주창했다. 앞서 소개한『후요재지이도설』(『송은만록』),『만유수록』,『보법전기』,『법국지략』,『부상유기』외에 저서로『도원문록외편(弢園文錄外編)』(12권),『도원척독(弢園尺牘)』(12권),『도원척독속초(弢園尺牘續鈔)』(6권),『형화관시록(蘅華館詩錄)』(5권),『둔굴난언(遯窟讕言)』(12권),『옹유여담(甕牖餘談)』(8권) 등이 있다.

해상중외청루춘영도설[1]

상해 기녀들의 사연과 일상

1. 청말(淸末) 상해 청루도기(靑樓圖記)의 등장

『해상중외청루춘영도설』(이하 『도설』)은 상해 기녀들의 모습을 담은 삽화와 짤막한 전기를 수록한 책이다. 제목의 "해상(海上)"이란 상해의 옛 명칭이고, "중외(中外)"란 중국과 외국이라는 뜻이며, "청루(靑樓)"는 기루(妓樓)이고, "춘영(春影)"은 봄의 경치를 뜻한다. 즉, 상해에 있는 중국과 외국의 기녀들의 봄날 모습을 담은 책이라는 뜻이다. 봄은 종종 여인의 미모를 은유하기도 했으므로 "춘영"은 여인의 모습이라는 뜻도 함께 지닌 중의적 표현이다.

당시 상해에서 『도설』과 같은 책이 출간될 수 있었던 것은 상해의 유곽이 전례 없는 호황기를 맞으면서 독특한 청루 문화를 형성했기 때문

―――――――――――

1 이 글에는 윤지양, 「『海上中外靑樓春影圖說』에 수록된 上海 기녀의 면모」, 『중국문학』 87, 한국중국어문학회, 2016; 윤지양, 「鄒弢의 『海上中外靑樓春影圖說』에 보이는 외국 기녀와 광동 기녀에 대한 차별적 인식」, 『중국문학』 99, 한국중국어문학회, 2019를 수정·보완한 내용이 포함되어 있다.

이다. 당시 상해에서는 청루 문화를 소재로 한 협사소설(狹邪小說)이 크게 유행했다. 특히 『해상화열전(海上花列傳)』, 『해천홍설기(海天鴻雪記)』, 『해상명기사대금강기서(海上名妓四大金剛奇書)』, 『해상번화몽(海上繁華夢)』, 『해상진천영(海上塵天影)』 등 상해의 지역적 특색이 드러나는 작품들은 '해파협사소설(海派狹邪小說)'이라 불리며 인기를 얻었다. 청루 문화는 전통적으로 전기(傳奇) 소설과 시사(詩詞) 등 문인들의 글쓰기에 소재와 영감을 제공해 왔다. 상해의 문인들은 이러한 전통 속에서 청루 생활을 소재로 당시 유행한 문예 양식인 소설과 필기(筆記)를 창작한 것이다.

그런데 상해의 청루 문화에서 파생되어 나온 것은 협사소설에만 국한되지 않았고, '청루필기(靑樓筆記)', '화보필기(花譜筆記)', '청루도기(靑樓圖記)' 등으로 칭해지는 다양한 출판물이 유행했다. 그중에서 '청루도기'란 『도설』과 같이 기록을 곁들인 화보집으로, 이전 시기에는 없던 새로운 형태의 청루 문학이다. 청루도기의 삽화에는 동시대의 유명한 기녀들의 모습을 수록했고, 기록 부분에는 소전(小傳) 형식으로 기녀의 고향, 용모, 특기, 관련 일화 등을 담았다. 청루도기는 1880년대부터 1900년대까지 유행하여, 『도설』 외에도 『상해품염백화도(上海品豔百花圖)』, 『호상신화백미도(滬上新畫百美圖)』, 『번화명기도(繁華名妓圖)』, 『송빈화영(淞濱花影)』, 『해상청루도기(海上靑樓圖記)』, 『신집해상청루도기(新輯海上靑樓圖記)』, 『해상유희도설(海上遊戲圖說)』 등의 책이 출판되었다. 이중 화영루주인(花影樓主人)이 편찬한 『송빈화영』(1887) 역시 집옥재에 소장되었던 것으로 확인된다.

2. 상해 기녀들의 패션을 담은 화보집

상해 기녀들은 대부분 영국과 프랑스 조계에 거주했다. 이는 유흥 산업이 불법이었음에도 상해의 조계가 일종의 치외법권이 되어 이곳을 중심으로 유흥업이 극성했기 때문이다. 『도설』에 자주 등장하는 지명은 삼마로(三馬路), 사마로(四馬路), 오마로(五馬路), 기반가(棋盤街) 등인데, 이곳은 상해 조계의 번화가다. 이 책에 소개된 기녀들의 거주지가 곧 당시 상해 유곽의 지형도를 반영하는 것이다.

그렇다면 왜 다른 곳이 아닌 상해의 기녀들일까? 청말 상해는 중국의 양자강(揚子江) 이남 지역에서 청루 문화의 중심지였다. 상해는 19세기 중엽까지는 중급 현성(縣城)에 불과했으나 개항 이후 조계의 출현과 근대 상공업의 발달에 따라 중국의 정치·경제·문화의 중심지로 급부상했다. 특히, 이전 시기까지 중국 강남 지역 청루 문화의 중심은 남경(南京), 양주(揚州), 소주(蘇州), 항주(杭州) 등지였으나, 19세기 중엽부터 상해가 새로운 중심지로 떠올라 이전의 도시들과 비교할 수 없을 만큼 화려한 청루 문화를 이뤘다.

상해가 청루 문화의 새로운 중심지가 된 데는 여러 원인이 작용했다. 가장 중요한 요인은 1842년(도광(道光) 22년) 청조와 영국 간의 난징조약을 시작으로 상해에 영국, 프랑스, 미국 조계가 들어선 것이다. 조계를 중심으로 서양 문물이 전파되면서 상해는 문화적 활기를 띠게 되고, 조계 특유의 개방적 풍조가 만연하여 청루 문화가 흥기하는 배경이 되었다. 또, 청루 문화가 발달하기 위해서는 인구가 밀집되어야 하는데, 1853년(함풍(咸豊) 3년) 태평천국(太平天國) 운동이 일어나고 그 주요 세력이 남경을 수도로 삼으면서 그 일대의 피난민들이 상해로 대거 이주했다. 단순히 사람만 많다고 유흥 문화가 발전하는 것은 아니고, 그들에게 소비력이 있어야 한다. 마침 상해에는 풍부한 노동력을 기반으로 상공업이 발달하면서 소비력을 갖춘 신흥 상공업 계층이 형성될 수 있었다. 이전까지는 홍콩과 마카오를 중심으로 활동했던 외국 무역회사와 광동 상인들은 조계가 들어선 상해의 시장성을 간파하고 줄줄이 상해에 지점을 열었다. 이와 동시에 상해에 크고 작은 제조 공장들이 속속 들어섰고, 마침 이홍장(李鴻章)을 중심으로 한 양무운동(洋務運動)이 본격화되어 군수 공장인 강남기기제조총국(江南機器製造總局)이 상해에 들어서면서 많은 노동자들을 수용했다.

청루 문화 발달의 보다 직접적인 요인을 다른 데서 발견할 수도 있다. 태평천국 시기 상해로 이주한 피난민 중에는 여성보다 남성이 많았다. 그들은 고향의 가족을 떠나 생계를 위해 상해로 왔다. 이에 따라 상해의 남녀 성비가 3대 1에 가까울 정도로 불균형해졌는데, 비정상적인 남녀 성비는 남성들이 청루에서 성적 욕구를 해소할 가능성을 높이는 하나의 요인이었다.

중국에서 기녀 문화는 유구한 역사를 갖고 있다. 기녀는 노래, 악기 연주, 시문(詩文) 창작 등에 재능이 있는 가기(歌妓)에서 출발한 것이고, 매춘을 업으로 하는 부류와는 애초에 사회적 지위가 달랐다. 전통적으로 '청루 문화'라고 하면 시문과 예술 활동을 위주로 하는 문인과 기녀 간의 교제가 그 중심에 있었다. 당대(唐代) 과거 급제자들은 특권으로서 기녀와 놀았던 풍습이 있고, 문인들은 기녀와 교유하면서 창작의 영감과 이야기의 소재를 얻었다. 기녀들은 문인들의 뮤즈였고, 그들 중 예술적 재능으로 이름난 명기(名妓)들은 고급 종합 예술인이면서 예악(禮樂) 문화의 계승자로서 명망을 얻었다. 이러한 유풍은 청대 중엽까지 이어졌다.

그러나 청말 근대로의 전환기에 이르러 종합 예술인으로서 기녀의 사회적 지위가 확연하게 퇴색하기 시작한다. 급격한 상품 경제의 유입은

성을 상품화하는 데 최적의 환경을 제공했고, 기녀들이 갖고 있던 문화적 상징은 점차 상실되었다.[2] 애초에 사대부 문인 계층의 전통 문화가 몰락하고 있었으므로, 그 문화 중 일부였던 기루 문화 역시 함께 소실될 수밖에 없는 숙명이었다. 상해 기녀들은 이러한 전환기에 처해 있었다. 그녀들도 여전히 악기 연주와 서화 실력 등 전통적 기녀들의 기예를 익히기도 했지만, 점차 그러한 기예의 가치를 알아주는 이가 사라지고 있었다.

새로운 시대는 기녀들에게 또 다른 역할을 부여했다. 이전에는 기녀들의 활동이 기루를 찾는 남성들에 한하여 영향을 끼쳤다면, 새로운 시대에는 이전 시대 같으면 기녀를 만나기 어려웠을 여성 대중에게 영향을 끼치기 시작했다. 바로 신문과 사진이라는 매체를 통해서였다. 당시 기녀들의 순위를 매긴 신문이 출간되면 신문 판매 부수가 급격히 올라갔다. 양갓집 규수와 평범한 여성들은 신문에 난 세련된 기녀들의 사진을 보고 앞다투어 비슷한 디자인의 옷을 해 입고, 머리 스타일을 따라 했을 뿐만 아니라, 기녀들처럼 멋진 포즈로 사진을 찍고 싶어 했다. 이처럼 기녀들의 이미지가 대중매체를 타고 전파되면서 신문업과 더불어 의상점과 사진관도 함께 발전했다. 『도설』과 같이 기녀들의 모습을 담

---

2 "전통적 기녀의 존재 방식은 현성 부근에 조계가 들어선 이후 커다란 변화를 보인다. 유곽에 드나드는 손님은 놀기 좋아하는 사대부 자제로부터 막노동을 하는 사람까지 다양했다. 그 비용 역시 洋銀 3원에서 百文을 넘는 것까지 천차만별이었으니, 기녀를 소비하는 대상의 계층이 확대되었음을 보여주는 것이다."; "청말, 기녀라는 직업의 대다수 여성은 소수의 관료나 귀족 및 지주와 같은 어떤 특수한 계층에게 노래와 춤으로 환심을 사는 것이 아니라 사회의 모든 남자를 직접 상대하는, 즉 도시의 유곽에서 몸을 팔아 남자의 성욕을 만족시키는 창녀로 전락하고 있었다. 빨라진 화폐의 순환을 좇아 사람들은 점점 더 금전과 육체의 상호 교환에 종사했다." 문정진, 「조계, 여성을 만들다」, 문정진 등, 『중국 근대의 풍경: 화보와 사진으로 읽는 중국 근대의 기원』, 서울: 그린비, 2008, 388; 396쪽.

은 책의 출간은 기녀를 둘러싼 새로운 형태의 경제가 형성되는 와중에 나타난 문화 현상 중 하나였다.

따라서 『도설』은 지금으로 치면 뉴욕이나 파리의 최신 패션을 보여 주는 화보집이라 할 수 있다. 상해 기녀들은 유행의 선두주자로서 그녀들의 옷차림이 중국 전역의 유행을 선도했다. 중국 여성들의 패션은 상해에서 시작되고, 상해 여성들의 패션은 기녀들이 이끌었다. 급속한 서구 문물의 유입으로 상해 여성들의 생활상은 일변했고, 특히 기녀들은 그러한 변화를 비교적 빨리 흡수했다. 이에 반해 그 밖의 지역에는 변화의 물결이 더디게 전해졌기 때문에 상해의 새로운 문물과 패션에 대한 타 지역 대중들의 관심은 갈수록 커졌다. 따라서 상해 기녀들의 모습을 담은 이 책은 상해 밖의 지역에서도 인기를 얻었을 것이다.

『도설』에 수록된 삽화는 16폭이다. 삽화는 당시 상해 출판물의 삽화에서 유행했던 일점투시도법으로 그려졌고 기녀들의 의상과 머리 스타일, 장신구 등 세부 묘사가 정교하면서도 아취가 있으며, 당시의 여타 청루도기류 필기와 비교했을 때 예술적으로 높은 수준에 있다. 배경에는 탁상시계, 괘종시계, 진열장, 분재, 실내조명, 빅토리아 양식의 유리돔 안의 조화 등 외국 문물의 유입을 보여 주는 소품이 자주 등장한다.

삽화를 통해 기녀들의 다채로운 생활상도 확인할 수 있다. 바둑을 두는 모습, 다과를 먹는 모습, 악기를 연주하는 모습, 서책을 구경하는 모습, 게다(下駄)를 신고 우산을 든 모습, 기모노를 입은 모습, 테니스를 치는 모습 등은 독자들의 이목을 끌기에 충분하다. 특히 외국인 기녀와 광동 기녀를 묘사한 삽화는 희귀 자료로서 중국 삽화사 및 근대 상해 풍속사 연구에서 사료로 활용할 수 있다.

그림 3.32와 3.33에서 볼 수 있듯이 이 책의 중화 기녀들은 바둑 두기, 귀뚜라미싸움 구경 등 한가한 여가 생활을 즐기는 모습으로 그려졌다.

3.32 첫 번째 그림(바둑)

3.33 세 번째 그림(귀뚜라미싸움)

3.34 네 번째 그림(비파)

3.35 일곱 번째 그림(샤미센)

그림 3.34에서는 중화 기녀가 비파를 연주하고 있고 그림3.35에서는 일본 기녀가 샤미센(三味線, しゃみせん)이라는 일본의 전통 현악기를 연주하고 있다. 악기 연주를 하면서 노래를 하는 것은 기녀가 갖출 수 있는 재주 중에서도 중요한 것이었다. 이 밖에 『도설』의 삽화에 대해서는 부록 「『해상중외청루춘영도설』 속의 기녀들」에서 자세히 다뤘다.

가장 중요한 점은 『도설』에는 기록이 많이 남아 있는 20세기 초가 아닌 1880년대에 활동한 외국인 기녀와 광동 기녀의 전기가 여럿 수록되어 있다는 점이다.[3] 청말 상해의 청루 문화에서 상대적으로 소수에 속했던 외국인 기녀와 광동 기녀가 어떤 사연으로 상해에 오게 되었고, 어떤 고객과 어떤 방식으로 교유했으며, 어떤 위치를 점하고 있었는지를 『도설』만큼 다양하고 자세하게 알려주는 자료는 찾기 어렵다. 그런 점에서 『도설』은 지금껏 본격적으로 연구된 바 없는 상해의 외국인 기녀와 광동 기녀에 대한 연구에서 사료로 활용될 수 있다.

3. 서지사항

『도설』은 1887년(광서 13년) 상해 대동서국(大同書局)에서 간행되었다. 1책이며, 1a면에 "해상중외청루춘영도설(海上中外靑樓春影圖說)"이라는 표제(標題)가, 1b면에 "광서정해계하대동서국석인(光緒丁亥季夏大同書局石印)"이라는 간기(刊記)가 인쇄되어 있다. 광서 정해년은 1887년이다.

---

3 1880년대 상해의 외국인 기녀와 광동 기녀에 대한 기록이 보이는 문헌으로는 황식권(黃式權)의 『송남몽영록(淞南夢影錄)』(1883)과 필이악(畢以鍔)의 『해상군방보(海上群芳譜)』(1884) 정도를 들 수 있을 뿐이다. 이외에도 앞 절에서 소개한 왕도(王韜)의 『후요재지이도설(後聊齋誌異圖說)』(『송은만록(淞隱漫錄)』)(1875)에도 일본 기녀에 관한 글이 수록되어 있다. 그러나 이들 기록을 모두 합쳐도 23명의 외국인 기녀와 11명의 광동 기녀에 대한 전기를 수록한 『도설』에 비하면 내용이 빈약하다.

규장각 소장본의 경우, 2a면에 수록된 「해상중외청루춘영도설목록 (海上中外靑樓春影圖說目錄)」(이하 '「목록」') 상단에 고종의 장서인인 "집옥재(集玉齋)"와 "제실도서지장(帝室圖書之章)"이 압인되어 있다.

고종은 상해 화보(畫譜)에 관심이 많았기 때문에, 이 책이 세련된 기녀들의 모습을 담았다는 점에 유의하기보다는 상해의 최신 화보라는 점에 가치를 두고 구매했을 가능성이 높다. 이 책은 집옥재 장서 중에서도 인기가 꽤 많았던 듯하다. 우선, 규장각에는 같은 판본이 두 부(奎中 6418, 奎中 6419) 소장되어 있다. 두 부 중 한 부(奎中 6419)는 거의 새 책과 같은 상태지만, 다른 한 부(奎中 6418)는 책 표지가 조금 씻겨 있고 책장 모서리 부분이 말려 올라가 있는 등 독서의 흔적이 남아 있다. 한편, 집옥재 장서 중 같은 책이 두 부 이상 소장되어 있는 경우를 종종 볼 수 있다. 한 부는 열람의 흔적이 있고 나머지 부는 열람의 흔적이 없는 경우가 꽤 있는 것을 볼 때 두 부 이상을 사서 한 부는 보관하고, 다른 부는 열람용으로 두었을 가능성이 높다.

『도설』두 부 중에 소장용으로 추정되는 책(奎中 6419)은 매 장마다 속지를 넣어 보다 튼튼하게 만들었다. 『도설』에 사용된 종이는 당시 중국에서 일반적으로 사용하던 죽지(竹紙)다. 이 종이는 얇아서 뒷면이 살짝 비치고 잘 찢어졌기 때문에 고급 한지에 익숙한 조선 문인들의 성에 차지 않았을 것이다. 따라서 중국에서 수입하여 왕실 도서로 들여온 이후 다른 종이를 안에 덧대어 보완한 것일 가능성이 있다.

혹은 이 책이 중국에서 이미 그렇게 만들어진 일종의 고급판본일 가능성도 있다. 그 이유는 이 책은 조선에서 개장(改裝)한 것으로는 보이지 않기 때문이다. 조선의 문인들은 중국에서 사 온 책을 다시 장정하는 경우가 많았는데, 이를 '개장'이라고 한다. 개장은 주로 표지를 바꾸기 위해서였는데, 중국 종이는 조선 것보다 얇아서 특히 표지가 찢어지

3.36 4침 장정. 왼쪽 책이 열람용, 오른쪽 책이 소장용으로 추정된다.

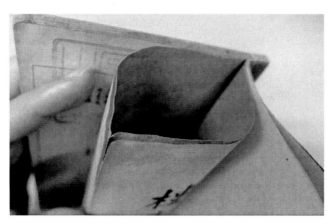

3.37 책 안쪽 면. 종이를 덧대어 튼튼하게 만들었다.

는 경우가 많았다. 조선 문인들은 속에 이면지 등을 넣어서 표지를 두껍고 빳빳하게 만들고, 대개 표지에 아무 문양이 없는 중국책 표지와 달리 마름꽃 모양인 능화문(菱花紋)이나, 만자문(卍字紋), 국화문(菊花紋)을 넣는 것을 좋아했다. 표지를 바꾸기 위해서는 책을 묶은 끈을 모두 풀어 해체한 다음 표지를 얹고 끈을 다시 묶어야 하는데 이때 조선 문인들은 주로 5침(針), 즉 다섯 개의 구멍을 뚫어서 끈을 묶었다. 중국 책은 대부분 이보다 덜 튼튼한 4침 장정을 했기 때문에, 중국 책 중에는 책을 묶은 실이나 끈이 너덜너덜 풀어진 경우를 종종 볼 수 있다.(그림 3.36의 왼쪽 책(奎中 6418) 역시 책을 묶었던 끈이 풀린 것을 볼 수 있다.) 규장각 소장 『도설』(奎中 6419)은 4침으로 되어 있고, 표지도 중국에서 만든 것 그대로다. 만약 조선에서 종이를 덧대기 위해서 책을 해체했다면, 왜 조선식으로 개장하지 않았나 하는 의문이 남는다.

「목록」을 통해 이 책의 체제를 살펴볼 수 있다. 이 책에 수록된 기녀는 모두 47명인데, 저자는 이들을 출신지에 따라 중화(中華), 일본(日本), 외국(外國), 광동(廣東) 기녀로 나누어 수록했다. 소개된 중화 기녀는 주소경(周素卿), 왕패란(王佩蘭), 장선정(張善貞, 혹은 장선진(張善珍)), 이보옥(李寶玉), 금취오(金翠梧, 혹은 金翠吾), 장운선(張雲仙), 주소경(朱筱卿), 호월아(胡月娥), 류월방(陸月舫), 왕계복(王桂馥), 왕계경(王桂卿), 주소정(朱素貞), 만취아(萬翠雅) 등 13명, 일본 기녀는 삼삼생(三三生), 보옥생(寶玉生), 화계생(花溪生), 홍매생(紅梅生), 소옥생(小玉生), 계전송수(溪田松秀), 토전벽성(土田碧成), 대옥생(大玉生), 염매생(艶梅生), 려옥생(麗玉生), 행춘생(杏春生) 등 11명, 외국 기녀는 마리아(瑪利雅), 미이가(美爾加), 색미아(色微兒), 리마아(李瑪兒), 아불사(亞弗沙), 옥경아(玉磬兒), 미비아(美斐兒), 니불아(尼弗兒), 아마니(雅瑪尼), 과비등(戈庇登), 래비아(來斐兒), 뢰패하(牢佩荷) 등 12명, 광동 기녀는 장세아(蔣細

3.38 간기, 장서인, 목차

兒), 부아희(傅雅喜), 좌월주(左月珠), 주대자(朱大姊), 왕은봉(王銀鳳), 당이소(唐二小), 왕혜자(汪蕙仔), 량당고(梁儻姑), 리홍옥(李紅玉), 장아홍(張亞紅), 서금자(徐金仔) 등 11명이다.

그런데 '중화', '일본', '외국', '광동'이라는 범주 설정은 일견 체계적이지 못한 것으로 보인다. '중화'를 '중국'이라는 일반적 의미로 받아들인다면 광동은 중화에 속하나 '광동 기녀'는 '중화 기녀'와 구별되며 그 하위에 있다. '외국'을 '중국 밖의 국가'라는 일반적 의미로 받아들인다면 일본은 외국에 속하나 '일본 기녀'는 '외국 기녀'와 구별되며 그 상위에 있다. 계층의 피라미드를 연상시키는 이러한 구분 짓기는 임의적인 것이 아니라 그 자체에 외국인 기녀와 광동 기녀에 대한 저자의 차별적 인식이 관여하고 있다.

「목록」에서 상위에 있는 중화 기녀와 일본 기녀의 전기에서는 문인과의 시문 수창에 대한 내용이 주를 이루어 정신적 교유를 떠올리게 하는 반면, 외국 기녀와 광동 기녀의 전기에서는 손님과의 교유에 대한 서술 중 육체적 쾌락에 초점을 맞춘 내용이 종종 보인다. 이를 통해 추도는 같은 외국인임에도 중화 기녀와 유사한 청루 문화를 갖고 있던 일본 기녀를 상위에, 일본 이외 서양인 기녀를 하위에 두었으며, 같은 중국인임에도 광동 기녀를 중화 기녀보다는 서양인 기녀와 더 유사하게 인식했음을 알 수 있다. 이러한 인식은 당시 실제로 존재한 기녀들의 출신지에 따른 보이지 않는 위계를 반영한 것이다.

『도설』은 앞서 소개한 『후요재지이도설(後聊齋誌異圖說)』과 같은 해 같은 출판사에서 간행되었다. 두 책은 판식, 지질, 글자체, 화풍이 매우 유사하다.[4]

청구기호	奎中 6418, 奎中 6419
편저자	추도(鄒弢)
간행연도	1887년(광서(光緖) 13년)
간행지	상해(上海) 대동서국(大同書局)
형태사항	石印本. 2冊: 揷圖, 四周單邊 半廓 13.8×8.6cm, 無界, 18行 40字; 17.2×10.1cm
인장	集玉齋, 帝室圖書之章, 京城帝國大學圖書章

---

4 두 책이 같은 해 같은 출판사에서 출판된 경위는 「기이한 일들의 기록 『후요재지이도설』」, 3. 서지사항 참고.

4. 추도

『도설』의 저자는 청말의 저널리스트 작가 추도(鄒弢, 1850~1931)다. 추도는 청말 상해의 새로운 청루 문학의 탄생을 알린 왕도(王韜)의 계승자로서 이후 상해 청루 문학의 발달을 이끈 인물이다.[5]

『도설』에는 저자가 밝혀져 있지 않고, 서발(序跋)이 없다. 『도설』의 저자를 추도로 추정하는 근거는 세 가지다. 첫째, 〈신보(申報)〉의 주필(主筆)이었던 황식권(黃式權)이 쓴 「봉제추군한비신저 『유호필기』(奉題鄒君翰飛新著『遊滬筆記』)」라는 글을 통해 『도설』의 저자가 추도임을 알 수 있다. 제목의 "한비(翰飛)"는 추도의 자(字)다. 황식권은 이 글의 말미에 "추도는 일찍이 『춘강화사(春江花史)』를 저술했는데, 어떤 사람의 일을 사실과 다르게 쓰고 또 어떤 사람의 이름을 가탁하여 서문을 썼기 때문에 문자옥(文字獄)을 일으키는 데 이르렀고, 나중에 판목을 부수고 나서야 해결되었다. 작년에는 또 『중외청루춘영도설』로 어떤 기녀의 미움을 받아 (그녀가) 일보(日報)에 고발하는 글을 써 마음껏 모욕한 일이 있었

---

5 캐서린 예(Catherine Vance Yeh)는 청말 상해의 청루 문화를 기록한 대표적인 조계 지식인으로 왕도와 추도를 들면서, 추도를 왕도를 계승한 상해 청루 문화의 중요한 기록자로 평가했다. "그는 당시의 기녀 관련 작품에 대한 수많은 서문들뿐만 아니라 적어도 한 질(帙)의 전기, 두 편의 (청루 생활) 지침서, 그리고 한 편의 소설을 포함해 상해 기녀에 대한 인상적인 작품들을 남겼다. 추도의 저술은 1880년대 조계 지식인의 태도와 분위기에 매우 가치 있고 독특한 방식의 접근방법을 제공한다.(He left an impressive oeuvre on the Shanghai courtesan that includes at least one set of biographies, two guides, and a novel as well as numerous prefaces to courtesan-related works of the period. Zou Tao's writings provide extremely valuable and unique access to the attitude and mood of the Settlements intellectual during the 1880s.)"; "왕도와 추도의 저서는 상해의 기녀가 앞으로 수년간 인쇄물 업계에서 압도적인 위치를 차지하게 하는 데 산파역할을 했다.(Wang Tao's and Zou Tao's writings were instrumental in making the Shanghai courtesan the dominating figure in print entertainment for years to come.)" Catherine Vance Yeh, *Shanghai love: Courtesans, Intellectuals, and Entertainment Culture, 1850-1910*, Seattle, WA: University of Washington Press, 2006, 190쪽; 194쪽.

으니, 나는 (그가) 지금 이 책을 저술함에 있어서 분명 신중하고 또 신중했을 것이라고 생각한다."[6]라고 했다. 이 글은 1888년에 쓴 것이니 "작년"은 『도설』이 간행된 해인 1887년이 된다. 이 글에 근거하면 『도설』의 저자가 추도임이 거의 확실하다.

둘째, 『도설』에 수록된 장운선(張雲仙)의 소전에서 "내가 『춘강화사』에서 (그녀에 관한) 소전을 썼다."[7]고 한 것을 통해서도 『도설』의 저자가 『춘강화사』의 지자인 추도임을 알 수 있다. 상해 기녀들의 소전집(小傳集)인 『춘강화사』는 1884년에 출간되었다.[8]

셋째, 『도설』의 기록 가운데 추도의 사적과 일치하는 내용이 세 군데 보인다. 먼저, 『도설』에 수록된 금취오(金翠梧)의 소전에서 "나는 주월경(周月卿)이 시집가 버린 후로 다시는 화류계에 발을 들이지 않았다."[9]고 하였다. 추도는 『춘강화사』에서 자신이 두 차례 겪었던 기녀와의 연애를 기록했는데 그 첫 번째가 고월경(顧月卿)과의 짧지만 긴밀했던 관계다. 그는 고월경과 서로 이야기하지 않는 것이 없을 정도로 친밀한 관계로 지냈으나 그가 추시(秋試)를 보러 떠난 사이 고월경은 민(閩) 지역의 남자에게 시집가 버렸고, 그는 이 일로 큰 충격을 받아 오랫동안 우울한 심사로 지냈다.[10] 『도설』의 주월경은 바로 『춘강화사』의 고월경이며, 주월경과 관련한 기록은 추도의 실제 인생 경력을 반영

---

6 "君曾著『春江花史』, 爲异某君事又冒某君名作序, 致興文字之獄, 後將板片劈毁始能. 去年又以『中外青樓春影圖說』爲某校書所惡, 登告白於日報中盡情辱罵, 我知今著此書必愼之又愼矣."〈申報〉1888년 11월 25일, 第4版, 第5606期.

7 "余春江花史中曾有小傳."『도설』, 4b쪽.

8 『春江花史』에 대해서는 이전까지 연구가 전무하다가 顧春芳, 「『春江花史』初探」, 『大阪府立大學紀要(人文社會科學)』第51卷, 大阪府立大學總合科學部, 2003에서 처음 논의하였다.

9 "余自周月卿嫁去, 不復涉迹花間."『도설』, 5b쪽.

10 고월경과의 일화는 顧春芳, 앞의 글, 143쪽 참고.

하는 것이다.[11]

다음으로 『도설』의 류월방에 관한 서술에서 "나의 스승 옥심생(玉魫生)이 그녀와 친하게 지내므로 글을 쓰다가 짬이 나면 곧 그녀를 방문하러 갔다."[12]고 했는데, 옥심생은 상해 문단과 언론계에서 큰 영향력을 행사했던 왕도다. 추도는 왕도와 깊은 교유를 맺었으며, 창작 방면에서 그에게 많은 영향을 받았다.[13] 추도가 협사소설과 청루필기를 창작한 것 역시 『해추야유록(海陬冶遊錄)』, 『화국극담(花國劇談)』, 『염사총초(艶史叢抄)』 등 상해의 기원(妓院)과 기녀에 관한 글을 활발히 창작한 왕도의 영향을 받은 것이다. 왕도의 저술을 통해 그가 실제로 류월방과 친분이 있었음을 확인할 수 있다.[14]

마지막으로, 『도설』에 수록된 금취오의 소전에 등장하는 "잠계문매산인(潛溪問梅山人)"은 추도가 활동했던 희사(希社)의 동인(同人)이자 절친한 벗이었던 서문매(舒問梅)다. 서문매는 주월경과의 이별 후 울적해

---

11 주월경 혹은 고월경은 원래 성이 고(顧)씨인데 주(周)씨로 바꾸었거나 그 반대일 것이다. 기녀들은 양모의 성을 따르는 경우가 많았다.

12 "吾師玉魫生與之善, 傭書之暇, 輒往訪之." 『도설』, 5b쪽.

13 史全水, 「鄒弢: 一個被忽視的近代重要作家」, 復旦大學 석사학위논문, 2009, 6쪽 참고. 왕도는 추도의 소설 『해상진천영(海上塵天影)』에 대해 높이 평가하는 내용의 서문을 쓴 바 있다. 곽영, 「晚淸狹邪小說 『海上塵天影』 硏究」, 숭실대학교 석사학위논문, 2013, 9; 12~13쪽 참고.

14 왕도의 『후요재지이도설』(『송은만록』)에 실린 글 가운데 「삼십육원앙보 상(三十六鴛鴦譜 上)」에서 "월방은 용모와 자태가 청아하고 아름답고, 자질이 순수하며, 옥 같은 피부와 꽃 같은 모습이 아름답기가 당시에 최고였다. 송북의 옥심생(즉, 王韜)이 그녀를 아껴서 그녀를 위해 힘껏 고무하여 사례금 이외에도 詩詞를 증여하여 아침에 시가 나오면 저녁에 간행돼 곳곳에 널리 퍼져 크게 유행하여 낙양의 종이값이 비싸질 정도였으니, 이로 인하여 명예가 올라가 다투어 그녀와 알고 지내는 것을 영광으로 여겼다.(月舫容態淸華, 姿質礦粹, 玉肌花貌, 豔絕一時. 淞北玉魫生雅愛之, 極力爲之提唱, 纏頭之外, 贈以詩詞, 朝出夕刊, 遍傳曲里, 幾於紙貴洛陽, 因之名譽鵲起, 爭以識面爲榮.)"고 하였다. 王韜 著, 王思宇 校点, 『淞隱漫錄』, 北京: 人民文學出版社, 1983, 518쪽. 이 밖에도 『송은만록』에는 「류월방(陸月舫)」이라는 글이 수록되어 있다.(위의 책, 265~269쪽.)

하고 있는 추도를 억지로 금취오가 있는 기루로 데리고 간다.[15] 이 밖에 화계생(花溪生)의 소전에도 서문매의 이름이 등장하는 등[16] 서문매는 추도와 함께 청루 생활을 즐긴 벗이었던 것으로 보이며, 금취오의 소전에 등장하는 서술 역시 추도와 서문매 간에 격의 없는 관계가 반영된 것이라 할 수 있다.

추도는 왕도, 한방경(韓邦慶), 오견인(吳趼人), 이백원(李伯元) 등과 함께 청말부터 민국(民國) 초기까지 활동한 저널리스트 작가다. 강소성(江蘇省) 금궤(金匱, 지금의 무석(無錫)) 사람으로, 자가 한비(翰飛), 호가 주개(酒丐), 수학사인(瘦鶴詞人), 소상관시자(瀟湘館侍者), 량계소상관시자(梁溪瀟湘館侍者)고, 사향구위(司香舊尉), 양계사향구위(梁溪司香舊尉)라고도 칭했으며, 만년에는 수사루주(守死樓主)라는 호를 썼다. 1875년(광서 원년) 25세의 나이로 수재(秀才)가 되어 이후 과거시험에 여러 차례 응시하였으나 경제적 사정으로 중도에 시험을 포기하고,[17] 여러 신문사의 기자 생활을 하면서 틈틈이 소설을 써서 생계를 꾸렸다.

과거시험을 그만둔 후 그는 고향을 떠나 소주로 가서 조씨(趙氏) 등 문인 관리의 막료 생활을 했고, 업무 중 틈틈이 글을 써서 첫 번째 소설집 『요수집(澆愁集)』을 발표했다. 그는 결국 막료 생활이 성에 차지 않았는지 1880년 소주를 떠나 상해로 돌아갔고 오랜 세월 그곳에서 지내

---

15 "잠계의 문매산인이 (⋯) 일찍이 그녀를 나에게 소개하여 그녀를 위해 앞장서 시를 지으니, 이에 화답하는 자가 수십 명이었다. (⋯) 나는 주월경이 시집가 버린 후로 다시는 화류계에 발을 들이지 않았는데, 지금 문매산인의 요구로 억지로 가서 한 번 노닐었다.(潛溪問梅山人 (⋯) 曾介余爲之提倡, 和者數十家. (⋯) 余自周月卿嫁去, 不復涉迹花間, 今爲山人所洗强往一遊.)"『도설』, 4b쪽.

16 『도설』, 7b쪽.

17 1889년(광서 기축년(己丑年))에 합격하였으나 답안지에 쓴 "천방회흘(天方回紇)"이라는 문구가 문제가 되어 관직에 임용되지 못하였다고 하는 설도 있다. 王艷, 「鄒弢『澆愁集』研究」, 山東師範大學 석사학위논문, 2013, 9쪽 참고.

며 활발한 저술 활동을 했다. 당시 그가 쓴 책들 중에는 시류에 부합하는 상업적인 책들이 포함되어 있다. 예를 들어, 절친인 유달(俞達)과 함께 『오문백염도(吳門百豔圖)』(1880), 『상해품염백화도(上海品艶百花圖)』(1884)를 출간했는데, 제목에서도 알 수 있듯이 이들 저작은 『도설』과 마찬가지로 상해의 기녀들을 다룬 책이다. 1884년에는 기루의 생활을 다룬 문학 작품 『춘강화사』를 출간했는데, 이 책은 나중에 『화천주지전(花天酒地傳)』이라는 제목으로 재출간되었다. 1904년에는 기녀 소운란(蘇韻蘭)과 문인 한추학(韓秋鶴) 사이의 애정을 소재로 한 60회의 장편 소설 『단장비(斷腸碑)』를 출간한다. 소운란의 본명은 왕완향(汪碗香)으로 추도와 막역한 사이였던 실존 기녀이고, 한추학은 추도 자신을 투영한 인물이다. 이 책은 나중에 『해상진천영(海上塵天影)』이라는 제목으로 재출간되었다.

추도는 기녀와 관련된 책뿐만 아니라 외국 문물을 다룬 책도 다수 집필했다. 특히 그가 관심을 가졌던 분야는 외국의 풍속, 역사, 지도, 국제 정세였다. 『만국풍속고략(萬國風俗考畧)』, 『열국편년기요(列國編年紀要)』, 『지구방역고략(地球方域考畧)』, 『지여총설(地輿總說)』, 『소방호재여지총초보편(小方壺齋輿地叢鈔補編)』, 『만국근정고(萬國近政攷)』, 『새이유라마니포가리삼국합고(塞爾維羅馬尼蒲加利三國合考)』 등은 모두 추도가 저술한 외국 문물 관련 서적이다. '새이유(塞爾維)'는 세르비아, '라마니(羅馬尼)'는 루마리아, 포가리(蒲加利)는 불가리아다.

그는 외국에 유학한 적은 없으나 외국인과의 교류와 서양 문물의 체험을 통해 외국에 대한 관심을 키웠다. 1889년부터는 미국 선교사 프란시스 포트(Francis Lister Hawks Pott)[18]가 만든 익지회(益智會)에서 활동하

---

18 프란시스 포트는 미국 뉴욕 태생의 성공회 목사로 1883년 콜롬비아대학을 졸업했다. 1886년에 뉴욕신학원을 졸업한 후에 중국에 와서 성약한서원(聖約翰書院)의 영문 교

면서 서양 과학기술을 익혔고, 포트가 쓴 과학 저작 『계오요진(啟悟要津)』의 서문에서 서학(西學)의 중요성을 강조하기도 했다. 또한, 캐서린 예(Catherine Vance Yeh)에 따르면 추도는 가톨릭 신자였을 것으로 추정된다. 이는 그가 천주교회에서 창간한 〈익문록(益聞錄)〉(News of Benefit)의 편집장으로 활동했던 점과 천주교회에서 1904년에 창설한 상해계명여자중학(上海啟明女子中學)에서 1905년부터 1923년까지 중문학(中文學) 교사로 일했던 점을 근거로 한 것이다.[19] 이처럼 추도는 서양 문물을 받아들이는 데 적극적이었기 때문에 외국인 기녀에 대해 관심을 갖고 기록을 남길 수 있었다.

그는 작가이기 이전에 기자로서 활발히 활동했다. 1896년 호장(胡璋)이 창간한 중국 자산계급 혁명민주파 신문인 〈소보(蘇報)〉의 창간 때부터 3년간 주필을 맡았고, 〈신보〉, 〈취보(趣報)〉, 〈익문록〉, 〈격치익문휘보(格致益聞彙報)〉 등에 글을 기고했다. 특히 〈취보〉는 추도가 1898년 모연여(牟淵如)와 함께 창간한 신문이다. 그는 만년에는 고향으로 돌아가 태백시(泰伯市) 도서관장을 맡으면서 무석(無錫)의 최초 민간 지방신문 〈태백시보(泰伯市報)〉를 창간하기도 했다.

전통 시기에서 근대로 진입하고 있던 당시에 조계와 화계(華界)가 혼재했던 상해에서 활동한 저널리스트 작가들이 대개 그러했듯 추도는 전통 문인에서 근대 지식인으로 넘어가는 과도기적 성향을 띠는 인물이다. 그는 근대 매체인 신문의 기자로 활동하면서도 여전히 전통적 문인으로서의 정체성을 갖고 있었다. 1912년에 동료 고충(高翀), 정체화(程樣華), 서문매 등과 함께 문예 단체 희사(希社)를 창립하여 매년 『희

사, 주임을 지냈고, 뒤에 성약한대학(聖約翰大學, 세인트존스대학교)의 교장이 되었다. 중문명은 '복방제(卜芳濟)'로 쓰기도 한다.

19 Catherine Vance Yeh, 앞의 책, 190~191쪽.

사총편(希社叢編)』을 발행하고, 『정선평주오조시학진량(精選評註五朝詩學津梁)』(上海: 蘇新書社, 1921), 『시사학속성지남(詩詞學速成指南)』(上海: 尚友社, 1929) 등 시문 창작을 위한 참고서를 남긴 것은 그가 여전히 전통 문인의 면모를 견지하고 있었음을 보여 준다.

또한, 그는 과거시험을 위해 수년의 학문 연마를 했음에도 결국 뜻을 이루지 못한 채 타향에서 생활하면서 회재불우(懷才不遇)한 비애감을 갖고 있었다. 시대를 잘못 만나 재주를 펼치지 못하고 태평천국 운동의 전란으로 모든 것을 잃었던 경험은[20] 그로 하여금 박한 운명과 시대적 혼란을 만나 화류계로 전락한 기녀들의 처지에 공명하게 했다. 이처럼 동병상련의 감정을 바탕으로 한 데다가 그 자신이 기녀와 연애를 했기 때문에 『해상진천영』, 『춘강화사』 등 그의 저작에는 기녀들을 존중하여 저자 자신과 동등한 지위에 두고 대하는 태도가 엿보인다.

추도는 청루에 살다시피 했으며 그의 기녀에 대한 애정은 여느 문인들 중에서도 두드러졌다. 이는 황식권이 『송남몽영록(淞南夢影錄)』에서 추도에 대해 "황포강 가에서 꽃구경하며 매번 청루를 편안한 거처로 삼아 배우들의 공연도 왕왕 팽개치고 신경쓰지 않았다."[21]고 한 것에서도 엿볼 수 있다. 그런데 그는 청루에서 순간적 환락을 탐닉한 것이 아니라 기녀와의 관계를 의미 있는 것으로 여겼고, 기녀의 삶을 기록할 가치가 있는 것으로 여겼다. 그는 기녀 주월경과의 사랑에 실패하자 청루를 떠났을 만큼 기녀와의 관계에 진정을 바쳤고, 기녀 소운란과 막역한 사랑을 나누며 그녀를 주인공으로 한 소설을 씀으로써 이루어질 수 없는

---

20 추도는 태평천국의 난으로 "가옥이 전부 잿더미가 되어 버렸다.(屋廬全付劫灰)"고 했다. 鄒弢, 「讀書之難」, 『三借廬筆談』 卷2, 2쪽.
21 "看花滬瀆, 每以靑樓爲安樂窩, 粉墨登場, 往往棄而不顧." 黃式權, 『淞南夢影錄』 卷4, 11b~12a쪽.

사랑을 문학으로 승화하기도 했다. 이처럼 그가 동병상련의 심리를 바탕으로 기녀와의 진정성 있는 관계를 경험한 것은 그가 『도설』을 저술함에 있어 기녀들을 일반화하거나 기녀에 대한 평가를 내리지 않고, 기녀 한 명 한 명의 삶에 주목할 수 있었던 바탕이 되었다.

『해상중외청루춘영도설』 속의 기녀들[1]

　여기서는 『해상중외청루춘영도설』(이하 '『도설』')에 수록된 삽화
와 함께 기녀들의 전기를 바탕으로 그녀들의 사연, 연애담, 특기,
일화 등을 소개한다.

1. 중화 기녀

　『도설』에서 중화 기녀로 분류된 기녀들의 출신지는 소주(蘇州),
우산(虞山), 금천(琴川), 금궤(金匱), 양주(揚州), 오중(吳中), 사명(四
明) 등지로 모두 소위 강남 지역에 해당한다. 그렇다면 여기서 말
하는 '중화'란 사실상 강남 지역을 지칭하기 위해 임시적으로 쓰
인 개념이고, 이 책의 '중화 기녀'는 곧 강남 기녀다.

　이 책은 한 폭의 삽화에 2~4명의 기녀를 담았다. 먼저 삼삼오오
모여 있는 기녀들이 생활하는 모습을 담은 삽화를 싣고, 뒷면에는
삽화에 등장하는 기녀들의 전기를 한 사람씩 차례대로 수록했다.
이렇게 되면 삽화의 기녀 중에 누가 누구인지 알기 어려워진다. 애

1　이 글에는 윤지양, 「『海上中外靑樓春影圖說』에 수록된 上海 기녀의 면모」, 『중국
문학』 87, 한국중국어문학회, 2016; 윤지양, 「鄒弢의 『海上中外靑樓春影圖說』에
보이는 외국 기녀와 광동 기녀에 대한 차별적 인식」, 『중국문학』 99, 한국중국어
문학회, 2019를 수정·보완한 내용이 포함되어 있다.

초에 화가는 실제 기녀들을 앞에 모아 놓고 그림을 그린 것이 아
니라 상상을 동원해 그림을 그렸을 것이다. 화가는 단지 한 폭에
몇 명을 그릴지만 정해서 기녀들의 생활상을 다채롭게 그렸을 뿐
이다. 그림 속 기녀 중 누가 누구인지는 크게 문제되지 않는다.[2]
우리는 기녀의 전기와 그림을 보면서 그림 속의 기녀가 누구인가
에 대해서는 상상의 나래를 펼치면 된다.

바둑 두는 오후

봄날 오후 세 여자가 바둑을 두고 있다. 흑돌을 쥐고 고심하며
다리를 꼬고서 오른발을 까딱까딱하고 있는 건 주소경(周素卿)이
다. 그녀의 취미는 바둑이다. 심심할 때면 자매들을 초대해 바둑
판을 벌인다. 바둑판을 가운데 두고 마주 앉아 하루 종일 피곤한
기색 없이 바둑을 둔다. 맞은편에는 왕패란(王佩蘭)이 여유로운 표
정으로 주소경의 손을 바라보고 있다. 갸름한 턱에 살짝 올라간
눈꼬리가 매력적이고 코는 백옥을 깎아 놓은 듯 작고 오똑하다.
그녀는 인기가 높아 그녀를 한번 만나려면 연줄을 동원해야 했다.

왕패란이 유명세를 떨치게 된 데는 병술년(丙戌年, 1886년) 겨울
화방(花榜)에서 최상급 3등을 한 것이 계기가 되었다. 당시 상해에
서는 기녀들을 품평하여 과거시험과 똑같이 장원(狀元), 방안(榜
眼), 탐화(探花) 등의 순위를 매기는 화방이 유행했다. 순위를 매길

---

2 모든 청루도기류(靑樓圖記類) 작품의 삽도가 이렇게 그려진 것은 아니다. 일례
　로, 추도(鄒弢)의 절친한 벗인 화하해인(花下解人) 유달(俞達)이 저술한 『상화
　품염백화도(上海品艶百花圖)』(1884)의 서문에서는 책에서 소개하는 모든 기녀
　들의 사진을 구해서 화가가 사진을 보고 그렸다고 밝혔다.

3.39 첫 번째 그림

때 외모와 함께 재주와 품성을 함께 보았다. 처음에는 문인들끼리 기루에서 재미로 했던 것이 1897년 이백원(李伯元)이 〈유희보(遊戲報)〉라는 신문에 기녀의 사진, 주소와 함께 화방을 올리면서 20세기 초까지 몇십 년 동안 유행했다. 문인들은 기녀에 대한 찬사를 문장으로 적어 추천의 형식으로 표를 던졌고, 추천받은 표의 수에 따라 일갑(一甲)에 세 명, 이갑(二甲)에 세 명을 싣고 나머지는 삼갑(三甲)에 몰아넣었다. 일 년에 네 차례 했는데, 이러한 화방이 실린 신문은 판매량이 급증했다. 화방이 인기를 끌자 〈신세계보(新世界報)〉 등 다른 신문에서도 이를 따라 했는데, 정치 선거를 흉내 내 1위를 대총통(大總統), 2위를 부총통(副總統), 3위를 국무총리(國務總理)라고 하기도 했다. 화방에서 상위에 들게 된 기녀는 몸값이 열 배로 뛰었고, 그 기녀에 대해 훌륭한 찬사를 쓴 문인 역시 글 청탁이 폭주했다.

중간에 서서 말없이 구경하고 있는 이는 장선정(張善貞)이다. 작자는 그녀에 대해 "맑고 깨끗한 정신은 일세에 자신과 비할 사람이 없다고 여기는 기개가 있으며, 성품이 시원스럽다."[3]고 하여 속진을 초탈한 풍모를 높이 샀다. 게다가 그녀는 전통적으로 기녀들의 필수 재능이었지만 차차 잊혀 가던 능력, 즉 시를 짓는 문학적 재능을 갖추고 있었다.

상해의 기녀들은 서우(書寓), 장삼(長三), 요이(么二), 야계(野鷄) 등의 등급으로 나뉘었다. 이 중 서우, 장삼은 고급 기녀에 속하며 대개 시문 수창(酬唱) 능력을 갖췄다. 그러나 전통 문화의 와해와

---

3 "皎潔精神, 有不可一世之槪, 性尤爽." 『도설』, 3b쪽.

급속한 상업화의 물결에 따라 상해 기녀들 중 전통적인 명기(名妓)의 면모를 갖춘 기녀를 찾기란 점점 어려워졌다. 『도설』의 기녀들 중에서도 극히 일부만이 가창 실력 및 악기 연주 실력을 갖췄고, 시문 수창 능력을 갖춘 사람은 장선정 단 한 사람뿐이다.

비파 연주와 노래 실력에 있어서도 장선정을 따라갈 기녀가 없었다. 그녀는 비파 곡조 중에서도 특히 북경에서 유행하던 경조(京調)를 잘 탔다. 비파를 연주하면서 노래할 때면 곡조에 맞춰 음색을 달리하여 소리를 냈고, 호흡이 길어 음절이 끊이지 않고 이어졌다. 사람들은 그녀가 가사 한 글자를 노래할 때마다 한 번씩 칭찬할 정도로 감탄했다.

주소경의 방은 넓지는 않지만 화려하다. 바둑판을 놓은 원탁도 섬세한 조각이 들어간 것이고, 서랍이 세 개 달린 넓은 책상 위에는 단골손님에게 선물로 받은 큼지막한 탁상시계, 빅토리아 양식의 유리돔에 든 조화 장식 두 개와 촛대 두 개가 열을 맞추어 놓였다. 그 옆에는 작은 서랍이 두 개 달린 경대의 거울이 비스듬히 천장을 비추고 있고, 경대 앞에는 조그마한 연지 통과 향유를 담은 작은 병이 가지런히 정돈되어 있어 주인의 차분한 성품을 보여 준다. 침대에는 간결하지만 아취 있는 무늬의 휘장이 둘러쳐 있고, 상들리에가 천장에 매달려 다소곳이 방 안을 내려다보고 있다.

자세히 보면 세 여인의 손과 발을 확인할 수 있다. 뒷모습이 보이는 주소경은 양쪽 발이 모두 보이고, 왕패란과 장선정은 오른발이 보인다. 모두 작고 끝이 뾰족하다. 발을 자라지 못하도록 동여매는 전족을 했기 때문이다. 왕패란과 장선정의 오른손도 보이는데 손톱을 길게 길렀다. 청대에는 남자든 여자든 상위 계층 사이에서 손톱을 기르는 것이 유행했다.

정원을 가득 채운 노랫소리

이 기녀들은 따스한 봄볕을 좀 더 받으려고 방에서 나와 정원 한편에 자리를 잡았다. 정원은 전형적인 중국 남방의 정원으로 제일 먼저 눈에 띄는 것은 화면 맨 앞의 석가산(石假山)이다. 중국에서는 정원을 만들 때 기암괴석을 이용해 가짜 산을 만드는 것이 유행이었다. 북경의 자금성에 가면 궐내 곳곳에서 크고 작은 석가산을 수도 없이 볼 수 있고, 중국의 유명한 정원이나 공원에 가면 지금도 석가산을 만들어 놓은 곳이 많다.

3.40. 두 번째 그림

석가산을 만드는 데 쓰인 기암괴석 중에서도 가장 인기가 많았던 것이 태호석(太湖石)이다. 강소성(江蘇省) 남부 태호(太湖)의 바다에서 나는 것이 유명했기 때문에 이름도 태호석이 되었다. 태호석은 석회암에 속한다. 구멍이 숭숭 뚫려 있고 모양이 제각각으로 특이하다. 애초에는 실내 장식용으로 쓰였고, 종종 그림의 소재가 되었는데 나중에는 커다란 태호석을 정원에 두는 것이 유행했다. 그림의 태호석에는 사이

사이에 꽃을 심어 운치를 더했다.

뒤쪽에는 키가 큰 파초의 커다란 잎이 싱그러움을 뽐내고, 지붕 위로는 키가 큰 세죽(細竹)이 정갈하게 고개를 내밀었다. 파초 그늘 아래 둔 널찍하고 판판한 바위는 탁자로 쓰기에 안성맞춤이다. 열린 창문을 통해 방 안의 꽃병과 필기구를 꽂은 필통이 보인다. 대나무로 만든 발은 걷어 올려 끈으로 묶어 두었다.

바위로 된 탁자 위에는 책을 담은 포갑이 두 상자 겹쳐 쌓아 올려져 있다. 그 옆에는 두루마리 글들을 비단에 싸 놓은 묶음이 보인다. 의자에 나란히 앉은 두 여인은 포갑에서 꺼낸 책을 사이좋게 보고 있다. 오른쪽에 앉은 이보옥(李寶玉)은 다리를 꼬고 앉아 그 옆의 장운선(張雲仙)과 다정히 어깨동무를 했다. 이보옥의 발은 과연 듣던 대로 5촌(寸)(약 17센티미터)도 안 될 만큼 자그마하다. 두 사람이 보고 있는 책은 아마도 노래와 대사로 이루어진 재미난 희곡 작품인 듯하다. 그 앞에서 금취오(金翠梧)가 서서 작품의 한 대목을 노래하며 연기에 몰입한다. 그녀는 본래 금(琴)을 잘 타기로 소문났는데, 오늘은 악기 없이 노래만 부르고 있다. 나른한 봄날의 햇살 사이로 노랫소리가 낭랑하게 퍼진다.

이 녀석 더듬이 좀 봐!

시원하게 창문을 활짝 열어 둔 서재에 네 여인이 모여 있다. 화면 오른쪽에는 나무를 깎아 만든 커다란 장식대가 있는데 미로 모양으로 만든 옆면이 인상적이다. 청대에는 미로 모양으로 만든 장식장 혹은 책장에 책이나 화병, 수석을 놓아 장식하는 것이 유행했다. 그림의 장식대 위에는 먼저 기이한 형태의 태호석을 얹었다.

태호석에는 신기하게도 세 개의 다리가 있다. 태호석 위에는 다시 육각형 장식대를 놓고, 그 위에 화병을 놓았다. 태호석과 화병은 모두 값비싼 것들이다. 그녀들이 앉아 있는 의자도 화려한 무늬를 넣었다.

맨 왼쪽에 얼굴이 정면으로 보이는 류월방(陸月舫)이 옥팔찌를 낀 팔을 들어 통 속을 가리킨다. 왼발을 들어 오른쪽 무릎에 올려 놓은 여유 있는 품이다. 그녀 앞에는 흐트러진 손수건 밖으로 동전들이 어지럽게 널려 있고, 그 앞에는 몇 개의 동전을 세워 두었다.

동그란 통 안에는 귀뚜라미 두 마리가 들어 있다. 그녀들은 귀뚜라미싸움을 하고 있다. 귀뚜라미는 수명이 백 일 정도밖에 되지 않기 때문에 귀뚜라미싸움은 가을에만 할 수 있었다. 그래서 귀뚜라미싸움을 '추흥(秋興)'이라고도 했다. 이를 통해 이 책 속 그림이 꼭 봄날의 정경(춘영(春影))만 그린 것은 아님을 알 수 있다.

'투실솔(鬪蟋蟀)', '투공(鬪蛩)', '투촉직(鬪促織)', '투곡곡(鬪蛐蛐)' 등으로 불리는 귀뚜라미싸움은 당대(唐代)부터 시작되었고, 송대(宋代) 이래로 민간에서 오랫동안 사랑받았다. 남송(南宋)의 재상 가사도(賈似道)

3.41 세 번째 그림

는 나라가 위급한 때 첩들과 함께 귀뚜라미싸움을 즐겨 '귀뚜라미 재상'이라는 오명을 얻었고, 명나라 선종(宣宗)은 귀뚜라미싸움을 좋아해 소주(蘇州)의 지방관이 귀뚜라미 천 마리를 바쳤다는 일화가 전한다. 귀뚜라미싸움은 일종의 도박이다. 돈을 걸어 자신의 귀뚜라미가 이기면 판돈을 갖는다. 그래서 류월방 앞에 동전이 수북한 것이다. 지금도 중국에서는 귀뚜라미싸움이 성행한다. 불법 귀뚜라미 도박장도 있는데, 상해의 한 도박장에서는 도박꾼들이 한 판에 약 5만 원의 돈을 걸고, '장군'이라 불리는 잘 싸우는 귀뚜라미는 수백만 원에 팔리기도 한다.

그림 속 기녀들은 거액의 도박판을 벌인 것은 아니고, 소박하게 여가를 즐기고 있다. 그녀들은 한참 귀뚜라미에 대해 품평하는 중인데, 류월방이 먼저 자신의 귀뚜라미를 가리키며 다리가 두껍고 턱이 크다고 말하자, 등을 보이고 앉아 있는 호월아(胡月娥)와 오른쪽에 서 있는 주소경(朱筱卿)이 그냥 넘어가지 않는다. 호월아가 먼저 오른손을 들고 '더듬이가 너무 짧은데?'라고 말하고, 주소경이 손가락으로 다른 귀뚜라미를 가리키며 '이 녀석이 이길 거야. 더듬이가 길고 쭉 뻗었어.'라고 말한다. 그녀는 작년 겨울의 화방에서 1등에 든 인물로 특기는 그림 그리기다. 특히 먹으로 그린 매화 그림인 묵매(墨梅)를 잘 그렸다. 그녀가 담묵으로 매화를 그리면 그림에 희미한 향이 가득 생겼다. 그녀는 귀뚜라미싸움에 돈을 걸진 않고 구경만 하고 있다. 정면에 서서 곁눈으로 주소경을 바라보고 있는 왕계복(王桂馥)은 손수건에 든 동전을 들고 있고, 앞에는 그녀가 건 동전이 쌓여 있다. 등을 보이고 앉은 호월아는 이번 판의 심판이다.

류월방은 이 책의 저자 추도가 특히 친하게 지내던 기녀였다. 추도는 그녀에 대해 "향기로운 규방의 몇 개 서까래에 걸려 있는 것은 대개 가까운 시대 명현의 서화이고, 창은 밝고 안석은 정결하며 우아하고 깨끗하여 속진이 없다."[4]고 하여 상업적 경향으로 치닫던 유곽에서는 찾아보기 어려운 찬사를 보냈다. 추도의 스승인 왕도(王韜)가 그녀와 친하게 지냈기 때문에 글을 쓰다가 짬이 나면 그녀를 만나러 가곤 했다.

왕도의 『후요재지이도설(後聊齋誌異圖說)』(『송은만록(淞隱漫錄)』이라고도 한다.)에서도 여러 차례 류월방을 언급했다. 앞 글의 각주 14번에서도 예로 들었듯이, 그는 「삼십육원앙보 상(三十六鴛鴦譜 上)」에서 류월방에 대해 다음과 같이 썼다.

월방은 용모와 자태가 청아하고 아름답고, 자질이 순수하며, 옥 같은 피부와 꽃 같은 모습이 아름답기가 당시에 최고였다. 송북의 옥심생(왕도)이 그녀를 아껴서 그녀를 위해 힘껏 고무하여 사례금 이외에도 시사(詩詞)를 증여하여 아침에 시가 나오면 저녁에 간행돼 곳곳에 널리 퍼져 크게 유행하여 낙양의 종이값이 비싸질 정도였으니, 이로 인하여 명예가 올라가 다투어 그녀와 알고 지내는 것을 영광으로 여겼다.[5]

---

4 "香閨數椽所縣, 多近時名賢書畵, 窓明几淨, 雅潔無俗塵." 『도설』, 5b쪽.

5 "月舫容態淸華, 委質穠粹, 玉肌花貌, 豔絶一時. 淞北玉魷生雅愛之, 極力爲之提唱, 纏頭之外, 贈以詩詞, 朝出夕刊, 遍傳曲里, 幾於紙貴洛陽, 因之名譽鵲起, 爭以識面爲榮." 王韜 著, 王思宇 校點, 『淞隱漫錄』, 人民文學出版社, 1983, 518쪽.

「신강십미(申江十美)」라는 글에서도 왕도는 상해의 이름난 기녀 열 명을 꼽으면서 류월방을 첫 손가락에 꼽았다.

그 첫 번째는 류월방이다. 그녀의 항렬은 둘째이며, 금천(琴川) 사람이다. 향기로운 뺨이 꽃처럼 아리땁고, 차가운 피부는 옥처럼 빛이 나며, 화내는 듯 기뻐하는 듯, 멀리하는 듯 가까이하는 듯, 부드러운 태도가 사람의 마음을 취하게 하기에 충분하다. 그녀가 연주하는 비파 한 곡조에는 여운이 감돈다. 구슬이 굴러가는 듯 한 목청으로 막 노래를 시작하면서 옥 같은 손을 갓 움직일 때는 정말이지 혼이 녹을 것 같다.[6]

「채울산장(茝蔚山庄)」이라는 글에서도 왕도는 "대체로 내가 아는 기녀는 오직 상해의 열 명뿐으로, 좌우 두 반으로 나눌 수 있는데, 좌반에서는 류월방이 으뜸이다."[7]라고 하여 류월방을 최고의 기녀로 꼽았다.

비파 소리에 취하는 오후

비파 연주를 하면서 노래를 하는 것은 기녀가 갖출 수 있는 재주 중에서도 중요한 것이었다. 네 번째 그림 속에서 이목을 끄는 것은 비파를 연주하면서 고개를 돌려 우리를 보고 있는 왕계경(王

---

6 "一曰陸月舫, 行二, 琴川人, 香頰花姸, 凉肌玉映, 疑嗔疑喜, 若遠若近, 一種溫存 態度有足令人心醉者, 琵琶一曲, 餘韻欲流, 眞箇銷魂之除, 尤在珠喉乍囀, 玉手初 揮時也." 王韜 著, 앞의 책, 361쪽.
7 "約略相識者, 惟沪上十人, 似分左右兩班, 左班以陸月舫爲冠." 위의 책, 347쪽.

桂卿)이다. 그녀도 류월방 못지않게 비파 연주를 잘했지만, 특히 노래하는 목소리가 일품이었다. 그녀의 목소리는 구슬이 굴러가는 듯 청초하고 맑았고, 비파 연주에 맞춰 노래하면서 얼굴을 가리고 아름다운 눈빛을 비스듬히 던지면, 여색을 멀리하고 절조를 지키는 남자라도 혼이 녹아 그녀의 노래에 심취했다.

3.42 네 번째 그림

왕계경의 오른편 의자에 앉아 다소곳이 그녀의 노래를 듣고 있는 이는 주소정(朱素貞)이다. 그녀는 난을 좋아하고 말수가 적은 청초한 매력의 여인이다. 추도는 그녀에 대해 "성품이 난의 성긴 가지와 가는 잎을 좋아하여 왕왕 난을 마주하고 말이 없었는데 이는 아마도 자신이 처한 신세에 대한 감상에 젖어서일 것이다. 역시 굴원(屈原)이 〈이소(離騷)〉에서 이름난 꽃을 빌어 자신을 비유했던 것과 같다."[8]고 썼다. 기녀의 신세 한탄을 굴원의 회재불우(懷才不遇)의 비애에 빗댄 것이다. 굴원은 중국 전국시대 초(楚)나라의 대신으로 간신의 모함을 받아 정계에서 쫓겨

---

8 "性愛蘭疏枝細葉, 往往相對忘言, 此殆感身世之遭逢, 亦如屈子離騷, 借名花而自喩也."『도설』, 6b쪽.

났고, 〈이소〉를 통해 그 억울하고 분한 마음을 표현했다.

왼편에서 턱을 괴고 비파 연주에 빠져 있는 만취아(萬翠雅)는 서예에 재능을 가진 여인이다. 추도는 그녀에 대해 "본성이 한묵을 좋아하고 문사에 통달하여 붓을 잡고 『영비경(靈飛經)』을 모사하면 가지런하고 운치가 있다."[9]고 하며 그녀의 글씨를 칭찬했다.

커다란 탁상시계, 화려한 화병, 창밖으로 보이는 정원의 푸른 화초와 태호석은 당시의 유행을 반영하고 있다. 세 기녀들의 발은 모두 전족을 한 자그마한 발이다. 다만 왼쪽에 소박한 옷을 입고 비파를 들고 서 있는 여종은 전족을 하지 않았다. 전족은 누군가 수발을 들어줄 사람이 있는 여성들만 할 수 있는 것으로, 종일 기녀들의 수발을 들어야 하는 여종은 전족을 할 수 없었다.

2. 일본 기녀

이 책에는 열한 명의 일본인 기녀들이 소개되어 있다. 저마다 사연이 있어 고향을 떠나 상해로 흘러든 그녀들은 일본의 전통 문화와 습속을 간직하면서도 상해 기녀로서 기예를 습득하면서 그곳에서 살아남은 이들이다.

이 책에 등장하는 일본 기녀들의 이름이 재미있다. 삼삼생(三三生), 보옥생(寶玉生), 화계생(花溪生), 홍매생(紅梅生), 소옥생(小玉生), 대옥생(大玉生), 염매생(艶梅生), 려옥생(麗玉生), 행춘생(杏春生) 등 이름이 '생(生)'자로 끝난다. 이름이 '생'으로 끝나지

---

9 "性愛翰墨, 通文史, 捉筆寫靈飛經, 楚楚有致." 『도설』, 6b쪽.

않는 기녀는 계전송수(溪田松秀)와 토전벽성(土田碧城) 두 사람뿐이다. '생'은 '선생'의 뜻으로 기예를 갖춘 이를 높이는 말이다.

사연

이 그림은 2층으로 된 일본 기루의 전형적인 모습을 담고 있다. 일본식 기와를 얹은 짧은 처마 지붕 아래에 일본 전통 등인 쵸칭(提燈)이 걸려 있다. 기녀들은 기모노를 입고 버선과 비슷한 타미와 나막신과 비슷한 게다를 신고 있다.

일본 기녀들이 고향을 멀리 떠나 상해까지 흘러들어 기녀가 된 데는 저마다 사연이 있다. 그 사연 중에서도 가장 가슴 아픈 건 대옥

3.43 다섯 번째 그림

(大玉)의 사연이다. 본래 광동(廣東)의 상인이었던 그녀의 아버지는 장사를 하러 일본 고베에 갔다가 거래처의 딸과 사통한다. 그렇게 태어난 것이 대옥이다. 딸의 임신 사실을 알게 된 여인의 아버지가 급히 돈을 마련해 그녀를 대옥의 아버지에게 시집보내려고 했지만, 아버지는 광동으로 도망가 버렸다. 대옥의 어머니는 아버지 없이 대옥을 낳았고 그녀가 다 자라자 아버지를 찾으러 광

동으로 갔지만 찾을 길이 없었다. 대옥의 어머니는 가난에 허덕이다가 기녀가 되고 만다. 어머니가 세상을 떠난 뒤 홀로 남겨진 그녀가 택할 수 있는 길은 별로 없었다. 그녀도 결국 기녀가 되어 떠돌다 상해까지 온 것이다. 그녀는 근심이 가득하여 늘 미간을 찡그렸고 부모님 이야기가 나오면 눈에 눈물이 가득 고였다.

행춘(杏春)은 본래 오사카의 좋은 가문에서 태어났는데 어려서 부모님을 여의고 의탁할 곳이 없게 되었다. 순진한 그녀는 인신매매범에게 속아 기루에 팔리고 만다. 그때 그녀의 나이는 고작 열 살이었고, 악기 연주와 노래를 배운 지 3년이 되어서야 손님을 맞이하게 되었다. 오사카를 들렀던 한 중국 상인이 그녀를 좋아해서 그녀를 위해 한 달 동안 8백 금(金)의 돈을 썼고, 그 바람에 그녀의 몸값이 열 배로 뛰었다. 그녀는 우여곡절 끝에 상해로 팔려 왔다.

소옥(小玉) 역시 오사카가 고향이지만 집이 가난하여 어렸을 때 여관에서 자라다가 유곽을 전전하게 되었다. 오사카에서 홍콩으로, 홍콩에서 광동으로, 다시 상해로 옮겨 다니는 사이 벌써 스물아홉. 기녀로서는 적지 않은 나이다. 하지만 비록 나이 들긴 했어도 이곳저곳 굴러다닌 세월이 많아 손님을 응대하는 솜씨가 능수능란했다.

도쿄가 고향인 염매(艶梅)는 일곱 살에 중국에 와서 영파(寧波), 소주, 광동, 천진(天津) 각처를 떠돌다가 상해에 와서 잘나가는 기녀가 되었다. 조주(潮州)의 방(方)씨 성의 남자가 상해에 왔다가 그녀에게 반해 2백 금을 주고 아내로 맞았을 때만 해도 이제는 고생이 끝나고 새로운 인생이 열리는구나, 하고 생각했지만 본래 재산이 없던 그는 돈이 다 떨어지자 염매에게 다시 기녀 일을 해서 돈을 벌라고 했고, 짧았던 결혼 생활은 그렇게 끝나 버렸다.

열아홉 살의 마쯔 히데(松秀)는 본래 일본 도쿄의 거상의 딸이었다. 하지만 아버지가 장사를 하는 중에 큰 범죄를 저지르는 바람에 집안이 망하면서 그녀는 유곽으로 흘러들고 말았다. 처음에는 도쿄와 요코하마에서 기녀 생활을 하다가 기루 주인의 손에 이끌려 상해로 오게 되었다. 본래 부잣집 딸이었기 때문인지 그녀는 기녀가 된 뒤에도 취향이 호사스러웠다. 일본인들은 본래 요강으로 자기(瓷器)를 사용하는데 그녀는 특별히 단향(檀香)나무를 조각하여 요강으로 만들어 썼고, 열흘마다 요강을 바꾸었다. 산호로 만든 값비싼 비녀로 머리 장식하기를 좋아했고, 방 안에 항상 동물 문양이 들어간 화려한 향로에 향을 피워두었다. 때문에 그녀의 방에 들어가면 절간에 들어간 것 같은 분위기가 났다.

연애담

이 그림은 두 기녀가 일본의 전통 놀이인 하네츠키(羽根突き)를 하는 모습이다. 오른쪽의 기녀가 아슬아슬하게 공을 받아쳐 올리자 왼쪽의 기녀가 공을 쳐다보는 찰나를 표현했다. 하네츠키는 배드민턴과 비슷한 놀이로, 모감주 열매에 새의 깃털을 꽂아 만든 공을 '하고이타(羽子板, はごいた)'라는, 나무로 된 커다란 탁구채 같은 판으로 받아친다. 신년이나 정월에 주로 하며 혼자서 공을 얼마나 칠 수 있는지 세어 겨루기도 하고 시합을 하기도 한다.

일본 기녀들을 둘러싼 연애담은 종종 상해 유흥가를 떠들썩하게 했고, 이 책의 저자 추도도 그중에 몇 가지를 얻어 듣고 글로 남겼다. 그가 아니었다면 영원히 잊혔을 이름들이다.

3.44 여섯 번째 그림

열여섯 살의 꽃다운 나이에 예쁘고 머리도 좋은 미도리 조(碧城)는 상해를 떠들썩하게 했던 희대의 삼각관계의 주인공이다. 향성구위(香城舊尉)라 불리는 이가 그녀를 특히 좋아하여 항상 "내가 일본 여자를 두루 많이 만나 봤지만 미도리 조보다 예쁘고 온유한 여자는 없어."[10]라고 말하고 다녔다. 그런데 낭야과객(瑯琊過客)이라 불리는 이 역시 그녀를 무척 좋아했고, 향성구위는 그 얘길 듣고 기분이 영 언짢았다. 어느 날 향성구위는 미도리 조를 보러 왔다가 낭야과객과 맞닥뜨리고 질투심에 불타던 그는 결국 싸움을 걸어 사단을 일으킨다. 미도리 조가 싸움을 말리지만 두 남자는 좀처럼 떨어지려고 하질 않았고, 결국 미도리 조는 제발 그만두라며 머리를 바닥에 찧으면서 눈물을 흘린다. 낭야과객이 먼저 싸움을 관두고 그곳을 떠난다. 며칠 뒤 그는 3백 금을 마련해 기생어미에게 주고 그녀를

---

10 "余遍閱東國名花娟秀雖多, 然婉麗溫柔無有駕碧城上者." 『도설』, 8b쪽.

데리고 상해를 떠났고, 향성구위가 그녀를 만나러 왔을 때 그녀는 묘연히 종적을 감춘 뒤였다.

스무 살의 보옥(寶玉)과 의문루주(倚雯樓主)라는 호를 쓰는 강소(江蘇) 사람과의 연애담도 한때 상해 유흥가를 떠들썩하게 했다. 강소에서 온 그 남자는 보옥에게 빠져서 한 달을 기루에 머물렀고, 결국 집에서 제발 돌아오라는 편지를 보내 재촉하자 그제야 겨우 집으로 돌아갔다. 의문루주가 고향에 돌아가서도 상사병을 앓으며 그녀에게 시를 보내니 보옥은 며칠간 슬픈 마음에 젖었다고 한다.

소소한 이야기들도 가득하다. 일본 이치카와 사람으로 나이는 열아홉 살인 홍매(紅梅)는 불매도인(不寐道人)이라는 재미난 별명을 가진 이와 친하게 지냈다. 불매도인은 황포강(黃浦江) 가에서 약방을 하고 있었고, 일 년에 수차례 일 때문에 홍매가 사는 지역으로 왔는데, 반드시 그녀를 먼저 보고 나서야 공무를 처리했다.

화계(花溪)는 본래 도쿄 사람으로 나이는 스물이다. 그녀는 결벽증이 있어서 그녀의 방에는 먼지 한 톨 날리지 않았고, 방바닥에 깔아 둔 오리털에서는 항상 좋은 향기가 났다. 전당강(錢塘江) 동쪽인 절동(浙東) 지역에서 온 호공자(胡公子)라는 이는 그녀를 무척 좋아했고, 그녀와 함께 찍은 사진을 서재 벽에 소중히 붙여 놓고는 한없이 사진을 바라보곤 했다.

외국인과 염문을 뿌린 이로는 소옥이 유명했다. 그녀는 어려서 홍콩과 광동에서 살았기 때문에 영어를 잘했고, 서양 사람처럼 화장을 하고, 소매가 좁고 치마폭이 넓은 서양 옷을 입었다. 부유한 영국 상인 윌슨(Wilson)은 그녀와 가깝게 지내면서 매월 기녀에게 사례로 주는 돈인 전두(纏頭)를 주었는데, 그 액수가 3백 금으로 엄청났다. 그녀는 윌슨 말고도 돈 많은 서양 상인들을 두루 만나 봤기 때문에 이미 재산이 상당했다. 그녀가 알뜰한 성품이었다면 거부를 축적했을 텐데, 낭비벽이 심한 그녀는 주위 자매들에게 자랑하느라 돈을 펑펑 써 버렸고, 결국 한 푼도 남지 않았다.

기예

그림 속의 일본 기녀는 병풍을 둘러친 너른 평상에 앉아 애절한 곡조를 연주하고 있다. 그녀가 연주하고 있는 것은 샤미센(三味線, しゃみせん)이라는 일본의 대표적인 전통 현악기다. 기타의 피크와 비슷한 바치(撥, ばち)로 퉁기는 현의 소리가 애틋하면서도 신비롭다. 작자는 "일본의 기루에서 사용하는 악기로, 모양은 중국의 삼현(三絃)과 비슷한데 다만 육각형으로 만든다. 노래하면서 소뿔로 현을 퉁긴다."[11]고 썼다.

상해의 기루는 곳곳에서 온 기녀들로 넘쳐났다.

3.45 일곱 번째 그림

11 "東瀛靑樓所用樂器, 狀如中國絃子, 惟作六角形, 歌時用牛角撥之." 『도설』, 10b 쪽.

1897년에 창간된 〈유희보〉에 따르면 당시 상해 기적(妓籍)에 올라 있는 여성이 3천 명이라고 되어 있다. 다소 경쟁적이라고 할 수 있는 환경에서 살아남기 위해 기녀들은 기예를 갈고 닦아야 했다.

샤미센 연주를 잘하기로 이름난 기녀는 보옥의 여동생 려옥(麗玉)이다. 그녀는 열다섯의 앳된 나이다. 샤미센 연주로 바람 소리나 파도 소리를 낼 수 있었고, 바이올린 연주도 잘했다. 깊은 밤 인적이 드문 때 그녀가 바이올린을 켜면 흐느끼는 듯한 현의 떨림에 손님들은 눈물을 흘릴 정도였다. 저자는 려옥의 샤미센 연주 실력에 대해 "려옥은 이 악기에 매우 능숙하여 바람과 파도 소리를 연주할 수 있다. 양금(洋琴)은 더욱 잘 켜서 깊은 밤 고요할 때 소매를 걷고 연주하면 객중에 떠돌이 신세인 사람은 감동받아 눈물을 흘리게 된다."[12]고 썼다.

노래 잘하기로 유명한 기녀로는 이치카와에서 온 홍매가 꼽힌다. 그녀는 열아홉 살로 몸집이 풍만하고 키도 컸다. 열한 살의 어린 나이에 기루에 몸을 맡기게 된 그녀는 총명하여 중국 노래를 한 번만 듣고도 곧 부를 수 있었다. 노래를 듣고 한참 지난 후에도 불러 달라고 하면 음정과 박자가 정확했다.

중국어 능력

기녀로서 중국에서 활동하기 위해서는 무엇보다도 중국어 실력이 필수였다. 이 책의 외국인 기녀 가운데 상해 방언을 잘한다고 소개한 기녀는 대부분 일본인이다. 일본 기녀들은 중국인 손

---

12 "麗玉於此器熟極而流, 能作天風海山之操. 尤善捶洋琴, 宵深人靜, 揎袖弄聲, 眞令客中飄泊之身, 感而淚下也." 『도설』, 10b쪽.

님을 받을 수 있었고, 일본 기녀의 중국인 손님과의 교유 방식은 중화 기녀와 크게 다른 점이 없었다. 연구에 따르면 『도설』이 출간된 1887년에 상해 거주 일본인은 250여 명으로 많지 않은 데다 인구가 감소하던 시기였고, 특히 그중 남성 인구가 전체의 3분의 1로 여성보다 적었다는 점도 일본 기녀들이 중국인을 고객으로 받을 필요가 있었던 한 요인이 되었다.[13] 이러한 상황에서 일본 기녀들은 중국 손님의 환심을 사기 위해 애썼고,[14] 이는 『도설』에서 그들의 중국어 실력을 빈번히 언급한 것을 통해서도 확인할 수 있다.[15]

　중국의 문인들 역시 중화 기녀들과의 관계와 같은 방식으로 일본 기녀들과 교유했다. 『도설』에 수록된 일본 기녀의 전기에서 어

---

13 오키타 하지메(沖田一, 1943)에 따르면 상해 거주 일본인의 숫자는 1880년에 265명, 1885년에 1,000명, 1888년에 250명, 1890년에 644명이다. 1880년에서 1885년까지는 인구가 급증하여 5년 만에 4배 가까이 증가했으나, 1885년부터 1888년까지는 인구수가 갑자기 줄어 3년 만에 3분의 1에 불과한 250명으로 줄었다. 沖田一, 『日本と上海』, 上海: 大陸新報社, 1943, 330쪽. 『上海居留民團三十五周年記念誌』(上海居留民團編, 1942)에 따르면 1887년 상해 거주 일본인은 250여 명이고, 어느 시기든 남자가 3분의 1, 여자가 3분의 2를 차지하며, 여자의 70~80%는 기녀였다. 木村泰枝, 「西方·日本·中国: 日本人的"上海梦想"」, 復旦大學 박사학위논문, 2008, 40쪽 참고.

14 『도설』의 출간 시기와 가까운 1884년(광서 10년) 9월에 점석재서국(點石齋書局)에서 출간한 『신강승경도(申江勝景圖)』에는 「동양다루(東洋茶樓)」라는 제목의 삽도가 수록되어 있는데 여기에서 묘사된 일본인 기루에는 일본인 손님이 1명, 중국인 손님이 14명이며, 삽도에 붙인 사(詞)에서 "일본의 나막신 소리 서쪽 바람 속에 울려 퍼지니, 오궁(吳宮)의 향섭랑(響屧廊) 같구나. 애써 중국어를 써서 이름을 말하네.(東洋屧聲散入西風裏, 疑是吳宮響屧廊. 强作華言道姓名.)"라고 하였다. 『申江勝景圖』卷下, 규장각소장, 23b~24a쪽.

15 『도설』에서 소개한 외국 기녀 중에 중국어 실력에 대해 언급한 기녀는 독일 기녀 리마아(李瑪兒) 한 사람뿐이다.

떤 기녀가 어떤 문인과 친했고 그 문인이 기녀에 대해 어떤 시를
썼는가와 같은 서술은 중화 기녀에 대한 전기에서와 똑같다. 성북
공(城北公)이라는 자가 삼삼생을 위해 사(詞)를 지어 부르니 일시
에 창화하는 자가 많았다거나, 의문루주(倚雯樓主)라는 자가 보옥
생에게 기회시(寄懷詩) 열두 수를 보낸 이야기, 문매산인(問梅山人)
이 화계생을 위해 〈합환소조(合歡小照)〉라는 시를 지었는데 그 내
용이 어떻다는 등의 이야기가 가득하다.[16]

3.46 여덟 번째 그림

중국어의 귀재로 꼽을 만
한 기녀는 염매다. 그녀의
고향은 일본 도쿄인데, 일
곱 살에 중국으로 와서 각
처를 떠도는 동안 그곳의
방언에 모두 정통했다. 중
국어는 지역마다 발음이나
어휘의 차이가 크기 때문에
외국인으로서 여러 방언에
정통하기란 쉬운 일이 아니
다. 중국어의 두 가지 방언
에 정통한 이는 또 있었는
데, 바로 홍매다. 그녀는 열
한 살에 중국으로 와서 6개월도 되지 않아 북경과 상해 방언에 모
두 정통했다. 중국어 발음이 좋은 기녀로는 보옥이 있었다. 그녀

---

16 화계생의 전기에 등장하는 문매산인(問梅山人)은 추도의 절친한 벗이었던 서문
매(舒問梅)다. 그는 추도와 함께 희사(希社)의 동인으로 활동했다.

는 상해 방언을 잘 구사해 현지인이 들어도 외국인인지 분별할 수 없었다. 앞서 소개했듯 일본 기녀 소옥의 경우에는 특이하게도 영어 실력이 뛰어나 영국 상인 윌슨과 친하게 지냈다.

다만 이 책에 소개된 일본 기녀 중에 행춘(杏春)만은 중국어를 전혀 못해서 '일(一)' 자와 '정(丁)' 자도 구분하지 못했고, 손님이 올 때는 통역해 줄 사람을 데려와야 했다. 그런데 통역도 별 도움이 되지 못했는지 노래가 끝나면 그녀와 손님은 종종 서로 눈만 껌뻑이며 말없이 앉아 있었다고 한다.

일본 기녀 외에는 독일 기녀 리마아(李瑪兒)에 대해 "중국에 온지 이미 오래되어 중국의 북경어와 상해 방언을 할 줄 아는데, 휘장 너머에서 들으면 마치 물과 우유가 섞여 아래 위의 구분이 없는 것과 같이 유창하다."[17]고 했다.

작자가 이처럼 기녀의 외국어 실력을 자세히 쓴 것은 청말 상해의 청루 문화를 반영한 것이다. 상해에는 외국인과 타지인 등서로 다른 언어 환경에서 살았던 사람들이 모이면서 외국어나 다른 지역의 방언에 대해 사람들 사이에 예민한 감각이 형성되었다. 유흥업은 사람을 상대하는 직종이므로 기녀에게 언어 능력은 생업과 직결되는 중요한 요소였다. 따라서 국제도시 상해에서 외국 기녀들이 중국어를 유창하게 구사하거나 타지에서 온 기녀들이 상해 방언을 익힌 경우가 종종 있었다. 이전과는 달리 언어 능력이 기녀가 갖추어야 할 필수 자질 중 하나가 된 것이다.

---

17 "來華已久, 能操中國京語及上海方言, 隔幕聽之, 竟如水乳交融無上下狀之." 『도설』, 12b쪽.

3. 외국 기녀

『도설』의 가장 큰 특징은 다수의 외국인 기녀에 대한 전기를 수록했다는 점이다. 외국인 기녀 중 일본 기녀를 제외한 열두 명의 기녀들은 〈외국〉 항목에 소개되었는데, 이들은 대부분 유럽 출신이다. 마리아(瑪利雅)는 스페인, 미이가(美爾加)는 프랑스, 색미아(色微兒)는 영국, 리마아(李瑪兒)는 독일, 아불사(亞弗沙)는 이탈리아, 옥경아(玉磬兒)는 이스라엘, 미비아(美斐兒)는 벨기에, 니불아(尼弗兒)는 영국 런던, 아마니(雅瑪尼)는 스페인, 뢰패하(牢佩荷)는 잉글랜드 출신으로 유럽 사람이다. 그 외에 옥경아(玉磬兒)는 이스라엘에서, 과비등(戈庇登)은 필리핀에서, 래비아(來斐兒)는 스리랑카에서 왔다. 필리핀은 1571년부터 1898년까지 스페인의 식민지였고, 스리랑카는 1658년부터 1796년까지 네덜란드, 이후 영국의 식민지 통치를 받았으므로 과비등과 래비아는 유럽인이거나 아시아인과 유럽인 사이의 혼혈이었을 가능성도 있다.

금지된 사랑

상해의 조계에서 영업을 하는 외국 기녀들은 처음에는 중국인 손님을 받을 수 있었다. 벨기에에서 온 미비아가 맨 처음 중국에 왔을 때는 서양 관청에서 서양 기녀들이 중국인 손님을 받는 것을 금지하기 이전이어서 그녀의 손님 중 절반은 중국인이었다고 한다. 이탈리아에서 온 아불사의 전기에도 그녀가 막 중국에 왔을 때는 중국인이 서양인 기루에 드나들 수 있었다는 이야기가 나온다.

필이악(畢以鍔)의 『해상
군방보(海上群芳譜)』에 수
록된 「경중화(鏡中花) 미
비아(美斐兒)」에서도 중국
인의 서양인 기루 방문에
대해 자세히 서술했다. 그
는 "처음에 서양인 기녀들
은 모두 양경빈(洋涇濱) 북
쪽에 살았는데, 풍속이 다
르고 행동거지가 교만하고
사치스럽다. 중국인들 중
에 견식이 넓은 사람은 오
십 병금(餅金, 떡처럼 둥근
금덩어리)을 내면 극락세계

3.47 아홉 번째 그림

에 오를 수 있었다."[18]고 썼고, 이외에 서양인 기루의 상차림과 잠
자리 방식에 대해 서술했다.

그런데 동치(同治) 중엽부터 서양인 기녀들이 중국인 손님을 받
는 것이 금지된다. 아불사의 전기에 이 일의 계기가 다음과 같이
서술되어 있다. 서양인 기녀가 중국인과 잠자리를 한 번 할 때마
다 매번 임신을 했고, 아이를 낳다가 죽는 기녀들도 있었다. 아불
사는 임신이 잘 되어서 몇 차례 연거푸 중국인과의 관계에서 임
신을 했고 몸이 축나서 거의 죽을 지경이 되고 말았다. 마침 그녀

18 "初居洋涇濱北首, 俗尙不同, 擧止驕奢, 中國人擴眼界者, 費金五十餅, 庶可登極
樂世界." 「鏡中花美斐兒」, 畢以鍔, 『海上群芳譜』 권4, 13b쪽.

를 좋아하던 영국인 손님이 영국 영사가 되었고, 그녀가 임신 때문에 위험한 것을 보고는 중국인의 서양인 기루 출입을 금지하자고 주장하기에 이르렀다.[19] 그때부터 서양인 기루 거리가 손님이 없어 한산해졌다고 하니 그전까지 중국인 손님이 많긴 많았던 모양이다. 아불사의 전기의 말미에 작자는 "중국인은 금지하고 서양인은 금지하지 않으니, 서양인은 설마 생육을 하지 못한단 말인가?"[20]라고 하여 중국인의 서양 기루 출입 금지에 대한 불만을 표시했다.

이때부터 서양인 기녀는 중국인 손님을 받으면 안 되었지만, 이

---

19 해당 내용은 다음과 같다. "(아불사는) 임신이 잘 되었다. 그녀가 중국에 왔을 때는 중국인이 아직 서양 기루에 출입할 수 있었고, 매번 관계를 가지면 임신이 되어서 배가 불러오니, 버들가지처럼 가녀린 허리에 이렇게 큰 것을 감춰둘 수가 없었다. 매번 출산으로 몸이 축나는 경우가 있었는데 그녀는 연이어 여러 번 임신을 하여 거의 죽을 지경이 되었다. 마침 그녀를 좋아하던 영국인 손님이 영국 영사가 되어 그녀가 임신 때문에 위험한 것을 보고는 중국인의 서양인 기루 출입을 금지하자고 주장하기에 이르렀고, 이에 홍등가에 더 이상 찾는 이가 없게 되었다.(善結蚌胎. 姬來華時, 華人尙可遊西國曲院, 每一交接, 便結珠胎, 果腹撑腸, 楊柳纖腰中不能藏此偉物. 每有因産亡身者, 姬連結數胎, 幾瀕於死. 時所歡某英人, 適爲上海領事, 見姬危産, 遂倡禁止華人之議, 於是桃花迷路, 無人問洞口之津.)"『도설』, 11b쪽.『해상군방보(海上群芳譜)』의「경중화(鏡中花) 미바아(美斐兒)」에도 관련 기록이 보인다. 표현이『도설』과 유사하다. "중국과 서양은 임신에 있어서 같지 않아, 관계를 가졌다 하면 임신이 되어서 배가 불러오는데 버들가지처럼 가녀린 허리에 이렇게 큰 것을 감춰둘 수가 없어 매번 출산으로 몸이 축나니 이에 양쪽이 의구심을 품게 되었고, 동치 중엽 서양인들이 마침내 공동으로 논의하여 서양 기녀들은 다시는 중국인 손님을 받는 것을 금지한다고 공언하였다. 이로부터 홍등가에 더 이상 찾는 이가 없게 되었다.(中西胎孕不同, 珠便結蚌, 撑腸果腹, 纖柳腰不能藏此偉物, 每每因産亡身, 於是兩懷疑懼, 同治中葉, 西人遂集議倡言, 西妓姬不準再接華客. 由此洞口春光後遂無問津者.)"畢以鍔, 앞의 책, 13b~14a쪽.

20 "禁華人而不禁西人, 豈西人不能生育耶?"『도설』, 11b쪽.

책에는 서양인 기녀와 중국인 간의 연애담이 몇 차례 등장한다.

이스라엘에서 온 열아홉 살의 옥경아는 천진난만한 성격의 소유자다. 병산거사(屏山居士)라 불리는 광동 상인은 영국 런던에서 장사를 하는 사람인데, 고향에 가는 길에 상해에 들렀다가 우연히 옥경아를 만나 사랑에 빠진다. 하지만 법률상 그녀가 있는 기루에 가서는 안 되기 때문에 그는 양복을 입고 서양 사람처럼 꾸미고서 몰래 그녀를 만났다. 당시 중국인이 외국인 기녀를 만날 때 병산거사와 같이 서양인처럼 꾸미고 가는 경우가 많았다.

독일에서 온 리마아는 어렸을 때 어떤 중국인 손님과 친하게 지냈다. 중국인 손님을 받는 것은 금지되어 있었기 때문에 그녀는 깊은 밤에 몰래 그를 초대하여 함께 이야기를 나눴다.

연애담과 에피소드

외국인 기녀에 관한 기록에도 아기자기한 연애담과 흥미를 끄는 에피소드가 가득하다.

필리핀에서 온 과비등은 이 책의 저자인 추도와 친구였던 서양인 메스니(Mesney)와 가장 가깝게 지냈다. 한번은 메스니가 과비등을 초대해 함께 마차를 타고 사찰 구경을 갔는데, 이때 메스니는 중국인 복장을 하고서 중국인들이 가는 찻집에 과비등을 데려가 차를 마셨다. 아마도 과비등이 중국인 찻집에 가보고 싶다고 한 게 아닐까? 그런데 감쪽같이 주위의 눈을 속이려고 했던 메스니의 계획은 빗나가고 말았다. 추도가 마침 그 찻집에 갔다가 그를 발견하고는 '어이, 이게 누구야?' 하고 인사를 건넨 것이다.

벨기에에서 온 미비아는 한 손님과 특별히 친하게 지냈다. 그녀

3.48 열 번째 그림

는 그와의 관계가 특별한 만큼 깜짝 놀랄 만한 선물을 주고 싶었던지 자신의 사진을 유리에 상감해 넣어 선물로 주었고, 그 손님은 감동하여 그 사진을 마치 옥구슬을 떠받들 듯이 애지중지했다.

프랑스 파리에서 온 미이가는 한 서양 상인과 친하게 지냈다. 두 사람의 관계는 단지 육체적인 차원을 넘어선 것이었는데 아마도 먼 타향에서 만나 서로에 대한 동병상련을 느꼈기 때문일 것이다. 그녀는 공연단의 단원이었던 아버지가 돌아가신 후 파리에서 공연장을 운영하던 친척에게 의탁해 지내다가 결국 기녀가 되었다. 어느 날 문득 멀리 떠나고 싶어진 그녀는 중국으로 가는 배에 몸을 신고 상해로 오게 되었다. 파란만장한 타지의 삶 속에서 마음을 알아주는 지기를 얻는 것은 역시 큰 행운이었을 것이다.

잉글랜드에서 온 퇴패하는 여러 사람과 염문을 뿌리고 다니는 바람둥이였다. 의상점을 하는 서양인과 몇 년 간 부적절한 관계를 맺고 지내다가 결국 그를 버리고 이발사와 사귀었다. 이러한 관계는 돈을 받고 맺는 손님과의 관계와는 또 다른 것이다.

눈길이 가는 건 스페인에서 온 스무 살 아마니의 전기다. 그녀는 성품이 음탕해서 남자를 밝혔고, 노복은 모두 중국인 미소년들을 고용했다. 어느 날 그녀가 기루 안에 있는 화원의 연못에서 목욕을 하고 있는데 한 점원이 우연히 근처를 지나다가 울타리 너머로 눈처럼 하얀 것이 아른거리는 것을 보고 가까이 다가가 그녀를 훔쳐보았다. 그냥 훔쳐보기만 하면 됐을 것을 그 점원은 갑자기 아마니를 놀라게 하고 싶었는지 그녀에게 흙덩이를 던지고 도망친다. 아마니는 곧장 노복을 불렀고 노복이 냉큼 그를 잡아 왔다. 그녀는 옷도 입지 않고 한참 동안이나 가랑이 사이로 그를 깔고 앉았다가 풀어 줬다.

아마니를 골리려고 했던 그 남자는 살았으니 망정이지만, 영국
에서 온 스물네 살의 색미아와 관계를 가졌던 중국인 배우는 불행
한 결말을 맞았다. 이때는 이미 외국인 기녀가 중국인 손님을 맞
이하지 못하도록 법령으로 금하고 있었다. 그럼에도 중국인 기녀
들은 이미 만날 만큼 만나서 흥미가 떨어진 그는 색다른 맛을 찾
고 싶었다. 온갖 수단과 방법을 동원한 끝에 드디어 색미아를 만
나게 되었는데, 어렵사리 성사된 만남이라 그런지 그는 하룻밤 주
연에 1백 금을 써서 갖가지 산해진미를 차리고는 기분이 좋아져
술을 진탕 마셨다. 본래 그는 색미아와 저녁만 먹을 생각이었는데
심하게 취하는 바람에 눌러앉아 하룻밤을 같이하게 되었다. 그가
침대에 들려는데 그녀가 그를 막더니 서양인들은 잠자리를 하기
전에 냉수와 화장품으로 온몸을 씻고 침대에 든다고 하니, 그는
얼떨결에 찬물로 몸을 씻었다. 이때는 꽤 추운 날이었고, 그는 이
일로 결국 감기에 걸렸다. 불행히도 그는 병세가 심해져 그만 며
칠 뒤 죽고 말았다.

필이악의 『해상군방보』에도 서양인 기녀들과 잠자리에 들기 전
에 찬물로 몸을 씻어야 한다는 내용이 보인다. 그는 이에 대해 "대
개 서양인들은 체질상 몸이 따뜻하여 습관이 자연스러우나, 중국
인들은 체질이 달라 매번 병에 걸리기 쉽다. 이 때문에 한번 겪은
후에는 대부분 감히 도원(桃源)의 색다른 경치를 다시는 찾아가지
않았다. 오직 광동 사람들만 항상 그곳에 가길 즐겼다."[21]고 썼다.

---

21 "蓋西人體性炎溫, 習慣自然, 然華人則體質不同, 每易受病, 以故一度後多不敢再
訪桃源異境. 惟粤東人恒多就樂." 畢以鍔, 앞의 책, 13b쪽.

외모와 기예

이 책에 실린 외국인 기녀의 외모에 대한 서술은 중국인 기녀에 대한 서술에 비해 비교적 상세한 편이다. 특히 중국인이 좋아했던 것은 그녀들의 긴 목과 하얀 피부였던 모양이다. 먼저, 스페인에서 온 마리아는 눈 같은 피부에 꽃 같은 미모를 가졌으며, 키는 크고 목은 길고 허리는 가늘다고 했다. 색미아는 가는 허리가 한 줌으로 마치 벌의 허리 같고, 피부가 하얗기가 눈송이가 배꽃을 비추는 것 같다고 했으며, 미비아는 큰 키에 목은 길고 가슴은 크고 피부는 깨끗하며 풍성한 금발 머리를 탐스럽게 늘어뜨렸다고 했다.

외모에 대한 서술 중에 재미있는 것은 동양인과 서양인의 심미안이 다르다는 점을 언급한 부분이다. 영국 런던에서 온 열여섯 살 니불아는 명성이 하늘을 찔렀다. 그녀는 새하얀 얼굴에 눈이 쑥 들어가고 귀가 뾰족하고 어깨가 높이 올라갔다. 그런데 저자는 "서양인은 중국인과는 기호가 달라서 오히려 이런 사람을 좋아하여 개미가 비린내 나는 음식에 달라붙고 파리가

3.49 열한 번째 그림

악취를 좇듯이 한다."[22]고 썼다. 이를 보면 그는 기루를 출입하는 서양인에 대해 그다지 좋게 생각하지 않았던 모양이다.

외국인 기녀들도 중국인 기녀와 마찬가지로 악기 연주나 노래 솜씨가 훌륭한 경우가 많았다. 리마아는 풍금 연주도 기가 막혔다. 화려한 연주는 파도가 산에 몰아치는 듯하다가도 홀연 꾀꼬리가 지저귀는 듯했다. 이탈리아에서 온 아불사는 노래와 춤에 재능이 있었다. 현악기를 연주하면서 노래를 부르고 춤을 추었는데, 과장인지 몰라도 1미터가 넘게 뛰어올랐다고 한다. 뢰패하도 악기를 잘 다루고 환상적인 노래 실력을 갖고 있었다. 니불아는 특히 현악기 연주를 잘했는데, 저자는 그녀가 연주한 현악기에 대해 이렇게 썼다.

서양에는 현악기가 있는데 모양은 비파 같고 소가죽으로 만들어 아교 칠을 한다. 현은 세 개이고, 말갈기로 만든 활대로 켜는 것이 호금(胡琴)과 같다. 서양에서는 이 현악기를 악기 중에 최고로 친다. 그녀는 그것을 악률에 맞춰 잘 연주하는데 그 소리가 구슬프고 아름다워 매우 감동적이다.[23]

앞서 샤미센 연주를 잘하는 일본 기녀 려옥에 대한 서술에서는 연주 실력을 강조한 반면, 니불아에 대한 서술에서는 이국의 악기

---

22 "西人嗜好不同中國, 故反以此等人物甘之如飴, 所謂蟻之附腥, 蠅之逐臭也."『도설』, 12b쪽.
23 "西國有絃琴一種, 形如琵琶, 而牛皮爲之, 塗以膠漆, 琴上三絃, 以馬鬃拉之, 如胡琴然. 西俗以此琴爲樂器之最. 姬能協律弄之, 其聲哀艶, 殊足動人."『도설』, 12b쪽.

에 대한 정보를 제공한다는 측면에 좀 더 초점이 맞춰져 있다.

지위와 재산

명성을 얻은 기녀들은 지금의 스타와 다르지 않은 인기를 누렸다. 기녀의 인기는 수고비로 받는 전두를 얼마나 받는지를 보면 알 수 있었기에 이 책에도 전두에 대한 이야기가 종종 보인다.

3.50 열두 번째 그림

잉글랜드에서 온 바람둥이 퇴패하는 금 먹는 하마라고 부를 수 있을 만큼 전두를 많이 받았다. 1년에 은화 삼천 량(兩)을 벌었다고 하는데, 정확한 액수는 몰라도 어마어마한 금액이었을 것이다.

스리랑카에서 온 스물네 살의 래비아는 외모는 평범하지만 무리와는 다른 비범한 아우라가 있었고, 기녀들 중에서도 명성이 자자하여 전두를 많이 받았다. 그녀는 은 삼백 량짜리 여우 털옷을 입는 등 몸치장을 하는 데 사치를 부리긴 했지만, 자신을 위해 돈을 쓰기보다는 가난한 사람에게 베풀었다. 한 번은 상해 서쪽 교외의 향 시장에 갔다가 길거리에 거지들이 늘어서 구걸하는 것을 보고는 자신이 가지고 있는 돈을 거리에 모두 뿌리고, 자신의 돈을 다 쓰자 시종들에게 자신이 나중에 줄 테니 일단 가지고 있는 돈을 거지들에게 주라고 했다고 한다.

기녀들 중에는 간혹 사교계의 유명 인사도 있었다. 이 책에서 외국인 기녀 중에 가장 먼저 소개된 마리아는 머리가 총명하고 거동이 아름다워 서양인 중에서도 고관과 거상의 부인들 중에 그녀와 교유하는 이들이 많았다. 저자는 "서양에서는 남녀를 모두 귀하게 여기지만, 여자가 한번 기녀가 되면 모두 천한 물건 보듯이 하고, 명부(命婦: 봉작을 받은 부인)와 규수의 대열에 함께 두지 않는다."[24] 고 하면서 마리아만은 천시를 받는 기녀임에도 불구하고 부녀자들 사이에서 대접을 받았다고 했다.

4. 광동 기녀들

광동성은 중국 최남단의 성으로, 예로부터 '남월(南越)', 혹은 '남월(南粤)'이라 불렸다. 무려 4,310킬로미터에 이르는 해안선을 따라 남중국해와 접하고 있으며, 남쪽으로 홍콩, 마카오, 해남성(海南省)과 가깝다. 바다와 맞닿아 있는 만큼 광동성은 중국 무역의 관문으로서 오랜 세월 상업적 번영을 누렸다. 특히 광동성의 성도(省都)인 광주(廣州)는 난징조약이 체결되기 전까지는 중국에서 유일한 합법적인 무역항이었다.

광동성은 영남(嶺南) 문화권에 속하는 지역으로 기후, 언어, 의식주, 생활습성 등에 있어서 회하(淮河)와 한수(漢水) 이북의 북방

---

24 "西例男女並重, 若婦人一入娼寮, 卽皆目爲賤品, 不齒於命婦閨中之列." 『도설』, 10b쪽.

문화와 다른 뿐 아니라, 남경(南京), 양주(揚州), 소주(蘇州), 항주(杭州) 등지를 중심으로 하는 남방 문화와도 다른 독특한 문화를 발전시켰다. 또, 광동성은 북방의 중앙 권력과 떨어져 있는 데다 해외 문물을 가장 먼저 접하는 만큼 사상적, 문화적으로 자유분방한 분위기가 있었다. 따라서 타지인이 많았던 상해에서도 광동인들은 그들만의 독특한 언어와 습속을 공유하는 외부인이었다.

이 책의 〈광동〉 항목에서는 장세아(蔣細兒), 부아희(傅雅喜), 좌월주(左月珠), 주대자(朱大姊), 왕은봉(王銀鳳), 당이소(唐二小), 왕혜자(汪蕙仔), 량당고(梁儻姑), 리홍옥(李紅玉), 장아홍(張亞紅), 서금자(徐金仔) 등 열한 명의 광동 기녀를 소개했다. 고향을 떠나 멀리 상해에 온 이들은 여타 중국 기녀들과는 구별되는 면모를 지니고 있었다.

상해의 청루 문화에서 광동 기녀는 철저한 주변인이었다. 상해 청루 문화 연구자인 크리스천 헨리엇(Christian Henriot, 2001)은 "상해에는 오직 한 '아웃사이더' 기녀 그룹이 남았다. 그들은 1890년대 즈음에 남경로(南京路) 일대 서너 개의 기루에서, 후에 좀 더 북쪽으로, 즉 광동 인구가 집중되어 있었던 홍구(虹口)에 기반을 잡은 광동 기녀였다."[25]고 하면서 광동 기녀를 상해의 유일한 "아웃사이더"라고 했다. 광동 기녀는 국적상으로는 중국인이지만 저자

---

25 "In Shanghai, only one 'outsider' group of courtesans remained. They were the Cantonese established in three or four houses near Nanking Road around 1890, and later further to the north, in Hongkou, where the Cantonese population was concentrated." Christian Henriot; translated by Noël Castelino, *Prostitution and sexuality in Shanghai: a social history 1849-1949*, UK: Cambridge University Press, 2001, 27쪽.

의 인식 속에서는 중국에 속하지 않고 외국의 범주에 속했다. 이
책에서 광동 기녀를 중화 기녀 다음이 아니라 외국 기녀 다음에
수록한 것을 통해 이러한 인식을 확인할 수 있다. 이는 광동 기녀
중 일부는 외국인을 주요 고객으로 대했고,[26] 그들의 용모가 매우
이질적이었기 때문이다.[27] 광동 기녀의 외모에 대해 황식권(黃式
權)은 『송남몽영록(淞南夢影錄)』(1883)에서 "비녀와 머리장식, 의복
이 매우 달랐다."고 했고, 갈원후(葛元煦)는 『호유잡기(滬游雜記)』
(1887)에서 "비녀와 귀고리, 의복과 장식이 모두 달랐다."고 했다.
이 책의 삽화를 통해서도 이를 확인할 수 있다. 무엇보다 중화 기
녀들은 전족을 했지만, 광동 기녀들은 하지 않았다.

---

26 갈원후(葛元煦)의 『호유잡기(滬游雜記)』에서 "함수매와 노거는 상해에 기거하
　는 월기(광동 기녀)로, 서양인을 접대하는 기녀는 염수매, 중국인을 접대하는 기
　녀는 노거이다.(鹹水妹, 老擧, 粤妓寄居滬地者, 招接洋人爲鹽水妹, 應酬華人爲
　老擧.)"라고 했다.(葛元煦 撰; 鄭祖安 標點, 『滬游雜記』, 上海: 上海書店出版社,
　2009, 129쪽.) 왕서노(王書奴)의 『중국창기사(中國娼妓史)』(1935)에서는 "광주
　의 창기로서 상해에서 창업을 하고 있는 자들이 있었는데 중국 사람을 받는 것
　을 노거(老擧)라고 하였다."고 하고 이어서 "서양의 수병(水兵)들을 불러들이는
　창기를 함수매(鹹水妹)라고 하였다. 이들은 나무로 울타리를 하고 비밀의 창문
　을 통하여 드나들었다."고 했다. 왕서노; 신현규 편역, 『중국창기사: 은대 무창부
　터 민국의 창기까지 잇는 장구한 역사』, 서울: 어문학사, 2012, 501~502쪽. 게
　일 허새터(Gail Hershatter)는 "광동성 동부 출신의 또 다른 광동 기녀들은 19세
　기 초부터 상해에서의 입지를 굳건히 지켜 왔으며 홍구(虹口) 지역과 프랑스 조
　계 지역에서 외국인 선원들을 접대하는 데에 특화되어 있었다.(Another group of
　Cantonese women from eastern Guangdong province, who traced their presence in
　Shanghai to the early nineteenth century, specialized in entertaining foreign sailors in
　the Hongkou area and the French Concession.)"고 했다. Gail Hershatter, *Dangerous
　pleasures: prostitution and modernity in twentieth-century Shanghai*, Berkeley:
　University of California Press, 1997, 55쪽.
27 "釵鈿衣服迥爾不同." 黃式權, 『淞南夢影錄』 권3, 9b쪽; "簪珥衣飾皆有分別." 葛元
　煦, 앞의 책, 129쪽.

사연

광동 지역은 부유하여 높은 소비문화를 향유한 것으로 알려졌지만, 모두 다 부유했던 것은 아니다. 광동 기녀들 중에서는 부모를 잘못 만나 어려서부터 기녀가 된 경우를 찾아볼 수 있다. 그중에서도 가장 가련한 것은 왕은봉이다. 그녀는 자신의 본래 성도 알지 못한다. 그녀의 아버지는 배를 집으로 삼아 생활하는 가난한 어민이었는데, 이웃 배의 딸과 사통하여 은봉을 낳았다. 그녀의 부모가 은봉을 몰래 버리려고 할 때, 마침 어떤 기녀가 그녀를 데려다 키웠다. 그 기녀는 그녀가 크자 기루에 팔았는데, 기생어미가 그녀를 학대하여 밤낮으로 채찍질을 하니 이를 못 견디던 그녀는 친하게 지내던 손님과 함께 상해로 도망쳐 왔다. 그런데 그 손님은 다시 그녀를 기루에 팔아넘겼고, 그녀는 그곳 기루 주인의 성을 따 왕씨가 되었다. 그녀를 채찍질한 기생어미도 나빴지만 그녀를 다시 팔아넘긴 손님은 더 야속하다.

주대자는 아버지가 광동의 청원현(淸遠縣) 현리(縣吏)였고 본래 집안도 경제적으로 여유가 있었다. 하지만 그녀의 아버지는 행실이 바르지 못해 한 규수와 사통했다가 나병에 전염되고 말았다. 병을 앓던 아버지가 돌아가시고 집안이 기울었을 때 그녀의 나이는 고작 여덟 살이었다. 그녀는 결국 기루에 팔려가게 되었고, 어려서부터 기녀가 된 그녀는 광동의 중심지인 주강(珠江) 일대에서 명기로 이름을 날렸으나 무슨 이유에선지 상해로 옮겨 왔다.

왕혜자 역시 아버지의 행실 때문에 기녀가 된 불운의 주인공이다. 그녀의 아버지는 향시(鄕試)에 합격한 제생(諸生)으로 글을 읽

3.51 열세 번째 그림

는 선비였다. 열심히 과거 공부에 매달렸다면 좋았으련만, 그는 기방에 자주 드나들고 도박을 좋아했다. 결국 도박으로 가산을 탕진한 그는 달리 방법이 없어 열네 살의 딸을 기루에 팔아넘겼다. 자신의 처지를 비관했던 그녀는 새해가 되면 항상 원망으로 미간에 깊은 한이 서려 있었다.

열여덟 살의 장아홍은 본래 광동 상인 서(徐) 씨의 딸이었다. 불행히도 아버지가 장사를 하러 타지에 갔다가 객사하고, 혼자 힘으로는 생계를 꾸릴 수 없었던 그녀의 어머니는 결국 그녀를 기루에 팔았다.

부모를 잘 만났으나 불운한 운명을 피해 가지 못한 기녀들도 있다. 그중에서도 스물다섯 살 좌월주의 사연에는 우여곡절이 많다. 그녀는 본래 양갓집 딸이었는데 어렸을 때 도적에게 납치되어 홍콩의 기루에 팔렸다. 홍콩에서의 생활에 익숙해질 만하니 얼마 후 다시 멀리 싱가포르로 팔려가게 되었다. 그 후 한 상인의 첩이 되어 남편을 따라 상해로 왔는데, 남편이 죽고 나자 본처는 당장 그녀를 내쫓았고 그녀는 결국 예전의 일을 다시 할 수밖에 없었다.

열네 살의 이홍옥은 부모가 아니라 몹쓸 친척 때문에 인생을 망치게 되었다. 여섯 살 때 외삼촌에게 꾀여 상해에 따라왔다가 기루에 팔려오게 된 것이다.

자기 발로 상해에 온 기녀도 있었다. 열아홉 살의 부아희는 본래 주강에서 이름난 기녀였는데 한 고관에게 죄를 지었고, 결국 고향을 멀리 떠나 상해로 도망쳐 왔다.

이처럼 광동 기녀에 대한 서술에서는 그들이 기녀가 된 사연과 기생어미의 학대가 자세히 서술되어 있다. 이는 그녀들을 비극적 운명과 쉽게 연관 짓게끔 한다. 광동 기녀와 달리 중화 기녀의 전기에는 그들이 기녀가 된 사연을 자세히 서술한 경우는 없다. 단지 이보옥과 금취오의 경우 '어려서 기루에 들어오게 되었다'는 식의 짧은 서술이 보일 뿐이다. 이보옥의 전기에서는 "어렸을 때 화류계로 전락했다."[28]고 했고, 금취오의 전기에서는 "열세 살 때 청루에 흘러들어 와 명기 탕애림(湯愛林)의 양녀가 되었다."[29]고 했다.

전통적인 명기에 대한 서술에서는 그들이 기녀가 된 비극적 사연을 구체적으로 드러내지 않았다. 그들은 전문적 기예를 지닌 예인이고 그들의 삶은 비극적 운명으로만 점철된 것이 아니다. 반면, 청말 상해 지역에서 그 수가 급속히 증가한 하층의 기녀들은 달리 살아갈 방도가 없어 갑작스럽게 청루에 몸을 던진 이들로 전문적 기예를 익힐 여력이 없는 존재들이었다. 그들의 삶 자체가 비극이고 그들은 저마다 비극의 주인공들이었다.[30] 이 책에

---

28 "幼時墮入娼寮." 『도설』, 3b쪽.

29 "十三歲入靑樓, 爲名妓湯愛林之養女." 『도설』, 3b쪽.

30 게일 허섀터(Gail Hershatter, 1992)는 상해 기녀들의 세계에는 다층적 위계가 존재했음을 논하면서 고급 기녀에 대한 기록들이 유명 문사와의 낭만적 관계에 대한 아름다운 묘사로 채워진 반면, 하층 매춘부들은 납치, 인신 매매, 기생어미들의 학대의 피해자로 묘사되었다는 점에 주목한 바 있다. "안내책자, 傳記, '모기언론'이라 알려져 있는 가십성 신문들은 모두 아름다운 기녀에 대한 감상과 도시의 부유하고 권력 있는 인사와의 낭만적인 관계를 종종 자극적인 디테일을 곁들여 묘사하는 데에 공을 들였다. (…) 이러한 감상용 문학과 나란히, 주류 일간지와 외국 언론들의 지역 소식란은 도시의 평화를 교란하는 자이자 성병의 확산자일 뿐만 아니라, 납치, 인신 매매, 기생어미들의 학대의 피해자로 묘사되는 하층계급 매춘부들의 활동에 대한 기사를 실었다."(Guide-books,

서 중화 기녀들은 고급 문인과의 낭만적 연애담의 주인공으로 그려진 반면, 광동 기녀들 중에는 사창가의 비극적 전락자로 그려진 경우가 많다.

수법

기녀들의 수법 중에서도 역시 정석은 가무 능력이다. 이 책에 소개된 기녀를 통틀어 주강에서 온 부아희의 가창에 대한 평판이 가장 높다. 저자는 그녀에 대해 이렇게 썼다.

노래를 잘 불렀고, 특히 익양강(弋陽腔) 곡조를 잘 불러 음색을 맞추어 소리를 내면 꾀꼬리 소리가 꽃밭에서 들려오는 듯했다. 제동(淛東) 지역에 음악과 희곡을 좋아하기로 이름난 주(朱) 씨가 그녀를 만나러 상해로 와서 한 달 동안 머물고는 '광동의 기녀 중에 아희와 같은 자는 참으로 특출하여 당대 제일'이라고 한 적이 있다.[31]

---

memoirs, and gossipy newspapers known as the 'mosquito press' were all devoted to the appreciation of beautiful courtesans and the depiction, often in titillating detail, of their romantic liaisons with the city's rich and powerful. (⋯) Side by side with this literature of appreciation, the local news page of the mainstream dailies and the foreign press carried accounts of the activities of lower-class streetwalkers, who were portrayed as victims of kidnapping, human trafficking, and abuse by madams, as well as disturbers of urban peace and spreaders of venereal disease.)" Gail Hershatter, "Courtesans and Streetwalkers: The Changing Discourses on Shanghai Prostitution, 1890-1949", in *Journal of the History of Sexuality*, Vol. 3, University of Texas Press, 1992, 246~247쪽.

31 "尤善弋陽曲, 探喉發響, 如嚦嚦鶯聲花外轉. 淛東朱某有顧曲名, 訪姬來申, 流連匝月, 嘗謂廣妓如雅喜, 洵可獨出冠時云." 『도설』, 15b쪽.

3.52 열네 번째 그림

익양강이란 중국의 대표적인 전통 희곡 곡조다. 중국 전역에서 부아희의 익양강 곡조를 들으러 일부러 찾아올 정도였다고 하니 그녀의 실력이 보통이 아니었던 것만은 분명해 보인다.

이 밖에도 다른 지역 기녀들에 대한 서술과 달리 광동 기녀에 대한 서술에서는 가무 이외의 특기나 남자를 유혹하는 데 자주 사용하는 수법이 구체적으로 서술되어 있어 흥미롭다. 오히려 가무 실력에 대한 언급은 부아희를 제외하고는 보이지 않는다.

주강에서 온 장세아는 나이가 많지만 성품이 본래 음탕한지라 남자를 홀리는 데는 아주 도가 텄다. 그녀는 속옷에 일부러 틈을 만들어 놓고 손님들이 그 안에 손을 집어넣게 유도했다고 한다.

좌월주는 좀 더 고단수였던 것 같다. 그녀의 전략은 오히려 냉담한 태도로 손님이 애가 타게 만드는 것이다. 그녀는 손님들에게 무심한 척 마음이 있는 듯 없는 듯 굴었는데, 그녀가 있는 기루 앞에는 그녀를 찾는 손님들이 줄을 이었다. 작자의 표현을 빌리자면 그녀에게는 필시 "혼을 녹이는 기술(銷魂之術)"[32]이 있었던 모양이다.

수법까지는 아니더라도 기녀들의 습관이랄까, 필살기랄까 하는 특징에 대한 서술도 볼 수 있다. 열일곱 살의 당이소는 손님한테 장난치는 것을 좋아했는데, 그녀가 제일 좋아한 것은 바로 간지럼 태우기다. 손님의 목이나 옆구리를 간지럽혀 그가 간지러워 바닥에 쓰러질 지경이 되면 무척 좋아했다. 간지럼 태우기는 친밀감을 높이는 좋은 방법임을 그녀는 잘 알고 있었던 모양이다.

3.53 열다섯 번째 그림

가창 실력이 좋은 부아희는 남장하기를 좋아했다. 그녀가 남자 옷을 입으면 훤칠하니 혼탁한 세상에 홀로 아름다운 귀공자 같았다. 거기다 주량이 세서 한 자리에서 연거푸 수십 잔을 마셔도 전혀 취하는 기색이 없었다고 한다.

---

32 『도설』, 14b쪽.

고아한 풍모

이 책의 저자는 고아한 풍모와 초탈하고 대범한 면모를 지닌 기녀들을 높이 평가하여 그러한 기녀들에 대한 자세한 기록을 남겼다. 상해의 청루 문화가 아취 있는 문인 문화의 일종이라기보다 도시의 퇴폐적 유흥 산업으로 변질되면서, 고아하고 초탈한 풍모는 상해 기녀들에게서 흔히 찾아보기 힘든 특징이었다. 이러한 상황에서 작자는 전통적 명기들에게서 찾아볼 수 있던 고아한 면모를 숭앙했다. 아마도 시대적 격변 속에서 지식인 사회에서도 찾아보기 어려운 정신적 미덕, 즉 세속을 초탈한 고아함을 화류계에서 발견했을 때 대리 만족과도 유사한 희열을 느꼈던 것이 아닐까.

도박에 빠진 아버지 때문에 기녀가 된 왕혜자에 관한 서술에서는 『서상기(西廂記)』, 『모란정(牡丹亭)』 등 전통 시기 문학 작품을 동원하여 그녀를 여느 기녀들과 다른 차원으로 높였다.

총명하고 문장을 읽을 줄 알아 문사들과 이야기 나누기를 좋아하고, 풍진 속의 돈 많은 장사치들을 별 볼일 없다고 여긴다. 방에는 『서상기』 한 권이 있는데 그녀가 평점을 달고 교정한 것이고, 『모란정』을 더욱 좋아하여 스스로를 여자 주인공 두려낭(杜麗娘)에 비했다. 아! 화류계 사람들은 대부분 세속적인데 그녀 같은 사람이라면 동상을 만들어서 받들고 싶다.[33]

---

33 "心明惠, 通翰墨, 喜與文士談, 視風塵中大腹賈蔑如也. 房中有西廂記一部, 爲姬點定, 尤喜讀牡丹亭, 自比於杜麗娘. 嗚呼, 煙花中人大都塵俗, 若姬者, 吾願鑄金事之."『도설』, 17b쪽.

작자가 "화류계 사람들은 대부분 세속적"이라고 한 것에서 당시 청루 문화의 면모를 엿볼 수 있다. 그리고 일개 기녀에 대해 "동상을 만들어서 받들고 싶다"고 한 것을 통해서는 역으로 당시 고아한 품성의 기녀를 찾기가 그만큼 어려웠으리라고 유추할 수 있다.

세속적이지 않은 고아한 풍모에서 핵심적 측면은 물욕으로부터의 초탈이다.

3.54 열여섯 번째 그림

애초에 생계를 위하여 기녀가 되었기 때문에 기녀들 중에 재물로부터 자유로운 자는 드물었을 것이다. 그럼에도 진정으로 물욕을 초탈한 기녀가 있다면 그 미덕을 자세히 기록할 만한 것이다. 양갓집 딸로 유복하게 자랐던 양당고가 그런 경우에 속한다. 그녀의 일화에 대한 기록은 다른 기록에 비해 꽤 자세하다.

성품이 대범하고 호쾌하기가 보통이 아니어서 일거에 기녀들의 습성을 씻어 버렸다. (…) 광서 11년(1885년) 광동 지역에 수재가 나서 굶주리는 사람 수백만이 식량을 기다려 아우성을 치는데, 그녀가 소식을 듣고 앞장서서 멕시코 은화 백 매(枚)를 내놓으니, 일시에 동조하는 자매들이 너도나도 기부하여 천이백 금을 모아서 마을에 보내 장부에 보탰다. 그러자 굶주리던 사람들이 모두 살아나 덕을 입은 자들을 헤아릴 수 없게 되었고, 모두가 그녀를 살아 있는 부처라고 불렀다. 아! 지금 대장부들은 많은 돈을 끌어안고 한 푼도 쓰지 않고 기꺼이 수전노가 되려고 하는 자들뿐이니, 당고를 보고서 부끄러워 죽지 않을 수가 있겠는가![34]

약점

이 책에서 소개한 기녀들의 외모에 대해서는 대부분 칭찬이 주를 이룬다. 하지만 광동 기녀들 중에는 약점을 서술한 경우를 종종 볼 수 있다. 예를 들어, 주대자에 대해서는 칭찬을 늘어놓다가 마지막에 "그녀의 약간 부족한 점은 여름에 옷에서 액취가 조금 난다는 점이다."[35]라고 했고, 왕은봉에 대해서는 "얼굴이 하얘서 멀리서 보면 양지옥(羊脂玉) 같으나 다만 마마 자국이 몇 개 있어서 사람들이 모두 그녀를 '마고(麻姑)'라고 부른다."[36]고 했다. 양지옥은 백옥의 일종으로 반투명하면서 색깔이 마치 양의 기름 같다. 마고는 중국 신화에 나오는 선녀의 이름이기도 하고, '마(麻)'자에는 마맛자국이라는 뜻이 있어 그녀를 마고라고 부른 것이다.

---

34 "性倜儻豪爽不群, 一洗脂粉習氣 (…) 光緒十一年粵東水災, 饑黎數百萬, 待哺嗷嗷, 姬聞之, 倡捐英洋一百枚, 一時同心姊妹皆踊躍捐, 輸集至千二百金, 寄至鄕間助賑, 全活無算沐德者, 咸以生佛呼之. 噫! 今時士大夫, 擁厚資, 不費一文, 甘爲守錢虜者, 所在皆然, 以視儀姬, 能無怪死!"『도설』, 17b쪽.

35 "其稍不足者, 夏日衣單, 微有狐腋氣."『도설』, 15b쪽.

36 "面白皙, 遠望之, 如羊脂玉, 惟有麻點數星, 人皆以麻姑呼之."『도설』, 15b쪽.

『도설』은 변화의 소용돌이 한가운데 있던 상해 청루의 한순간을 종합적으로 둘러보는 데 꽤 유용하다. 기녀들의 한가한 일상, 값비싼 가구와 장식품에 둘러싸여 누리는 취미, 고급 문인들의 헌사, 거액의 전두를 받아 누리는 호사에서부터 인신매매와 학대, 배신, 빈곤, 가족과의 이별, 타지에서 받는 멸시가 이 한 권의 책 속에 모두 들어 있기 때문이다. 앞으로 청말 상해 기녀에 대한 연구에서 『도설』이 문헌 자료로 널리 활용되기를 기대하며 글을 마친다.

그림목록

2부. 군사 지식과 전쟁 기사를 담은 책

야전(野戰)을 위한 보루 쌓기 『영루도설(營壘圖說)』

당대 최고의 대포를 소개하다 『극로백포설(克虜伯礮說)』

전쟁의 서막을 기록하다 『회도월법전서(繪圖越法戰書)』

보불전쟁과 유럽 정세를 알린 책 『보법전기(普法戰紀)』

3부. 상해의 풍경과 삶을 담은 책

인물목록

*가나다순으로 정리했으며, 서양인의 경우 본문에 나오는 표기를 기준으로 하였습니다.

중국인과 조선인

가보위 賈步緯, 약 1840~1903

강형 江衡, 생몰년 미상

강희제 康熙帝, 1654~1722, 재위: 1661~1722, 본명: 애신각라 현엽(愛新覺羅
  玄燁)

개기 改琦, 1773~1828

건륭제 乾隆帝, 1711~1799, 재위: 1736~1796, 본명: 애신각라 홍력(愛新覺羅
  弘曆)

고병 高丙, 생몰년 미상

고월주 顧月洲, 생몰년 미상

고충 高翀, 생몰년 미상

공친왕 恭親王, 1832~1898, 본명: 혁흔(奕訢)

고종 高宗, 1852~1919, 재위: 1863~1907, 본명: 이재황(李載晃)

구자앙 邱子昂, 생몰년 미상

금계생 金桂生, 생몰년 미상

금섬향 金蟾香, 생몰년 미상

김윤식 金允植, 1835~1922

노신 魯迅, 1881~1936

류부익 劉孚翊, 1848~1881

류영복 劉永福, 1837~1917

류휘 劉徽, 225?~295?

마건충 馬建忠, 1845~1900

마자명 馬子明, 생몰년 미상

매적 梅籍, 생몰년 미상

모연여 牟淵如, 생몰년 미상

배수 裴秀, 224~271

봉상씨 鳳翔氏, 생몰년 미상

사덕제 嗣德帝 1829~1883, 재위: 1847~1883, 휘: 완복시(阮福時)

사복 沙馥, 1831~1906

산영거사 山英居士, 생몰년 미상

서건인 徐建寅, 1845~1901

서문매 舒問梅, 생몰년 미상

서수 徐壽, 1818~1884

서화봉 徐華封, 1858~1928

성선회 盛宣懷, 1844~1916

순친왕 醇親王, 1883~1951, 본명: 애신각라 재풍(愛新覺羅 載灃)

시견오 施肩吾, 780~861

심관 沈寬, 생몰년 미상

심금원 沈錦垣, 1845~1900

심선등 沈善登, 1830~1902

심조연 沈祖燕, 생몰년 미상

안중식 安中植, 1861~1919

양계초 梁啓超, 1873~1929

어윤중 魚允中, 1848~1896

엄량훈 嚴良勳, 1845~1914

엄복 嚴複, 1854~1921

오견인 吳趼人, 1867~1910

오우여 吳友如, ?~1894

오종렴 吳宗濂, 1856~1933

옹정제 雍正帝, 1678~1735, 재위: 1722~1735, 본명: 애신각라 윤진(愛新覺羅 胤禛)

완안숭후 完顏崇厚, 1826~1893

왕경훈 王慶勳, 1814~1867

왕덕균 王德均, 생몰년 미상

왕도 王韜, 1828~1885

왕서청 王西淸, 생몰년 미상

왕쇠 王釗, 생몰년 미상

왕실보 王實甫, 1260~1336

왕정학 王廷學, 생몰년 미상

왕지 王墀, 1820~1890

왕초선 王苕仙, 생몰년 미상

왕학한 汪學瀚, 생몰년 미상

위원 魏源, 1794~1857

위윤공 魏允恭, 1867-1914

유달 俞達, ?~1884

은해 恩海, 1876~1900

이백원 李伯元, 1867~1906

이봉포 李鳳苞, 1834~1887

이시진 李時珍, 1518~1593

이홍장 李鴻章, 1823~1901

임백년 任伯年, 1840~1895

임웅 任熊, 1823~1857

임월 林鉞, 생몰년 미상

임훈 任薰, 1835~1893

장웅 張熊, 1803~1886

장종량 張宗良, 생몰년 미상

장지영 張志瀛, 생몰년 미상

전두 錢杜, 1764~1845

전자림 田子琳, 생몰년 미상

전조망 全祖望, 1705~1755

전징 錢徵, 1832~?(1907 이후)

전혜안 錢慧安, 1833~1911

정대위 程大位, 1533~1606

정배 丁培, 1807~1887

정일창 丁日昌, 1823~1882

정조 正祖, 1752~1800, 재위: 1776~1800, 본명: 이산(李祘)

정체화 程棣華, 생몰년 미상

조기붕 趙起鵬, 생몰년 미상

조설근 曹雪芹, 1715?~1763?

조원익 趙元益, 1840~1902

좌종당 左宗棠, 1812~1885

주권향 周權香, 생몰년 미상

주모교 周慕橋, 1860~1923

주세걸 朱世傑, 1249~1314

주원장 朱元璋, 1328~1398, 재위: 1368~1398

주은석 朱恩錫, 생몰년 미상

증국번 曾國藩, 1811~1872

증기택 曾紀澤, 1839~1890

지석영 池錫永, 1855~1935

진수 陳洙, 생몰년 미상

진애정, 陳藹廷, 18?~1905

채석령 蔡錫齡, 생몰년 미상

추도 鄒弢, 1850~1931

추성 鄒誠, 생몰년 미상

팽옥린 彭玉麟, 1816~1890

필이악 畢以鍔, 생몰년 미상

포송령 蒲松齡, 1640~1715

하옥군 何玉群, 생몰년 미상

한 무제 漢 武帝, B.C. 156~B.C. 87, 재위: B.C. 147~B.C. 87, 본명: 류철(劉徹)

한방경 韓邦慶, 1856~1894

한유 韓愈, 768~824

허경징 許景澄, 1845~1900

호장 胡璋, 1848~1899

화형방 華蘅芳, 1833~1902

황봉갑 黃逢甲, 생몰년 미상

황식권 黃式權, 생몰년 미상

서양인

나이트 비거스태프 Knight Biggerstaff, 1906~2001, 중문명: 필내득(畢乃德)

미켈레 루지에리 Michele Ruggieri, 1543~1607

레오나르도 다빈치 Leonardo da Vinci, 1452~1519

르네 쥐스트 아위 René Just Haüy, 1743~1822

리찰삼 里察森, 생몰년 미상

마리 가르니에 Marie Joseph François Garnier, 1839~1873

마테오 리치 Matteo Ricci, 1552~1610, 중문명: 리마두(利瑪竇)

미켈레 루지에리 Michele Ruggieri, 1543~1607, 중문명: 나명견(羅明堅)

빌레브로르트 스넬리우스 Willebrord Snellius, 1580~1626

세바스티앵 르 프르스트르 드 보방 Sébastien Le Prestre de Vauban, 1633~1707

알로이스 제네펠더 Johann Aloys Senefelder, 1771~1834

알프레드 크루프 Alfred Krupp, 1812~1887

앙리 로랑 리비에르 Henri Laurent Rivière, 1827~1883

앙리 브리아몽 Henri Alexis Brialmont, 1821~1903

어니스트 메이저 Ernest Major, 1841~1908, 중문명: 안납사탈 미사(安納斯脫
美查)

에드워드 찰스 프롬 Edward Charles Frome, 1802~1890

영 존 알렌 Young John Allen, 1836~1907, 중문명: 임락지(林樂知)

월터 헨리 메드허스트(영국 선교사) Walter Henry Medhurst, 1796~1857, 중문
명: 맥도사(麦都思), 호: 묵해노인(墨海老人)

월터 헨리 메드허스트(영국 영사) Sir Walter Henry Medhurst, 1822~1885

윌리엄 마틴 William Alexander Parsons Martin, 1827~1916, 중문명: 정위량(丁
韙良)

율리우스 캄페 Julius Johann Wilhelm Campe, 1792~1867, 중문 이름: 강패(康貝)

제임스 레그 James Legge, 1815~1897, 중문명: 리아각(理雅各)

조반니 도메니코 카시니 Giovanni Domenico Cassini, 1625~1712

조지프(조셉) 니덤 Joseph Needham, 1900~1995

존 글래스고 커 John Glasgow Kerr, 1824~1901, 중문명: 가약한(嘉約翰)

존 파넘 John Marshall Willoughby Farnham, 1829~1917, 중문명: 범약한(范約翰)

존 프라이어 John Fryer, 1839~1928, 중문명: 부란아(傅蘭雅)

주세페 카스틸리오네 Giuseppe Castiglione, 1688~1766

카롤 1세 Carol I, 1839~1914, 재위: 1866~1914

카를 트라우고트 크레이어 Carl Traugott Kreyer, 1839~1914, 중문명: 금해리
  (金楷理)

카를 프리드리히 크리스티안 모스 Carl Friedrich Christian Mohs, 1773~1839

클레멘스 폰 케텔러 Clemens August Freiherr von Ketteler, 1853~1900, 중문명:
  극림덕(克林德)

토마스 미도우즈 Thomas Taylor Meadows, 1815~1868, 중문명: 밀적락(密迪樂)

토머스 헉슬리 Thomas Henry Huxley, 1825~1895

푸르니에 François-Ernest Fournier, 1842~1934

프랜시스 포트 Francis Lister Hawks Pott, 1864~1947, 중문명: 복방제(卜舫濟)

프리드리히 카를 크루프 Friedrich Carl Krupp, 1787~1826

필리포 브루넬레스키 Filippo Brunelleschi, 1377~1446

헨리 제임스 Sir. Henry James, 1803~1877

참고문헌

1. 단행본

강진아,『이주와 유통으로 본 근대 동아시아 경제사』, 서울: 아연출판부, 2018.

노관범,『기억의 역전: 전환기 조선사상사의 새로운 이해』, 서울: 소명, 2016.

문정진 등,『중국 근대의 풍경: 화보와 사진으로 읽는 중국 근대의 기원』, 서울: 그린비, 2008.

사이먼 가필드(Simon Garfield); 김명남 옮김,『지도 위의 인문학: 지도 위에 그려진 인류 문명의 유쾌한 탐험』, 파주: 다산북스, 2015.

서울대학교 규장각한국학연구원 편,『규장각, 세계의 지식을 품다: 2015 서울대학교 규장각한국학연구원 특별전』, 서울: 서울대학교 규장각한국학연구원, 2015.

서지학개론 편찬위원회,『서지학 개론』, 파주: 한울, 2004.

섭건곤,『양계초와 구한말 문학』, 서울: 법전출판사, 1980.

魚允中 · 金允植 著, 國史編纂委員會 編,『從政年表 · 陰晴史』, 韓國史料叢書第六, 서울: 探究堂, 1971.

왕서노 지음; 신현규 편역,『중국창기사: 은대 무창부터 민국의 창기까지 잇는 장구한 역사』, 서울: 어문학사, 2012.

우림걸,『한국 개화기 문학과 양계초』, 서울: 박이정, 2002.

이태진,『고종시대의 재조명』, 서울: 태학사, 2000.

李孝德; 박성관 옮김,『표상 공간의 근대』, 서울: 소명출판, 2002.

장영숙,『고종의 정치사상과 정치개혁론』, 서울: 선인, 2010.

제리 브로턴(Jerry Brotton); 이창신 옮김,『욕망하는 지도: 12개의 지도로 읽는 세계사』, 서울: 알에이치코리아, 2014.

조너선 스펜스(Jonathan Spence); 김우영 옮김,『근대중국의 서양인 고문들』, 서울: 이산, 2009.

조셉 니덤(Joseph Needham); 콜린 로넌(Colin. Ronan) 축약, 이면우 옮김, 『중
　　국의 과학과 문명: 수학, 하늘과 땅의 과학, 물리학』, 서울: 까치글방,
　　2000.
천혜봉, 『韓國 書誌學』, 서울: 民音社, 1991.

沈福偉, 『西方文化與中國(1793-2000)』, 上海: 上海教育出版社, 2003.
(美) 戴吉禮(Ferdinand Dagenais) 主編, 『傅蘭雅檔案(*The John Fryer Papers*)』, 桂
　　林: 廣西師範大學出版社, 2010.
繙譯館 編, 『江南製造局譯書提要』卷1~2, 宣統元年(1909년) (목판본, 上海 復
　　旦大學 소장, 청구기호: 566552)
傅蘭雅 輯, 『格致彙編』卷5~8, 光緖六年(1880년) (古活字本, 규장각 소장, 청구
　　기호: 奎中 3121)
葛元煦 撰; 鄭祖安 標點, 『滬游雜記』, 上海: 上海書店出版社, 2009.
郭延禮, 『中國近代文學發展史』第2卷, 濟南: 山東敎育出版社, 1995.
花影樓主人 編, 『淞濱花影』, 石版本, 1887. 규장각소장본(奎中 6014-v.1-2).
黃式權, 『淞南夢影錄』, 上海: 申報館, 古活字本, 1883. 규장각소장본(奎中
　　5895).
魯迅, 『中國小說史略』, 北京: 人民文學出版社, 2006.
上海通社 編, 『上海硏究資料續集』, 上海: 中華書局, 1936.
上海圖書館 編, 『江南製造局飜譯館圖志』, 上海: 上海科學技術文獻出版社,
　　2011.
王韜 著; 王思宇 校点, 『淞隐漫录』, 北京: 人民文学出版社, 1983.
張靜廬 輯註, 『中國近代出版史料初編』, 上海: 上雜出版社, 1953.
＿＿＿＿, 『中國近現代出版史料二編』, 上海: 群聯出版社, 1954.
張秀民, 『中國印刷史』, 上海: 上海人民出版社, 1989.
中國史學會 主編, 『中法戰爭』, 上海: 新知識出版社, 1955.
鄒振環, 『晩淸西方地理學在中國』, 上海: 上海古籍出版社, 2000.
沖田一, 『日本と上海』, 上海: 大陸新報社, 1943.

Adrian Arthur Bennett, *John Fryer: The Introduction of Western Science* and *Technology into Nineteenth-Century China*, Harvard East Asian Monographs, no.24, Cambridge, Mass: East Asian Research Center, Harvard University; distributed by Harvard University Press, Cambridge, Mass, 1967.

Alois Senefelder, *Senefelder on Lithography: The Classic 1819 Treatise*, Newburyport: Dover Publications, 2013.

Catherine Vance Yeh, *Shanghai Love: Courtesans, Intellectuals, and Entertainment Culture, 1850-1910*, Seattle, WA: University of Washington Press, 2006.

Christian Henriot; translated by Noël Castelino, *Prostitution and sexuality in Shanghai : a social history 1849-1949*, UK: Cambridge University Press, 2001.

Christopher A. Reed, *Gutenberg in Shanghai: Chinese Print Capitalism, 1876-1937*, Vancouver: University of British Columbia Press, 2004.

Daniel Coetzee and Lee W. Eysturlid, *Philosophers of war: the evolution of history's greatest military thinkers*, Santa Barbara, California: Praeger, 2013.

Gail Hershatter, *Dangerous pleasures: prostitution and modernity in twentieth-century Shanghai*, Berkeley: University of California Press, 1997.

2. 논문

강미정·김경남, 「근대 계몽기 한국에서의 중국 번역 서학서 수용 양상과 의의」, 『동악어문학』 71, 동악어문학회, 2017.

강재언, 「近代의 起點에서 본 韓國과 日本: 比較思想史的 考察」, 『민족문화논총』 7, 영남대학교 민족문화연구소, 1986.

강현조, 「한국 근대초기 번역·번안소설의 중국·일본문학 수용 양상 연구: 1908년 및 1912~1913년의 단행본 출판 작품을 중심으로」, 『현대문학의 연구』 46, 한국문학연구학회, 2012.

_____, 「한국 근대소설 형성 동인으로서의 번역·번안: 근대초기 번역·번안소설의 전개 양상을 중심으로」, 『한국근대문학연구』 26, 한국근대문학회, 2012.

_____, 「한국 근대초기 대중서사의 韓譯과 重譯, 그리고 飜案의 역사」, 『한중인문학포럼 발표논문집』 11, 한중인문학포럼, 2016.

곽영, 「晩淸狹邪小說『海上塵天影』硏究」, 숭실대학교 석사학위논문, 2013.

김건우, 「한말 유학자의 위기의식과 근대문명 담론 비판」, 『유교사상문화연구』 61, 한국유교학회, 2015.

김영문, 「張志淵의 梁啓超 수용에 관한 연구」, 『중국문학』 42, 한국중국어문학회, 2004.

김영희, 「대한제국시기 개신유학자들의 언론사상과 양계초」, 『한국언론학보』 43, 한국언론학회, 1999.

김태웅, 「高宗政府의 獨逸帝國 인식과 近代政治體制 모색」, 『歷史敎育』 150, 역사교육연구회, 2019.

김현권, 「淸末 上海地域畵風이 朝鮮末·近代繪畵에 미친 影響」, 동국대학교 석사학위논문, 1996.

_____, 「淸代 海派 畵風의 수용과 변천」, 『美術史學硏究』 218, 한국미술사학회, 1998.

김현우, 「박은식의 양계초 수용에 관한 연구: 박은식의 儒敎求新과 근대성을 중심으로」, 『개념과 소통』, 한림대학교 한림과학원, 2013.

_____, 「梁啓超와 朴殷植의 '新民說'과 '大同思想'에 관한 연구: '個人', '國家', '文化'의 재정립을 중심으로」, 성균관대학교 박사학위논문, 2013.

문대일, 「李海朝와 梁啓超 '여성해방론'의 관련 양상: 『紅桃花』, 『自由鐘』을 중심으로」, 『중국어문학논집』 94, 중국어문학연구회, 2015.

민정기, 「晚淸 時期 上海 文人의 글쓰기 양상에 관한 硏究: 王韜를 중심으로」, 서울대학교 박사학위논문, 1999.

박동수, 「心田 安中植 繪畵 硏究」, 한국정신문화연구원 박사학위논문, 2003.

신승하, 「구한말 애국계몽운동시기 양계초 문장의 전입과 그 영향」, 『亞細亞硏究』 41-2, 고려대 아세아문제연구소, 1998.

윤영도, 「19세기 중엽 관립 번역기구와 근대 언어 공간의 형성」, 『중국어문학논집』 29, 중국어문학연구회, 2004.

윤지양, 「『海上中外靑樓春影圖說』에 수록된 上海 기녀의 면모」, 『중국문학』 87, 한국중국어문학회, 2016.

_____, 「淸末 上海에서 출판된 西洋畵法 교재 『論畵淺說』과 『畵形圖說』 연구」, 『중국어문논총』 89, 중국어문연구회, 2018.

_____, 「鄒弢의 『海上中外靑樓春影圖說』에 보이는 외국 기녀와 광동 기녀에

대한 차별적 인식」,『중국문학』99, 한국중국어문학회, 2019.

이태진,「奎章閣 中國本圖書와 集玉齋圖書」,『민족문화논총』16, 영남대 민족문화연구소, 1996.

장영숙,「『內下冊子目錄』을 통해 본 고종의 개화관련 서적 수집 실상과 영향」,『한국민족운동사연구』58, 한국민족운동사학회, 2009.

_____,「『集玉齋書目』분석을 통해 본 고종의 개화서적 수집 실상과 활용」,『한국 근현대사 연구』, 한국근현대사학회, 2012.

전동현,「대한제국시기 중국 양계초를 통한 근대적 민권개념의 수용: 한국언론의 "신민"과 "애국" 이해」,『중국현대사연구』21, 한국중국근현대사학회, 2004.

정문권·조보로,「장지연과 양계초의 애국계몽사상 비교 연구」,『한국문예비평연구』37, 한국현대문예비평학회, 2012.

최경현,「朝鮮 末期와 近代 初期의 山水畵에 보이는 海上畵派의 영향: 上海에서 발간된 畵譜를 중심으로」,『美術史論壇』15, 한국미술연구소, 2002.

_____,「지운영과 그의 畵風: 海上畵派와의 관련을 중심으로」,『이구열 선생「한국근대미술연구소」30주년 기념논총』, 한국근현대미술사학회, 2005.

_____,「19세기 후반과 20세기 초 韓國 人物畵에 보이는 海上畵派 畵風」,『美術史學硏究』256, 한국미술사학회, 2007.

_____,「19세기 후반 上海에서 발간된 畵譜들과 韓國 畵壇」,『한국근현대미술사학』19, 한국근현대미술사학회, 2008.

최형욱,「조선의 梁啓超 수용과 梁啓超의 조선에 대한 인식」,『한국학논집』45, 한양대학교 한국학연구소, 2009.

陳振國,「德國克虜伯與中國的抗戰準備」,『江漢大學學報(人文科學版)』, 江漢大學, 2003, 第5期.

高田時雄,「金楷理傳略」, 日本京都大學人文科學研究所 主編『日本東方學』第一輯, 北京: 中華書局, 2007.

顧春芳,「『春江花史』初探」,『大阪府立大學紀要(人文社會科學)』第51卷, 大阪府立大學總合科學部, 2003.

柯衛東,「沉浸『申江勝景圖』」,『博覽群書』, 北京: 光明日報社, 2009, 第11期.

劉新慧 · 王亞華,「金楷理與西學傳播」,『泉州師專學報』, 泉州師範學院, 1997, 第3期.

孟兆臣,「十九世紀末至二十世紀上半葉海上洋場小說研究」, 上海師範大學 박사학위논문, 2003.

木村泰枝,「西方 · 日本 · 中國: 日本人的"上海夢想"」, 復旦大學 박사학위논문, 2008.

喬偉 · 李喜所 · 劉曉琴,「德國克虜伯與晚淸軍事的近代化」,『南開學報(哲學社會科學版)』, 南開大學, 1999, 第3期.

史全水,「鄒弢: 一個被忽視的近代重要作家」, 復旦大學 석사학위논문, 2009.

孫烈,「晚淸籌辦北洋海軍時引進軍事裝備的思路與渠道: 從一則李鴻章致克虜伯的署名信談起」,『自然辯證法研究』, 中國科學技術協會, 2011, 第6期.

王紅霞,「傅蘭雅的西書中譯事業」, 復旦大學 박사학위논문, 2006.

王學鈞,「鄒弢『海上塵天影』的中西比較意識」,『明淸小說研究』, 江蘇省社會科學院文學研究所; 明淸小說研究中心, 2004, 第2期.

王揚宗,「江南製造局飜譯館史略」,『中國科技史雜志』, 中國科學技術史學會 · 中國科學院自然科學史研究所, 1988, 第3期.

_____,「江南製造局翻譯書目新考」,『中國科技史料』, 中國科學技術史學會 · 中國科學院自然科學史研究所, 1995, 第2期.

_____,「上海格致書院的一份譯書淸單」,『中國科技史雜志』, 中國科學技術史學會 · 中國科學院自然科學史研究所, 2006, 第1期.

王艷,「鄒弢『澆愁集』研究」, 山東師範大學 석사학위논문, 2013.

問書芳,「江南製造局譯印圖書種數再考: 對『江南製造局翻譯書目新考』的補證」,『大學圖書情報學刊』, 西安交通大學, 2015, 第6期.

吳桂龍,「王韜思想發展探微: 讀『普法戰紀』」,『上海社會科學院學術季刊』, 上海社會科學院社會科學雜志社, 1988, 第1期.

閆俊俠,「晚淸西方兵學譯著在中國的傳播(1860~1895)」, 復旦大學 박사학위논문, 2007.

張梅,「另一種現代性訴求: 1875-1937兒童文學中的圖像敍事」, 山東師範大學 박사학위논문, 2011.

張秀民,「石印術道光時卽已傳入我國說」,『文獻』, 1983, 第4期.

張增一,「江南製造局的譯書活動」,『近代史硏究』, 中國社會科學院近代史硏究所, 1996, 第3期.

周建明,「李鴻章與中德軍火貿易」,『武漢大學學報(人文科學版)』, 武漢大學, 2007, 第4期.

鄒振環,「傅蘭雅與江南製造局的譯書」,『歷史敎學』, 歷史敎學社, 1986, 第10期.

_____,「克虜伯火炮和克虜伯炮書的翻譯」,『中國科技史料』, 中國科學技術史學會·中國科學院自然科學史硏究所, 1990, 第3期.

_____,「最早由中國人編譯的歐洲戰爭史」,『編輯學刊』, 上海市編輯學會, 1994, 第4期.

_____,「土山灣印書館與上海印刷出版文化的發展」,『安徽大學學報(哲學社會科學版)』, 安徽大學, 2010, 第3期.

David Wright, "Careers in Western Science in Nineteenth-Century China: Xu Shou and Xu Jianyin", in *Journal of the Royal Asiatic Society*, Vol 5, Cambridge University Press, 1995.

Gail Hershatter, "Courtesans and Streetwalkers: The Changing Discourses on Shanghai Prostitution, 1890-1949", in *Journal of the History of Sexuality*, Vol. 3, University of Texas Press, 1992.

찾아보기

인명

사건, 단체, 개념

고종, 근대 지식을 읽다

초판 1쇄 발행 2020년 2월 11일

지은이 윤지양
펴낸이 강수걸
편집장 권경옥
편집 윤은미 박정은 이은주 강나래
디자인 권문경 조은비
펴낸곳 산지니
등록 2005년 2월 7일 제333-3370000251002005000001호
주소 부산시 해운대구 수영강변대로 140 BCC 613호
전화 051-504-7070 | 팩스 051-507-7543
홈페이지 www.sanzinibook.com
전자우편 sanzini@sanzinibook.com
블로그 sanzinibook.tistory.com

ISBN 978-89-6545-640-7 94020
      978-89-92235-87-7 (세트)

* 책값은 뒤표지에 있습니다.
* 이 도서의 국립중앙도서관 출판예정도서목록(CIP)은 서지정보유통지원시스템
홈페이지(http://seoji.nl.go.kr)와 국가자료공동목록시스템(http://www.nl.go.kr/
kolisnet)에서 이용하실 수 있습니다.(CIP제어번호: CIP2020000292)